Herderbücherei INITIATIVE 7
Band 9507

Der überforderte schwache Staat

Sind wir noch regierbar?

Herderbücherei
INITIATIVE 7

Herausgegeben von
Gerd-Klaus Kaltenbrunner

Herderbücherei

Originalausgabe
erstmals veröffentlicht als Herder-Taschenbuch
Alle Rechte vorbehalten – Printed in Germany
© Herder München 1975
Verlag Herder Freiburg · Basel · Wien
Freiburger Graphische Betriebe 1975
ISBN 3-451-09507-6

Dieses Zweimonatstaschenbuch kostet im Einzelverkauf 8.90 DM,
im Abonnement 6.90 DM zuzüglich Versandspesen
(Preisstand vom 1. Oktober 1974).
Eine entsprechende Preisvergütung für Abonnenten
bleibt auch für den Fall garantiert, daß der Verlag infolge allgemeiner
wirtschaftlicher Verhältnisse gezwungen ist,
den Listenpreis der Serie zu überprüfen.
Abonnementsbestellungen nimmt jede Buchhandlung entgegen.

Inhalt

Vorwort des Herausgebers

Es steht nicht gut mit dem Ansehen des Staates in der westlichen Welt. Seine Autorität wird seit Jahren zunehmend in Frage gestellt, kritisiert und zum Teil auch offen bekämpft. Staat, nach Nietzsche „das kälteste aller Ungeheuer", ist vielfach eine Ekelvokabel geworden. Dies gilt vor allem für die Bundesrepublik Deutschland, den demokratischsten und liberalsten Staat in der deutschen Geschichte, wo es, nach einem Wort des 1974 verstorbenen Staatsrechtslehrers Ernst Forsthoff, möglich ist, „durch eine antistaatliche Attitüde den Anschein schriftstellerischer Bedeutsamkeit zu erwecken". Extremistische, überwiegend linksorientierte Intellektuelle bilden die Speerspitze verschiedener zum Angriff auf den bestehenden Staat entschlossener Gruppen. Große Teile des liberalen Establishments bagatellisieren diese Front zu „kritischen Demokraten", die angeblich das Grundgesetz durchaus bejahen, mehr noch: überhaupt erst ernst nehmen, und im Kampf gegen die Mächte des Ewiggestrigen, die „konservativen Weltbewahrer" (Eugen Loderer), zu verwirklichen trachten.

Das Gespenst der Unregierbarkeit geht um in Westeuropa und Amerika, während jene Länder, wo die marxistische Lehre von der geschichtlichen Vorläufigkeit und vom schlußendlichen Absterben des Staates als sakrosanktes Dogma gilt, sich einer

durchaus robusten Staatlichkeit erfreuen und über einen durch
keine Legitimitätsschwierigkeiten angekränkelten Selbstbehaup-
tungswillen verfügen. Daß New York, Calcutta und wohl auch
bereits Frankfurt a. M. unregierbare Monstren sind, ist ein bereits
seit längerem vertrauter Stoßseufzer. Darüber hinaus werden die
Zweifel an den überlieferten Verfassungseinrichtungen des westlichen Systems, an Parlamentarismus, Gewaltenteilung, Parteiendemokratie und Marktwirtschaft, immer schriller geäußert. Die
Hauptmacht des Westens befindet sich seit dem unrühmlichen
Ausstieg aus dem Vietnam-Krieg und dem Watergate-Skandal in
einer Krise ihres Selbstverständnisses, die die Exekutive lähmt.
Frankreich, seit dem Ende der gaullistischen Ära gespaltener denn
je, droht in die Verhältnisse der Vierten Republik zurückzufallen.
Giscard d'Estaing hat kein überzeugendes innen- und außenpolitisches Konzept vorgelegt. Die einzigen Reformen, die ihm bislang
gelungen sind, können kaum als Maßnahmen gegen den politischen Substanzverlust angesehen werden: die Liberalisierung des
Abtreibungsgesetzes und die Entschärfung der Marseillaise zum
getragenen Gesäusel. In Italien dreht sich das politische System
im Leerlauf. Die Kommunisten stehen bereit, dieses Vakuum zu
füllen. Sie sind der Macht auf legalem Wege bereits so nahe gekommen, daß sie töricht wären, wenn sie die für ihre Partei gün-
stige Entwicklung durch Staatsstreichpläne forcieren wollten. Alle
Gerüchte über wirkliche oder angebliche Putschvorbereitungen
von links- oder rechtsextremer Seite tragen nur dazu bei, den
Kommunisten bis weit hinein in katholische und bürgerliche Kreise
den Ruf einer präsumtiven Ordnungsmacht zu verleihen. Großbritannien befindet sich nicht nur wegen des nordirischen Problems
und aus wirtschaftlichen Gründen in einer chronischen Krise, sondern ist auf dem besten Wege, sich zu einem zweiten Italien zu
entwickeln. Dänemark zeigt alle Zeichen staatlichen Substanzver-
lusts und demokratischer Selbstauszehrung. In Kopenhagen wie
in Stockholm, wo Olof Palme ohne die Kommunisten nicht mehr
regieren kann, sind die einst bewährten Mechanismen parteipolitischer Konsensbildung und des Wechselspiels zwischen Regierung
und Opposition brüchig oder bewußt außer Geltung gesetzt. Nicht
nur in Skandinavien werden die Parlamente als ,,Schwatzbuden"
verhöhnt und die Regierungen für unfähig erklärt, die gesellschaft-

lichen und wirtschaftlichen Interessengruppen in die „Sozialpflichtigkeit" zu zwingen. In ganz Westeuropa setzt sich der Verdacht durch, daß die Regierungsmacht nicht mehr von denen
ausgeübt wird, die dazu nach der offiziellen Verfassung berufen
sind, sondern von unter- und außerstaatlichen Gruppen, seien es
nun Gewerkschaftsbürokratien, multinationale Konzerne oder
auch die Cliquen des medial-pädagogischen Komplexes, die
Gegenkirche der elektronisch ausgerüsteten Gesinnungsgaukler,
Sophisten und Meinungsmacher. Die Bildung demokratisch legitimierter Mehrheiten wird angesichts dieses plebiszitären Mißtrau-
ens immer schwieriger; oft schlägt das wachsende kollektive
Gefühl, betrogen zu werden, die Überforderung durch miteinander rivalisierende Loyalitäten in halb grillenhafte, halb verzwei-
felte Anhänglichkeit an politische Schmierenschauspieler, Harle-
kine und andere „Charismatiker" um. Der meteorhafte Aufstieg
des Steuerrebellen Mogens Glistrup – er brachte es im dänischen
Folketing zur drittstärksten Fraktion – ist nur eines der bizarrsten
Beispiele für diese Ausbruchsversuche aus der institutionellen
Krise des westlichen Systems.

Doch nicht nur im Staate Dänemark ist etwas faul, der Staatsge-
danke, die staatliche Substanz selbst, unterliegt einer progressiven
Erosion und Auszehrung. Die gleichzeitig zu beobachtende
Expansion staatlicher Aktivität in den verschiedensten Lebensbe-
reichen kann, wie Ernst Forsthoff, Hans J. Morgenthau, Manfred
Abelein und andere überzeugend nachgewiesen haben, nicht darüber hinwegtäuschen, daß ein Zuwachs an Staatlichkeit keineswegs damit verbunden ist[1]. Der Staat ist verantwortlich für Vollbeschäftigung, Kreditwesen, Transport, Straßenbau, Post- und
Fernmeldewesen, Umweltsanierung, Gesundheit, Schule, „Bildung" und andere Gebiete. Er ist der große Volkseinkommens-
umverteiler und Arbeitgeber – immer mehr Menschen verdienen
ihren Lebensunterhalt direkt oder indirekt als Bedienstete des
Staates. Doch diese Zunahme an Aufgaben, die durchweg nicht
selbst gesetzt, sondern ihm von der Gesellschaft oder mächtigen

---

[1] Vgl. E. Forsthoff: Der Staat der Industriegesellschaft, München 1971, S. 24, 108 f.;
H. J. Morgenthau: Der neue Feudalismus. Ein Paradoxon vereitelter Regierung. In:
Auf dem Weg zur hörigen Gesellschaft?, hrsg. von Oskar Schatz, Graz – Wien –
Köln 1973, S. 119 ff.; M. Abelein: Der absterbende Staat, ebd. S. 37 ff.

gesellschaftlichen Gruppen auferlegt worden sind, bedeutet im
Endeffekt keine Stärkung, sondern eine Schwächung des sich auf-
blähenden, zunehmend in ein Geflecht kleiner und großer nicht-
staatlicher, neufeudaler Herrschaftsträger sich verwickelnden und
immer erpreßbareren Staates.

Nach klassischer Ansicht stellt der Staat einen organisierten Herrschaftsverband anstaltlicher Art dar, der auf einem fest umgrenz-
ten Territorium seinen Vorrang gegenüber allen anderen Großgruppen – Gemeinden, Wirtschaftsunternehmen, Interessenvertretungen, Kirchen usw. – erfolgreich durchzusetzen vermag. Er
ist, wie Max Weber definiert, diejenige menschliche Gemeinschaft,
welche innerhalb eines bestimmten Gebietes die stärksten Mittel
zur Durchsetzung ihrer Ziele nach innen und außen, „das Monopol
legitimer physischer Gewalt für sich (mit Erfolg) beansprucht"[2].
Diese am neuzeitlichen Staat, der großen Hervorbringung des sich
säkularisierenden Abendlandes, sich orientierende Formel[3] wird
im Zeitalter hegemonialer Bündnisse und supranationaler Organisationen wirtschaftlicher sowie politischer Art täglich fragwürdi-
ger. Das dem Staat als Staat vorbehaltene „summum imperium",
die Gewalt, souveräne Entscheidungen mit hoheitlichen Mitteln
durchzusetzen und in letzter Instanz Herrschaft und Autorität auszuüben, wird ihm mehr und mehr streitig gemacht. Nicht nur über-
staatliche, sondern auch innerstaatliche Kräfte unterlaufen seine
im Gewaltmonopol sichtbar gipfelnde Souveränität. Dieses
Gewaltmonopol, mittels dessen er, nach den religiösen Bürger-
kriegen der beginnenden Neuzeit, den Bürgern rechtlichen Schutz
und Freiheit des Gewissens garantieren konnte, wird seit Jahren
durch minoritäre Gewalt sowohl gegen die staatlichen Institutionen als auch gegen die von diesen zu schützenden Bürger massiv
bestritten. Und bei diesen aggressiven Herausforderungen
– Attentaten, Entführungen, Geiselnahmen, Bankeinbrüchen und
anderen Übergriffen bis zu den „sanften" Formen von Wehr-
dienstverweigerung aus Gewissensgründen, die keine sind, klas-

---

[2] M. Weber: Wirtschaft und Gesellschaft. Studienausgabe, Bd. 2, hrsg. von Johannes
Winckelmann, Köln – Berlin 1964, S. 1043; s. auch W. Siebel: Einführung in die
systematische Soziologie, München 1974, S. 194f., 211f.
[3] Vgl. E.-W. Böckenförde: Die Entstehung des Staates als Vorgang der Säkularisation. In: Säkularisation und Utopie. Ebracher Studien, Stuttgart 1967, S. 75ff.

senkämpferischer Aufwiegelung der Kinder und Häuserbesetzungen – handelt es sich durchweg nicht um vulgäre, sondern um ideologisch motivierte, mit moralisch-politischen Formeln operierende Kriminalität. Minister, Polizeipräsidenten und andere hohe Staatsbeamte, die mit maskierten Gangstern verhandeln – ein Fernsehbild, an das wir uns allgemach schon gewöhnt haben. Zur Normalität gehören auch der Austausch rechtskräftig verurteilter Politbanditen gegen unschuldige Geiseln, letztlich aus Steuereinnahmen aufgebrachte Lösegelder an erpresserische Befreiungsfronten und die Einstellung polizeilicher Ermittlungen, da andernfalls das Leben entführter Politiker gefährdet würde (der Fall Lorenz in Berlin 1975). Mittlerweile haben auch die UN, in der vor einigen Jahren manche Schwärmer eine Vorstufe zu einer Weltregierung sehen wollten, einen Mordbrenner aus der Wüste, der überhaupt keinen Staat repräsentiert, mit der Aura moralischen Märtyrertums und staatsmännischer Größe akklamativ zu umgeben gewußt.

In deutschen Landen hingegen sprechen Politiker, die davor zittern, abgewählt zu werden, die dunkle Drohung aus, daß im Falle einer Niederlage ihrer Partei die Bundesrepublik „unregierbar" würde[4]. Dachten sie dabei an die Wahrscheinlichkeit, daß durch politisch motivierte Generalstreiks und andere gewerkschaftliche Aktionen ein mit demokratischen Methoden herbeigeführter Machtwechsel „korrigiert" werden würde? Es gibt Äußerungen von führenden Gewerkschaftsfunktionären, die eine solche Interpretation zumindest nicht ausschließen. Gewerkschaftsführer Kluncker hat bereits zu Beginn des Jahres 1974 ein Beispiel dafür gegeben, daß es möglich ist, eine von einer parlamentarischen Mehrheit getragene Bundesregierung in die Knie zu zwingen. Die Ultimaten, die er den öffentlichen Arbeitgebern auf Stundenfrist stellte, machten offenbar, daß er entschlossen war, notfalls mit überquellenden Mülltonnen, Strom- und Wassersperre, Lahmlegung des Verkehrs und Chaos auf den Straßen zu demonstrieren,

---

[4] Vgl. die Meldung der Frankfurter Allgemeinen Zeitung (FAZ) vom 9. 12. 1974, S. 1: „Kühn warnt vor ‚Unregierbarkeit' der Bundesrepublik" (Kühn ist stellvertretender SPD-Vorsitzender und Ministerpräsident des Landes Nordrhein-Westfalen), ferner den Leitartikel von J. G. Reißmüller in der FAZ vom 14. 1. 1975: „Warum eigentlich unregierbar?"

wer der Herr im Hause ist. Die Regierungen haben immer weniger
Macht, die Gewerkschaften zur Räson zu bringen, aber sie müssen
nach wie vor die Folgen unkontrollierter gewerkschaftlicher Über-
heblichkeit verantworten. Solche Machtproben – in Italien und
England schon seit Jahrzehnten eine öffentliche Institution – dürf-
ten auch den politischen Stil der Bundesrepublik in wachsendem
Maße bestimmen. Gleichzeitig mit der Heraufkunft eines „neuen
Feudalismus" (Hans J. Morgenthau) von gesellschaftlichen Mächten, die keinem Gemeinwohl verpflichtet, das Faustrecht zu
ihrem Gesetz und die Massen der Nichtorganisierten und Nichtre-
präsentierten für sozial vogelfrei erklären, wächst jedoch die Angst
vor einem neuen weltwirtschaftlichen Desaster, vor der Enteignung durch Inflation und den politischen Folgen einer wachsenden
Arbeitslosigkeit. Wie viele Arbeitslose kann die Bundesrepublik
Deutschland politisch verkraften? Die Sorge ist nur allzu begründet, daß Westdeutschland schon bei einem erheblich geringeren
Prozentsatz von Arbeitslosen Schiffbruch erleiden wird als einst
die Weimarer Republik.
„Wie viele Leute wären bereit, für diesen Staat zu sterben?" fragte
Richard Löwenthal am 17. Juni 1972 in einer Diskussion des
Bergedorfer Gesprächskreises. Hans Heigert von der „Süddeut-
schen Zeitung" unterbrach ihn: „Das ist eine unfaire Frage, die
Sie unmöglich stellen können." Darauf Löwenthal: „Das ist die
Kernfrage für die Existenz eines Staates. Alles andere ist Schwin-
del."[5] Dies ist in der Tat die Kernfrage, von der die Existenz eines
jeden Staates abhängt. Es ist die Frage nach dem Engagement
im Ernstfall, nach einer die materiellen Lebensbedürfnisse tran-
szendierenden Loyalität und Identifikation. Wie soll aber solche
Loyalität entstehen, wenn sich rechte und linke Diagnostiker darüber einig sind, daß es so etwas wie Staat überhaupt nicht mehr
gibt, daß der „deus mortalis", wie Hobbes ihn nannte, tatsächlich
– wenngleich auf ganz andere Weise, als die Klassiker des Marxismus erwarteten – abgestorben ist?
„So nimmt der Leviathan mehr und mehr die Züge einer Milchkuh
an, die Funktionen als Produktionshelfer, Sozialgesetzgeber und

---

[5] Vgl. Bergedorfer Gesprächskreis zu Fragen der freien industriellen Gesellschaft:
Arbeitsgespräch zum Thema Demokratie und Nationalbewußtsein in der Bundesrepublik. Arbeitsprotokoll, Hamburg 1972, S. 80 ff.

Auszahlungskasse treten in den Vordergrund, und man hat dem
humanitär-eudaimonistischen Ethos die Tore so weit geöffnet, daß
das eigentlich der Institution angemessene Dienst- und Pflicht-
ethos aus der öffentlichen Sprache und aus den Kategorien der
Massenmedien vollständig verschwunden ist und dort nur noch
Gelächter auslöst" (Arnold Gehlen)[6].

„Dort, wo der Staat gewesen sein könnte oder sein sollte, erblicke
ich nur einige verfaulende Reste von Macht, und diese offenbar
kostbaren Rudimente von Fäulnis werden mit rattenhafter Wut
verteidigt. Schweigen wir also vom Staat, bis er sich wieder blicken
läßt. In diesem Augenblick von ihm zu sprechen wäre Leichen-
fledderei oder Nekrophilie – zu beidem bin ich nicht veranlagt"
(Heinrich Böll)[7].

Wenn der Staat wirklich tot wäre, dann könnten Wiederbele-
bungsversuche nichts nützen. Doch manche Anzeichen sprechen
gegen ein zu frühes Läuten der Totenglocke. Die Schwächen des
traditionellen Staates sind nicht zu bestreiten – doch war er von
jeher stets mehr Möglichkeit als Wirklichkeit, mehr Tendenz als
Faktum. Und auch die Unregierbarkeit der Völker ist nicht erst
eine Entdeckung der siebziger Jahre unseres Jahrhunderts. Als
James Fawcett, der Präsident der Europäischen Menschenrechts-
kommission, im September 1974 die beklemmende Frage in die
Debatte warf, ob es vielleicht eines Tages dazu kommen könnte,
daß die westliche Welt überhaupt nicht mehr regierbar wäre, dann
hätte er sich auf eine Reihe hellsichtiger Geister berufen können,
die bereits zwischen 1830 und 1850 von der gleichen Sorge erfüllt
waren. Alexis de Tocqueville, Donoso Cortés, Sören Kierkegaard,
Benjamin Disraeli, Ernst v. Lasaulx und andere haben bereits vor
mehr als 125 Jahren festgestellt, daß die Regierbarkeit Europas
rückläufig, daß die Entropie staatlicher Substanz zum großen
Thema der politischen Kosmologie der Zukunft geworden ist.

Immer schon war der Staat als Herrschaft von Freien über
Freie und Gleichgestellte, der Staat als „totalisierende Matrix"[8]

---

[6] A. Gehlen: Moral und Hypermoral. Athenäum, Frankfurt a.M. 1969, S. 103f.
[7] H. Böll im „Spiegel" vom 3. 10. 1966.
[8] Vgl. W. Hildebrandt: Die Problematik der Nation als totalisierende Matrix im
Kontext des Strukturpluralismus Südosteuropas. In: Ethnogenese und Staatsbildung
in Südosteuropa, hrsg. von K.-D. Grothusen, Göttingen 1974, S. 230ff.

und als Kultur der Freiheit die große Ausnahme. Er ist, geschichtlich gesehen, geradezu das Unwahrscheinliche. Er ist die schwie-
rigste, die anspruchsvollste und komplexeste Form menschlicher
Gemeinschaftsbildung. Und deshalb ruht auch alles maßgebende
Denken über den Staat auf dem dunklen Grund einer Theorie der
Dekadenz, einer Lehre von der dauernden Möglichkeit des Ver-
falls. In diesem Sinne schrieb Georges Sorel von der menschlichen
Natur, daß sie immer wieder suche, „à s'échapper vers la déca-
dence"[9]. Der Mensch lauert ständig auf die Gelegenheit, sich um
die ihm mögliche Größe zu drücken. Er ist immer bereit, in den
Verfall zu entwischen, den Versuchungen der Bequemlichkeit, der
Begehrlichkeit und der Lust am Niedergang zu erliegen. Dieses
Ausweichen mag er auch gerne Freiheit nennen.
Der Staat hat seine Struktur und seine Funktionen im Laufe der
Zeiten mannigfach gewandelt. Er trat auf als Agent ökonomischer
und konfessioneller Belange, als Unternehmer, Fabrikant und
Umverteiler. Doch darüber hinaus war er stets auch haltende
Macht, Gegengewicht gegen den stets auf der Lauer liegenden,
nur zu überwindenden, nie zu vernichtenden Verfall, ein nicht zu
ersetzendes Organon gegen Anarchie, Gesetzlosigkeit und
Aggression. Im Widerspruch zu voreiligen Totenscheinausstellern
sollte man die Aufgabe, den Staat den Herausforderungen der
systemtechnologischen Gesellschaft anzupassen, Regierbarkeit
und Demokratie, Freiheit *und* Autorität in neuen Formen zu garantieren, nicht als von vornherein hoffnungslos erklären.
Man spricht und schreibt heute viel von einer Tendenzwende,
meist nur im parteipolitischen, auf aktuelle Wahlergebnisse bezogenen Sinn. Daß dahinter etwas mehr steckt, ein neuer Sinn für
Staatlichkeit, darf vermutet werden. Symptome dafür sind das verstärkte Bedürfnis nach Gesetz, Ordnung, Stabilität und Leitung,
die Sehnsucht nach einem illusionslosen politischen Willen, der
der Fragmentierung der Gesamtgesellschaft und den erniedrigen-
den Erpressungen von innen und außen ein Ende setzt. Dieses
Verlangen ist nicht notwendigerweise konservativ. Es kann sich
sogar mit Hilfe von Parolen wie „Befreiung", „Gleichheit" und
„Lebensqualität" artikulieren. Unter der Oberfläche wird man

---

[9] G. Sorel: Matériaux d'une théorie du prolétariat, Paris 1919.

auch hier vielfach eine verstärkte Nachfrage nach legitimierter Ordnung und Stabilität entdecken. Gerhard Szczesny, nicht eben im Geruche eines rechtsradikalen Etatismus stehend, fordert unumwunden eine „Disziplinierung der Demokratie", wendet sich gegen die Auflösung des Staates in die Gesellschaft und kommt zu dem Schluß: „Ein Optimum von personaler Selbst-Verwirklichung für alle setzt einen starken, nicht einen schwachen oder gar keinen Staat voraus."[10] Ähnliche Gedanken finden sich auch in den jüngsten Büchern des katholischen Publizisten Anton Böhm und des britischen Management-Philosophen Geoffrey Vickers[11]. Sie alle stimmen darin überein: Es bedarf einer Stärkung der politischen Strukturen, eines Wachstums staatlich organisierter Disziplin und darüber hinaus gesellschaftlicher Selbstdisziplin. Die Idee der absoluten Souveränität des Staates ist obsolet. Ihre Restauration ist utopisch. Utopisch ist allerdings auch die entgegengesetzte Idee vom Absterben politischer Herrschaft. Tertium datur. Jenseits von anarcho-liberalistischer Staatsfeindschaft und links- und rechtstotalitärer Staatsvergötzung zeichnet sich nicht nur als abstraktes Postulat, sondern auch in vielgestaltigen Ansätzen der internationalen Wirklichkeit die – freilich gefährdete – Möglichkeit einer Rekonstruktion und Restrukturierung des Staates im Kräftespiel zwischen den verschiedenen übernationalen Organisationen und den zumindest de facto öffentlich-rechtlichen Körperschaften im innenpolitischen Raum ab. Die Aufgabe der lebenden Generation ist es, den noch anarchischen „neuen Feudalismus" zu bändigen und konstruktive Rechtsformen zu finden, die den Staat als ausgleichende, haltende und disziplinierende, aber auch Freiheit stiftende Macht zu stärken vermögen[12].

In diesem Sinne, in der Hoffnung also, es sei noch nicht zu spät, werden im folgenden die Leiden und Nöte, aber auch die Chancen

---

[10] G. Szczesny: Die Disziplinierung der Demokratie oder Die vierte Stufe der Freiheit, Reinbek 1974, S. 191 ff., 197.

[11] Vgl. A. Böhm: Leben im Zwiespalt. Der moderne Mensch zwischen Angst und Hybris. Herderbücherei Bd. 500, Freiburg i. Br. 1974; G. Vickers: Der Preis der Institutionen, Frankfurt–New York 1974; ders.: Freedom in a Rocking Boat. London 1970.

[12] Vgl. dazu H. Strakosch: Der Konservatismus und das Recht. In: Dimensionen des Rechts. Gedächtnisschrift für René Marcic, Berlin 1974, S. 1145 ff.

und Zukunftsaufgaben des modernen Staates von verschiedenen Standorten aus untersucht. Es wird nicht nur nach den gesellschaftlichen und institutionellen, sondern auch nach den geistig-moralischen Voraussetzungen legitimierter Staatlichkeit gefragt. Der okzidentale Mensch hat viele Tyrannen beseitigt, nicht aber die Notwendigkeit, regiert zu werden. Worauf wird sich der Staat am Tage des Ernstfalls stützen können? Gewiß nicht auf jene, die Luther „Windfaher" nennt und ihr Mäntelchen nach allen Seiten rücken, um zu erfahren, von wo der Wind der Tendenzwende denn herweht. Es bedarf weniger einer neuen politischen Wetterkunde als einer Rückbesinnung auf das, was von jeher Staaten geschaffen und erhalten hat. Es bedarf der republikanischen Tugenden Roms und der Sichtung des Staatsdenkens von Aristoteles über Thomas Hobbes bis zu Max Weber. Dort, wenn irgendwo, können wir jenen Grund unter den Füßen finden, den wir auf dem Wege der Emanzipation verloren haben, da wir darauf vertrauten, unsere Ansprüche an die Institutionen könnten endlos wachsen, nicht aber die Ansprüche der Institutionen an uns und die Bürde der Anforderungen, die ein weitblickender Staat schon heute uns auferlegen müßte, wenn wir in einer einigermaßen humanen Welt überleben sollen.

Der Herausgeber

HELMUT KUHN

Die Menschlichkeit des Staates

Der Staat – eine antiquierte Institution?

Die Welt, in der unsere Väter und Großväter lebten, ist untergegangen. Der Untergang vollzog sich dramatisch in zwei blutigen Weltkriegen. Doch auch in den Zwischen- und Nachkriegszeiten nahm und nimmt, allen rekonstruktiven Bemühungen zum Trotz, die Desintegration ihren Fortgang. Diese untergegangene Welt verdient in jeder Hinsicht den Titel „europäisch". Europäisches Geistesleben, seiner Geschichte bewußt, war ebenso weltbeherrschend wie Europas Wirtschaft und seine industrielle Produktion. Politisch stellte sich die untergegangene Welt als die Hegemonie einer Gruppe von Nationalstaaten dar, die sich nicht ohne Erfolg um ein System des dynamischen Gleichgewichts bemühten. Ihrer mit hohem Risiko arbeitenden, aber im ganzen noch konstruktiven Außenpolitik entsprach eine vorwiegend progressive, das heißt auf fortschreitende Entspannung gerichtete Innenpolitik. Der Sozialismus hatte die revolutionäre Parole des Klassenkampfes zugunsten einer Bejahung des parlamentarisch-demokratischen Konstitutionalismus preisgegeben, und die Integration der Arbeiterschaft in die bürgerliche Gesellschaft war zwar noch nicht vollzogen, doch schien sie vor der Tür zu stehen. Und gleichzeitig legte eine von politischem Gewissen inspirierte Sozialpolitik dem zunächst mit abstoßender Brutalität auftretenden Kapitalismus Fesseln an.

Schließlich mag vermerkt werden, daß sich diese Welt, wenn auch mit großen Einschränkungen, „christlich" nennen durfte. Aller Kritik der Gesellschaft zum Trotz konnte die Kirche die Prinzipien dieser sozialen Ordnung bejahen, und noch existierte, wenn auch als entschwindende Figur und verblassendes Ideal, der Christian gentleman als Mittler zwischen christlicher Demut und weltläufiger Tüchtigkeit. Diese Welt nun, europäisch oder, besser, europäoamerikanisch, verstand sich als Welt schlechthin, die in globaler Expansion durch Kolonien und Herrschaftsgebiete die Verwaltung der anderen Erdteile mit übernommen hatte. England, zum Britischen Empire überhöht, war die prototypische und stillschweigend als solche anerkannte Vormacht des Systems, und sie beschenkte die Welt – eine nicht nur praktisch, sondern auch symbolisch bedeutsame Tatsache – mit ihrer reichen und biegsamen Sprache.

Die europäische Welt unserer Väter – wer kann es bezweifeln? – ist in Schmach und Blut untergegangen. Vieles hat zu der Katastrophe beigetragen, zum Teil Personen und Ereignisse, die sich jeder rück- oder vorschauenden Strukturanalyse entziehen. Sie passieren, sie sind eines Tages da, und nur rückschauend kann von ihnen Bericht erstattet werden. Die Historie, so zeigt sich wiederum, hört nicht auf, erzählende Geschichte zu sein. Wahrheitsgemäß berichtet sie etwa, daß, als der Zweite Weltkrieg sich seinem Ende zuneigte, drei Männer zur Beratung und Beschlußfassung zusammentrafen. Nur einer von ihnen stand in voller Manneskraft – sein Name war Stalin. Der zweite, Franklin D. Roosevelt, war geschwächt von tödlicher Krankheit, während der dritte, Winston Churchill, aufgehört hatte, eine Weltmacht zu repräsentieren. Und unter dem Unstern, der über diesen Gesprächen waltete, formierten sich die Grundlinien der friedlosen Unwelt, in der wir heute, die Satten und die Hungrigen, zu existieren haben, geplagt von einer unabsehbaren, langatmigen Angst, genährt von dürftigen Hoffnungen von Tag zu Tag.

Der Untergang des Gesamtgefüges, auf den wir zurückblicken, besagt keineswegs, daß auch seine Bestandstücke und Elemente vergangen und verloren sein müßten. Sie sind noch mit uns, samt und sonders, manche, wie die Europäische Gemeinschaft, als Schatten, die vergebens das Lebensblut zu schlürfen versuchen, das ihnen zu neuer Körperlichkeit verhelfen könnte. Andere wiederum, dem früheren Verband entrissen, fingen an, gefährlich zu wuchern, wie vor allem das Nationalbewußtsein. Faschismus und Nationalsozialismus waren solche Wucherungen, von elementarer Furchtbarkeit in ihrem ersten Auftreten, durch ihre Niederlage als hohl entlarvt, heute nur noch als traumatische Gespenster umgehend, vor denen sich zu fürchten von Furchtsamen für Liberalismus gehalten wird. Das Überleben des Abgelebten macht die Ungleichzeitigkeit unserer Gegenwart aus. Die mit dem europäischen Kulturserum geimpften Entwicklungsländer durchrasen in geraffter Folge die Phasen von zwei Jahrhunderten europäischer Emanzipationsgeschichte. In diesem Sinn war, was in Addis Abeba im Herbst 1974 geschah, „gleichzeitig" mit den Ereignissen in Paris von 1789 bis 1794 oder mit der Revolution in Petersburg und Moskau 1917. Das Neueste an der Peripherie, im Lichte des europäischen Zentrums gesehen, war das Alte, Überlebte, Überwundene. Aber da sich dieses zentrale Licht verdunkelt hatte, verkehrte sich die Richtung des Gebens und Nehmens, das Zentrum geriet unter den Einfluß der Peripherie, und unsere geistig Halbwüchsigen holten sich politische Ideen aus Nordafrika, Cuba und von den lateinamerikanischen Guerilleros und Tupamaros. Das längst Erledigte ergriffen sie als das Allerneueste, und neu war in der Tat, was damit zutage trat: ein *antiquarischer Revolutionismus*. Der brachte zwar, da es ihm an einem ernsten Verhältnis zur europäischen Wirklichkeit fehlte, nicht das Drama einer wirklichen Revolution hervor, sondern nur ein kurzatmiges Psychodrama, das sich in den sechziger Jahren bis etwa 1973 mit Demonstrationen in dem weiten Feld zwischen „practical jokes" und anarchistischem Terror austobte. Daß diese Affäre in der Bundesrepublik Deutschland tiefere, destruktive Spuren hinterlassen hat, besonders im Erziehungswesen, daß sie überhaupt von der deutschen öffentlichen Meinung freundlicher aufgenommen wurde als anderswo – diese Tatsache gibt ein Rätsel auf, das noch kurz zu berühren ist.

Wir sprechen vom „Untergang einer Welt". Das klingt verdächtig nach Dramatisierung. Doch nicht des Effektes wegen wählten wir unter den zur Verfügung stehenden Ausdrücken das starke Wort, sondern um einen Unterschied zu markieren. Mit größerer Intensität als in den anderen Stammländern der europäischen Völkerge-

meinschaft sind die politischen Umbrüche unseres Jahrhunderts
in Deutschland als katastrophisch erlebt worden – als etwas wie
ein Weltuntergang. Die pragmatische Geschichte erspart uns die
Mühe, nach einer Erklärung in verborgenen Gründen zu suchen.
Die Tatsachen sprechen eine deutliche Sprache. Nur Deutschland
ist zweimal durch eine vernichtende Niederlage hindurchgegan-
gen, und beide Male bedeutete die militärische Niederlage zugleich
einen politischen Zusammenbruch. Die Kapitulation von 1918
verurteilte die konstitutionelle Monarchie des Wilhelminischen
Reiches und seine Klassengesellschaft, die von 1945 den totalitären Staat, den der rasend gewordene Nationalismus der braunen
Kohorten geschaffen hatte. Beide Male blieb der Staat auf der
Strecke, und das Volk mußte leiden. Das Verhältnis der Deutschen
zum Staat, problematisch vom Ursprung her, drohte zu einem un-
heilbaren Mißverhältnis zu werden. Daß die politischen Katastrophen ins Innerste trafen, zeigte sich im geistigen Leben. Deutschland wurde in den beiden ersten Jahrzehnten des Jahrhunderts
zur Wiege des Expressionismus, einer apokalyptisch-revolutionä-
ren Kunstrichtung. ,,Menschheitsdämmerung" lautete der Titel
einer 1920 erschienenen Gedichtsammlung. Als das zerstörte und
halbierte Deutschland sich nach dem Zweiten Weltkrieg in den
Grenzen der Bundesrepublik Deutschland auf sich selbst zu be-
sinnen begann und eine bundesdeutsche Literatur und Kunst sich
ans Licht wagte, kam eine erstaunliche Kontinuität zum Vorschein.

Die Schreibenden und Bildenden knüpften da an, wo einst ihre
Vorgänger entweder in der geistigen Flaute der späten zwanziger
Jahre oder unter dem Würgegriff des nationalsozialistischen
Gewaltstaates verstummt waren. Zunächst freilich fristete die wie-
dererstandene Geistigkeit ihr Leben in einer wenig beachteten
Enklave. Die große Mehrheit der Bundesbürger war damit beschäftigt, die zerbombten Mauern durch neue zu ersetzen, die still-
stehenden Räder in Gang zu setzen, das Wirtschaftsleben
wiederherzustellen – kurz: das große Werk der Rekonstruktion
zu vollbringen, das von der Welt als das deutsche Wirtschaftswun-
der bestaunt wurde. Als es dann so weit war, daß die Dichtenden,
Denkenden und Bildenden, statt sich untereinander zu verständigen, vor die Öffentlichkeit treten konnten, um sich ihren Lands-

leuten und Leidensgefährten mitzuteilen, da wirkten sie, in der Mehrzahl jedenfalls und als Gruppe betrachtet, wie zurückkehrende Emigranten, entfremdet den Aufbaumühen, von denen die anderen vielleicht allzusehr in Anspruch genommen waren, entfremdet dem eben restaurierten Staat, in dessen neu geweißte Räume einzuziehen sie sich genötigt sahen, entfremdet dem Staat überhaupt. Denn zum Staat gehörten Bürger, in damaliger Zeit aufbaubeflissene Bürger. Ihnen hatte man wenig zu sagen – war doch für den homme de lettres der respektable citoyen längst zum bourgeois geworden. Eher schon konnte man sich den Jungen verständlich machen, denen Hochgefühl und Mühe der Aufbaujahre zur belanglosen Vorgeschichte ihrer eigenen Wohlstandsexistenz gehörten.

Immerhin mußten sich die Nachfolger und Erben der expressionistischen Generation in der politischen Landschaft der neuen Republik orientieren. Da konnten sie sich kaum anders als links einordnen – freilich nicht links in dem parlamentarischen Sinn dieses Begriffs, der die Anerkennung eines „rechts" mit sich führt, sondern links von links, als außerparlamentarische Opposition. Niemand konnte traditionalistischer denken als die radikale Opposition in der Bundesrepublik: sie marschierten unbeirrt auf der Linie, die ihnen von der Emanzipation im Kaiserreich – Heinrich Manns „Der Untertan" war ein Fanal – vorgeschrieben und durch den linken Flügel der Opposition gegen das Dritte Reich bestätigt worden war. So konnte sich, mehr noch stillschweigend als mit ausdrücklicher Behauptung, die Meinung ausbreiten: der Staat gehöre zu den unwiederbringlich verlorenen Bestandteilen der untergegangenen europäischen Welt. In der Sprache der von wohlmeinenden Regierungen hochgepäppelten Politikwissenschaft verschwand zusehends das Wort Staat zugunsten des Wortes Gesellschaft. Es ist, so scheint uns, an der Zeit, den Irrtum aufzudecken, der dem Gedanken von der Antiquiertheit des Staates zugrunde liegt: er verfehlt die Wirklichkeit, in der wir leben, und er verstellt uns den Weg in die Zukunft.

Verfrühte Epitaphe für den gealterten Staat:
Karl Marx und Carl Schmitt

Täglich, stündlich sind wir mit dem Staate befaßt – vom ersten Blick in die Morgenzeitung bis zur abendlichen Frage: „Was hat der Tag gebracht?" Und jeder Rückblick auf gestern und vorgestern belehrt uns vor allem darüber, daß der Staat mit uns befaßt war, mit uns befaßt ist und es auch in Zukunft zu sein gedenkt. Was aber „der Staat" eigentlich ist – darüber gibt die Wissenschaft, die man für zuständig halten sollte, die Politikwissenschaft, keine Auskunft. Fast durchweg vermeidet sie es geflissentlich, auch nur die Frage zu stellen – eine auffallende Unterlassung, besonders verwunderlich angesichts des Dranges nach Wirklichkeitsnähe und Engagement, das die Vertreter dieser Wissenschaft zu beseelen scheint. Doch ist die Erklärung nicht schwer zu finden: das Thema erscheint als veraltet, weil die Sache selbst, der Staat, als veraltet erscheint. Der Staat war groß, doch ist er, so lautet das Urteil, nur noch ein Schatten seiner selbst. Er ist abgetreten, oder er ist dabei abzutreten. Die mit solchen Äußerungen spielende Staatsnegation tritt in zwei verschiedenen, ja einander entgegengesetzten Formen auf. Die erste Negation gibt sich als historische Feststellung: das Begriffswort „Staat" sei nicht mehr geeignet, die Organisationsform und die politischen Probleme unserer Zeit sachgemäß zu beschreiben. Die zweite Negation hat eine praktisch-programmatische Bedeutung: der Staat ist wie eine Krankheit, die wir eigentlich schon überstanden haben: was von ihm übriggeblieben ist, kann zwar nicht über Nacht, soll aber so bald wie möglich aus der Welt geschafft werden. Die erste Negation ist mit dem Namen Carl Schmitt, die zweite mit Karl Marx verknüpft. Die beiden Positionen haben, so gegensätzlich sie im übrigen sind, eins miteinander gemeinsam: die Anerkennung des Konflikts als einer dem politischen Leben zugrunde liegenden Urtatsache. Und überdies basieren beide Negationen auf einer je verschiedenen geschichtsphilosophischen These.

Carl Schmitt operiert auf zwei verschiedenen Ebenen – auf der Ebene geistesgeschichtlicher Analyse, die dann, in einer tieferen Schicht des Denkens, durch einen transhistorischen Dezisionismus ergänzt wird. Zunächst versucht er nachzuweisen, daß „der Staat" sich aus der Zersetzung des Machtgefüges der Feudalgesellschaft pari passu mit der liberalen bürgerlichen Gesellschaft theoretisch und praktisch als souveränes, territorial und national begrenztes Herrschaftsgebilde formiert hat, daß aber die realen und ideellen Bedingungen seiner Existenz in der modernen hochindustrialisierten Gesellschaft mit ihren neuartigen Kollektiven zerfallen sind. Der liberal-demokratische Staat, und der Staat überhaupt, sei zum Anachronismus geworden – dies die theoretische Begleitmusik, die in den zwanziger Jahren den faktischen Staatszerfall in der Weimarer Republik legitimieren sollte. Was nun aber an die Stelle des Ordnungsfaktors Staat zu treten hat, davon verrät uns Schmitt nichts: man muß warten, zusehen, beobachten. Die Bereitschaft, gut hegelisch oder nachhegelisch sich der übermenschlichen Weisheit historischen Werdens unterzuordnen, verbindet sich mit Skepsis angesichts der für unsere Augen verhüllten Zukunft. Der Staat, so scheint es, wird der Relativität und Vergänglichkeit von sich historisch wandelnden Zeitgestalten ausgeliefert. Doch im Gewand des historischen Relativismus verbirgt sich ein moderner Hobbesianismus. Zusammen mit der Hinfälligkeit des Staates tritt als das Bleibend-Menschliche „Der Begriff des Politischen" ins Licht – dies der Titel eines 1932 erschienenen und 1963 mit einem Vorwort neu veröffentlichten Buches. „Die spezifisch politische Untersuchung", so heißt es dort, „ist die Unterscheidung von *Freund* und *Feind*" (S. 26). Mit dem Begriff *Feind* ist der Begriff des Kampfes gegeben, und das ius belli wird zum wesentlichen Merkmal des Staates. Die Solidarität aber, die die Glieder einer Gemeinschaft zusammenbindet, ist die Kehrseite der Abstoßungskraft, die diese Gemeinschaft von anderen trennt. Das Mit- und Füreinander steht in offener oder heimlicher Abhängigkeit vom Gegeneinander. Die Physik der politischen Welt ähnelt der natürlichen Physik: der Gesellschaftskörper wie der Naturkörper verfügt zwar über kohäsive Kräfte; dennoch müßte er zerfließen, lastete nicht auf ihm der übermächtige Druck der ihn umringenden Körperwelt. An dieser fundamentalen Tatsache scheitert die Utopie vom Weltfrieden. Alle Nationen sollen umfaßt werden von den Vereinten Nationen. Doch kaum ist das allgemeinsame Dach aufgerichtet, da sondert sich auch schon eine mehr oder minder homogene Gruppe – etwa die Nationen der Dritten Welt – von den übrigen Gruppen ab. Wie Banquos Geist erscheint beim Friedensmahl der ungebetene Gast: der Begriff des Politischen, die Feindrelation.

Der Konflikt bildet den Ausgangspunkt auch für die politische Philosophie, die das „Absterben des Staates" zum Dogma erhoben hat. Karl Marx, wie Carl Schmitt in den Spuren Hegels wandelnd, entwirft eine Geschichtsphilosophie, nach der sich das Totalgeschehen um die Achse des Konfliktes dreht. Geschichte ist Kampfesgeschichte – Geschichte des Klassenkampfes, wie das Kommunistische Manifest sagt: Herren gegen Sklaven, Bedrücker gegen Bedrückte, Kapitalisten gegen Proletarier. Diese These aber ergibt sich bekanntlich nicht aus einer Abschätzung der menschlichen Natur, sondern aus einer Analyse der mit den Fortschritten der Technologie verzahnten Produktionsgeschichte: Herr ist jeweils der Inhaber der durch den jeweiligen Stand der Produktivkräfte bedingten Produktionsmittel. Marx, der noch die Luft des idealistischen Zeitalters geatmet hat, blieb unberührt von der skeptischen Vorsicht, die unserem Zeitgenossen selbstverständlich ist. Nach seinem Dekret war alle bisherige Geschichte nichts als Vorgeschichte – und zwar eine Vorgeschichte, die durch ihre technologische Dynamik ihre eigene Überwindung vorbereitete: erst mit der Revolution, die allen Revolutionen ein Ende bereiten soll, würde die Geschichte des wiederhergestellten Gattungswesens Mensch beginnen. Der Staat gehört in die Vorgeschichte: er ist die zur Institution entwickelte Waffe in der Hand der Bedrücker. Mit der revolutionären Abschaffung des Privateigentums an Produktionsmitteln stirbt der Staat ab, weil er seine Funktion verloren hat. Der Staat ist eine Herrschaftsordnung. Die nachkapitalistische, nachrevolutionäre Menschheit wird der Herrschaft entwachsen sein: sie wird ihre Probleme durch Verwaltung lösen.

So ist der Staat im 20. Jahrhundert zu einer Paradoxie sondergleichen geworden. Die Regierungen der sich sozialistisch nennenden Länder machen bedenkenlos von allen Machtmitteln des Staates Gebrauch. Aber zu den politischen Glaubenssätzen, die sie ihren Völkern aufzwingen, gehört auch der Artikel vom glücklichen Absterben des Staates. Hingegen wird in den sich einer freiheitlichen Staatsordnung bedienenden Ländern der Staat, wo immer er sich als solcher zeigt, gern wie ein räudiger Hund behandelt,

und die sich gegen seine Bildungsstätten oder seine Ordnungs-
und Rechtsinstitutionen richtende Gewalt wird mit Schonung,
wenn nicht mit unverhohlener Genugtuung betrachtet. Nach der
Ermordung des Berliner Kammergerichtspräsidenten erklärte die
Wochenschrift „Die Zeit" auf Seite 1 ihrer Ausgabe vom
22. November 1974, nicht der Terror, sondern das Geschrei nach
„law and order" bedrohe den Rechtsstaat. Aber der erstaunte
Leser brauchte nur umzuschlagen, um auf Seite 2 einen Tatsachen-
bericht über „Terror-Anweisungen aus den Zellen" zu finden.
Gefälligkeit gegenüber der öffentlichen Meinung von gestern auf
der Frontseite – die Wahrheit innen: eine verworrene Zeit!
Der Vorwurf trifft jedoch nicht die Presse. An den höher gelegenen
Orten, wo man sich um Klärung der Leitbegriffe bemüht, wird
der Staat zu oft ausgespart. Keine Rede davon, daß Marxens
Geschichtsphilosophie mit ihrem weltgeschichtlichen Todesurteil
über den Staat zum Gemeingut zu werden drohte. Es wäre doch
auch zu seltsam, wenn eine Geschichtsphilosophie, die im Grunde
eine spekulative welthistorische Situationsanalyse aus dem Jahr
1848 ist, sich dem Orientierungsbedürfnis des Jahres 1975 als
Führer durch die Zeit empfehlen könnte. Aber Verwandtschaft
der endzeitlichen Stimmung macht Anleihen möglich.

Die zweifache Wurzel staatlicher Existenz

Wenn wir mit Hilfe der Historiographie unserer Tage auf die
Geschichte des menschlichen Geschlechts zurückblicken, drängt
sich eine Beobachtung auf: Nicht der einzige, aber doch der gewal-
tigste Akteur auf dieser gigantischen Schaubühne ist und bleibt
der Staat. Und um der Deutlichkeit der historischen Vorstellung
willen werden wir bei der Erteilung dieses Titels womöglich noch
großzügiger sein als die UN-Statuten über Erwerbung der Mitgliedschaft. (Daß dort von „nations" und nicht von Staaten die
Rede ist, darf als eine bloß verbale Abweichung betrachtet werden.) Als Merkmal gilt uns die Existenz einer Herrschaftsordnung,
gleichgültig, ob die Regierung in der Hand eines einzigen Regenten
ist oder ob mehrere, vielleicht viele, an ihr beteiligt sind.

Geschichte als Staatengeschichte verzeichnet dann die Taten
– Wohltaten oder Missetaten – dieser Regierungen, ihre Kriege,
siegreich oder vernichtend, ihre Gründungs- und Zerstörungsta-
ten, ihre Eroberungen und Friedensschlüsse, ihre revolutionären
Krisen und ihre Triumphe und, verbunden damit, das Gedeihen
und Leiden der Völker, die, wohl oder übel, ihr irdisches Geschick
ihren Herren, den ererbten oder gewählten, anvertrauen müssen.
Daß diese Geschichte das wirkliche Geschehen nicht zu erschöpfen
vermag, liegt auf der Hand. Es fällt uns leicht, mit den Aufklärern
zu sympathisieren, die, ungeduldig mit den vielen Königen und
Schlachten, die in der traditionellen Historiographie das große
Wort führen, nach dem Beispiel Voltaires lieber Kultur-, Sittenge-
schichte treiben wollten. Mit Interesse verfolgen wir auch die struk-
turanalytischen Bemühungen, die heutzutage die weniger auffälli-
gen Aspekte und Beziehungen des Totalgeschehens ins Licht
rücken. Aber so begrüßenswert auch diese Erweiterungen des historischen Horizonts sind, so wenig vermögen sie doch die Grund-
züge in der Physiognomie der Zeiten zu verwischen oder zu verän-
dern. Die aber sind am sichtbarsten geprägt durch *Herrschaft und
Staatlichkeit.* Wenn nun jemand uns mit weiser Miene entgegentritt
und erklärt: „Kriege entscheiden nichts!", dann müssen wir ihn
fragen, auf welchem Gestirn er die letzten vierzig Jahre der
Geschichte zugebracht hat.
Fragen wir nach dem Grund der Geschichtsmacht von Staat und
Staatlichkeit, so finden wir in den beiden Theorien, deren Ergebnis
uns nicht überzeugt, eine nicht zu umgehende Wahrheit. Auch
wir erkennen mit Hobbes und seinen modernen Schülern, mit
Marx und den Marxisten, im Faktum des Konflikts einen sinnvollen
Ausgangspunkt geschichtsphilosophischer Interpretation. Doch
wollen wir uns davor hüten, diesen Grundsachverhalt dramatisch
zu überspitzen nach dem Muster von „homo homini lupus", noch
wollen wir sie auf die spezielle Form des Klassenkampfes einengen.
Um so nahe als möglich bei der Sache zu bleiben, wollen wir den
Begriff des Konflikts durch den umfassenderen der *Not* ersetzen:
die Notlage kann uns durch eine Naturmacht, also durch Bedro-
hung von außen, bereitet werden, oder sie kann ihren Ursprung
in uns selbst, in der menschlichen Natur, haben, und dann nimmt
sie die Form des Konflikts an. Die gemeinsame Notlage erteilt

uns eine doppelte Lehre: *Wir können uns nur retten, wenn wir die gemeinsame Notlage durch gemeinsame Aktion bezwingen.* Dies die erste Lektion, und ihr folgt die zweite: Nur durch Herstellung eines Herrschaftsverhältnisses, das heißt: *nur unter einer Regierung, kann diese Aktion wirksam werden.* Der Staat wäre demnach ein Geschöpf der Not – ein Notstaat. Und wir brauchen kaum ausdrücklich hinzuzufügen, daß wir mit diesen Sätzen in etwas veränderter Form den Gedanken wiedergeben, der den Naturrechts- und Staatstheorien des 17. und 18. Jahrhunderts zugrunde lag und der dem sich damals formierenden modernen Staat seine theoretische Legitimation lieferte. Für Locke wie für Hobbes war der von ihnen konstruierte Naturzustand ein Notstand, der erst mit der Schließung eines Gesellschafts- und Herrschaftsvertrages durch die gesetzliche Regierung eines body politic abgelöst wurde.

An diesem Punkt schaltet sich ein kritisches Bedenken ein. Der Staat ist seinem Wesen nach ein Notstaat – dieser Satz wird nicht einmal der Staatslehre des Locke gerecht. Nach ihm gehören nicht nur Leben und Eigentum zu den unveräußerlichen Grundrechten, die zu schützen Aufgabe des Staates ist, sondern auch die *Freiheit.* Freiheit aber ist ein zu inhaltsreicher Begriff, als daß er sich dem Generalzweck, der Notabwendung, unterordnen ließe. Mit diesem Bedenken leuchtet eine für das Staatsverständnis überhaupt entscheidende Wahrheit auf. Gewiß, in der Notlage, die weder dem einzelnen noch der Gesellschaft erspart bleibt, verdeutlicht sich die Notwendigkeit einer mit Herrschgewalt ausgestatteten Autorität, will sagen des Staates. Aber mit der hier zum Vorschein gebrachten Abhängigkeit des Menschen vom Menschen ist der ins Auge gefaßte Sachverhalt noch unvollständig erfaßt, und von den zwei Wurzeln der staatlichen Existenz ist nur die eine bloßgelegt, und zwar so, als wäre sie die einzige. Damit aber ist die dem Staat eigene Würde außer acht gelassen: er, der in Wahrheit die unzerlegbare Einheit von Natur- oder Notstaat auf der einen und von Kulturstaat auf der anderen Seite ist, wird auf den bloßen Naturstaat reduziert, das heißt auf eine Institution, deren Sinn sich auf den Zweck der Lebenserhaltung reduziert.

Der Mensch ist in der Tat von seinesgleichen abhängig, auch und besonders deswegen, weil er seinen Mitmenschen und seine Mitmenschen ihm gefährlich sind. So ist es ganz richtig, von dieser Feststellung auf die Unentbehrlichkeit einer mit Zwangsgewalt begabten Herrschaft zu schließen – eines Staates, der (nach dem Wort Max Webers) das „Monopol der Gewaltausübung" für sich in Anspruch nimmt. Aber mit dem Nachdruck auf die wechselseitige Abhängigkeit verzerrt sich die Perspektive. Um sie wiederherzustellen, greifen wir auf den Begriff der dem Menschen mangelnden Autarkie zurück, den die „ancient moral philosophers", deren Lehren von Hobbes so nachdrücklich verworfen wurden, zum Eckstein ihrer politischen Philosophie machten. *Der Mensch ist eine Gefahr für sich und seinesgleichen.* Darüber wußte auch Aristoteles Bescheid. „Die, die Unrecht zu tun vermögen, sind furchtbar, wenn wir dem Erleiden von Unrecht ausgesetzt sind. Denn in der Regel tun die Menschen einander Unrecht, wann immer sie Macht dazu haben" (Rhetorik 1382b, 8–9) – harte und unwiderlegliche Worte. Erträglich werden sie, wenn wir die Hilflosigkeit des Menschen, die beim Staat Schutz sucht, als Mangel an Selbstgenügsamkeit, an Autarkie verstehen. Denn das damit bezeichnete Aufeinander-angewiesen-Sein betrifft alle Zonen und Stufen menschlichen Tuns und Leidens, sein leibliches und sein geistiges Wohl. Und demgemäß dient der Staat nicht nur der Erhaltung und Förderung des Lebens, sondern auch des *Gut-Lebens*. Daß sich in der Organisation des gesellschaftlichen Lebens zwei Dinge nicht voneinander trennen lassen – das Leben des Lebens und die Menschlichkeit dieses Lebens –, das ist die in der Institution „Staat" verkörperte Wahrheit über den Menschen. Um nicht den in diesen Aussagen lauernden verhängnisvollen Mißverständnissen zum Opfer zu fallen, müssen wir ihren Sinn als Mitte zwischen einander extrem entgegengesetzten Irrtümern aufsuchen. *Der Staat ist keine göttlich verordnete Heilsanstalt.* Wo er sich zum Verwalter des Seelenheils seiner Bürger aufwirft, wird er zur diabolischen Fratze seiner selbst, zum „totalitären Staat". *Aber der Staat ist auch keine moralisch neutrale, durch ihre Zweckmäßigkeit hinreichend legitimierte Zwangsorganisation,* die durch die bekannte Formel Max Webers vom staatlichen Monopol der Gewaltanwendung endgültig definiert wäre. Die Gerechtigkeit, als Norm staatlicher Aktivität verstanden, fügt sich nicht der Dichotomie von leiblicher und geistiger Wohlfahrt: sie fordert eine gesellschaftlich wirksame Ordnung, die einer „inneren Ordnung" entspricht. Diese innere Ordnung zu bestimmen und herzustellen ist aber nicht Sache des Staates. Er muß sie sich aus dem Bildungsleben und der religiösen Tradition geben lassen. *Insofern besteht seine Würde in der Pflege eines Gutes, das er nicht hervorbringen kann und über das er nicht verfügen darf.* Der Kern der Herrschaft des Staates ist seine Dienstbarkeit. Er ist echter, das heißt: dem Menschen angemessener, freiheitlicher Staat dadurch, daß er sich selbst begrenzt. Aber diese Selbstbegrenzung „nach innen" kann nicht Neutralität oder Desinteressement bedeuten. Eher mag sie als eine Art von Pflegschaft zu verstehen sein, aber eine Pflegschaft nicht wie die des Vaters über den unmündigen Sohn, vielmehr wie des Sohnes über den körperlich, aber nicht geistig geschwächten Vater.

Dem Staat, als dem nicht preiszugebenden Erbstück der europäischen Welt, fällt die Aufgabe der Verteidigung der Freiheit in unserer Zeit zu, und er kann diese Rolle nur übernehmen als Treuhänder der geistig-sittlichen und religiösen Tradition. Die Auslöschung dieser durch eine schwere Krise heimgesuchten Tradition würde den politischen Freiheitsbegriff seines Inhalts berauben und die Keime zukünftiger Entwicklung töten.

Was ist das – „Staat"? *Res publica – res intima.* Die Besinnung auf sein Wesen fordert Selbstbesinnung. Denn kein anderes Werk des Menschen entspricht so genau seiner Natur – dem Elend und der Größe seiner Existenz und den noch unausgeschöpften Möglichkeiten seiner Freiheit.

BERND GUGGENBERGER
Sind wir noch regierbar?

Zur Dialektik
von Stärke und Schwäche
des modernen Staates

Schon seit Jahren ist die „Unregierbarkeit" der ins Gigantische
gewucherten Großstädte ein Gemeinplatz der amerikanischen
Publizistik. Inzwischen kann wohl auch manch vielgeplagter deutscher Oberbürgermeister das Seine an Erfahrung zur Diskussion
beitragen. Und seit kurzem wird die Erkenntnis, daß ganze Staaten
unregierbar werden können, daß die Staatsmacht sich auflösen,
ein Staatswesen regelrecht verrotten kann, auch für den Politiker
und Sozialwissenschaftler zu einem Thema.
Es läßt sich ein breites Spektrum an Indikatoren der „Nicht-"
oder der „Schwer-Regierbarkeit" benennen, die allesamt zeigen,
daß es für den modernen, demokratisch limitierten Staat immer
schwieriger wird, die ihm zugemuteten Aufgaben funktionsgerecht
zu erfüllen und seinen Folge- und Gehorsamsanspruch gegenüber
den Herrschaftsunterworfenen durchzusetzen. Er befindet sich in
einem Schnittpunkt von Krisenerscheinungen der verschiedensten
Art; von Krisensymptomen, deren Ursachen in ganz unterschiedlichen Bereichen auf ganz unterschiedlichen Ebenen angesiedelt
sind.
Der allgemeinste Kontext, der sich für die Beeinträchtigungen moderner Politik angeben läßt, ist der Bereich der *Nicht-Beherrsch-
barkeit der menschlichen Naturbeherrschung,* jener Problembe-

reich also, in welchem der Staat sich mit den unbewältigten Folgeproblemen des technischen Fortschritts und des ungebremsten Wirtschaftswachstums konfrontiert sieht. Der neuzeitliche Mensch ist in seinem beispiellosen Eifer, sich die Natur zu unterwerfen, immer mehr zum Zauberlehrling geworden, welcher den von ihm selbst entfesselten Kräften nicht mehr Einhalt zu gebieten vermag. Will die Menschheit das Jahr 2000 menschenwürdig erleben, so ist sie gezwungen, mehr Scharfsinn und moralische Kraft auf die Beseitigung der negativen Folgen der Zivilisation und des technisch-industriellen Fortschritts zu verwenden als auf die aktive Gestaltung und planvolle Ausfaltung dieses Prozesses. Man ist heute dabei zu erkennen, daß der selbstzerstörerische Rüstungswettlauf, die globalen Energie-, Rohstoff-, Umwelt- und Ernährungskrisen, die Verödung der Städte, die sozialen, kulturellen und psychischen Krisenphänomene, die sich in Neurosen und wachsenden Selbstmordziffern ausprägen, daß all diese Indikatoren des Zerfalls und der Selbstzerstörung die Menschheit unentrinnbar mit der Überlebensfrage konfrontieren.

Für all diese Krisenerscheinungen gibt es *keinen Schuldigen – nur Betroffene*. Auch „dem Staat" läßt sich nicht alles in die Schuhe schieben. Ein Großteil der Probleme, die auf ihn einwirken, ist nicht hausgemacht, sondern importiert. Meinungen, Ideologien, ökonomische Krisen, Seuchen und Umweltgefahren machen ebensowenig vor Schlagbäumen halt, wie sich Interkontinentalgeschosse, Raketen und Satelliten am territorialen Grenzverlauf orientieren.

Die modernen Nachrichten- und Verkehrstechniken ebnen den Unterschied nach Raum und Zeit immer mehr ein. Sie rücken uns das weit Entfernte nahe, machen das Ungleichzeitige gleichzeitig. Die Totalität der Weltereignisse wird für jeden – an jedem Ort, zu jeder Zeit – greifbare, oft bedrückende Realität. Niemand kann sich einfach zurückziehen, schon weil die eigene Situation allzudeutlich mit anderen, nur scheinbar fernen Problemfeldern verknüpft ist. Selbst das ganz „private" Bedürfnis, die eigene Wohnung zu heizen und den eigenen Wagen beliebig zu nutzen, läßt sich vom weltpolitischen Großereignis des israelisch-arabischen Konflikts und vom neu erwachten Selbstbewußtsein der Öl anbietenden Länder nicht einfach isolieren.

Das Ende aller Sicherheit

Die Erfahrung universaler Betroffenheit, das Wissen um das Ende
aller Sicherheit, der Verlust jeder Rückzugsmöglichkeit, das
Scheitern aller auf Selbstgenügsamkeit gerichteten Bestrebungen
– dies ist die wohl zentrale Erfahrung, welche den Menschen im
Zeitalter der totalen Selbstvernichtungsmöglichkeit prägt und
charakterisiert.

Der moderne Staat ist nicht mehr Garant und Organisator einer
territorial geschlossenen Schutzgemeinschaft. Er bildet nicht mehr
jene Einheit, welcher der einzelne sich unterstellt, weil ihr Schutz-
vermögen ihm unzweifelhaft erscheint. Die waffentechnische Entwicklung der letzten dreißig Jahre hat die Struktur moderner
Staatlichkeit von Grund auf verändert: Angesichts der globalen
Vernichtungsfähigkeit verliert der Staat zusammen mit seiner
Funktion als Schutzeinheit auch seine Funktion als erstrangiges
Kristallisationszentrum politischer Loyalität.

Aber der moderne Staat ist auch von innen durchdringbar geworden. Die Infragestellung seiner Schutzfunktion reicht daher noch
tiefer. Sie wird etwa auch von der wachsenden Angst vor dem
Verbrechen gespeist: ein Indiz hierfür ist die begeisterte Zustimmung, die gegenwärtig ein Film findet („Ein Mann sieht rot"),
der in undifferenzierter Weise den Gedanken der Selbstjustiz ver-
herrlicht. Doch auch von anderen Ereignissen her ist die Störanfäl-
ligkeit, ja die *Erpreßbarkeit des Staates* unvermindert frisch im
Gedächtnis: die Fälle von Geiselnahmen, die Lahmlegung von
Gerichten, der Mißbrauch des Demonstrationsrechts, aber auch
der Fluglotsenstreik und die Tarifverhandlungen im öffentlichen
Dienst bieten hierzu reiches Anschauungsmaterial. Selbst wenn
Heinz Kühn mit seiner im Dezember 1974 getanen Äußerung
recht hätte, Nordrhein-Westfalen und darüber hinaus die gesamte Bundesrepublik würden „unregierbar", wenn die Unionsparteien die kommenden Wahlen gewännen, so behauptet er damit, genau besehen, die Unregierbarkeit als hier und heute schon
gegeben. Denn was bedeutet seine Warnung anderes, als daß der
demokratische Ablösungsmechanismus aufgrund der Vetomacht-
position der Gewerkschaften faktisch außer Kraft gesetzt ist?
Noch allerdings beneidet man uns im westlichen Ausland um un-

sere Gewerkschaften. Dennoch hat auch bei uns die Verrechtli-
chung und Integration der Arbeiterbewegung ihren grundsätzli-
chen Funktions- und Bedeutungswandel bewirkt: Der ursprüngliche Schutzanspruch transformierte sich in einen gesamtgesellschaftlichen Mitsprache- und Mitgestaltungsanspruch; die einstige
Schutzorganisation des unterprivilegierten Proletariers entwik-
kelte sich immer mehr zur ersten Macht im Staat. Noch sind wir
eine gute Wegstrecke vom Gewerkschaftsstaat entfernt; die Diskussionen um Mitbestimmung und Investitionskontrolle, die
Anzeichen für einen sich verschärfenden Verteilungskampf im
Zeichen von Nullwachstum und hoher Inflationsrate weisen jedoch
recht eindeutig in diese Richtung. Hinzu kommen die mit zunehmender Verflechtung der einzelnen Wirtschaftsbereiche zugleich
anwachsenden gesamtgesellschaftlichen Auswirkungen von
Streiks, die stets auch den Unbeteiligten zum Mit- oder sogar
Hauptbetroffenen werden lassen.

Die Erpreßbarkeit des modernen Staates

Die Vermutung einer universellen Zuständigkeit, welche dem modernen Wohlfahrtsstaat allenthalben begegnet, die Konfrontation
mit einer unübersehbaren Fülle von Ansprüchen, welcher er sich
permanent ausgesetzt sieht, lassen erst jene spezifische sinn- und
werthafte Inkompetenz, jene Ratlosigkeit und Überzeugungs-
schwäche augenfällig werden, die als Legitimitätskrise oder, aus
jeweils anderer Perspektive, als Motivations- beziehungsweise
Identitätsverlust allenthalben beklagt wird. Der Staat der Industriegesellschaft fungiert kaum noch als Zielscheibe von Projektio-
nen, welche sich inhaltlich, durch ihren Bezug auf nichtmaterielle
Bedürfnisse, von Ansprüchen abheben, welche der Sphäre des
bloß Nützlichen verhaftet sind und welchen daher im Wege der
Quantitätssteigerung entsprochen werden kann. Die Unmöglichkeit einer Identifikation der Herrschaftsunterworfenen mit sämtlichen Staatsaktivitäten nimmt dem modernen Staatshandeln auch
den Charakter des Unbefragt-Selbstverständlichen. Die Herrschaftsunterworfenen machen sich die dem staatlichen Handeln
jeweils zugrunde liegenden Anschauungen, Ziele und Handlungs-

maximen nicht mehr ohne weiteres zu eigen: sie gelten ihnen nicht mehr als „naturgemäße" oder „gottgewollte" Tatsachen, die man hinnimmt, weil sie evident sind.

Die Erfahrung der Beeinflußbarkeit, ja Erpreßbarkeit des modernen Staates hat staatliche Herrschaft „entzaubert" (Max Weber), sie der ihr einstmals innewohnenden „Dignität" und „hoheitlichen Würde" entkleidet: Es fällt schwer, den Staat als überparteilichen Hüter des Gemeinwohls zu sehen, wenn allein die Organisations- und Artikulationsfähigkeit von Interessen über ihre faktische Berücksichtigung entscheidet. Der moderne Staat wird immer weniger als Garant hoheitlicher Vollkommenheit, als interessenenthobenes, souverän waltendes Herrschaftssubjekt verstanden, sondern immer mehr als im Prinzip jedermann „zugängliches" Einflußmedium rivalisierender Gruppeninteressen. Dieser Staat, welcher in seiner konkreten Erscheinungsform zunehmend durch den strukturell verfestigten Einfluß heterogener sozialer Organisationsgebilde geprägt ist, steht nicht mehr jenseits der Gesellschaft, sondern reproduziert in seiner ubiquitären, häufig in sich widersprüchlichen Interventionsstruktur lediglich die Struktur der in der Gesellschaft selbst wirksamen Interessen. Damit aber bietet er auch *keine sinnfällige Repräsentation des Ganzen* mehr. Staatliches Handeln erfolgt nicht nach einem einheitlichen Prioritätenmuster, sondern es spiegelt vor allem den Einwirkungsgrad der strukturell am politischen Willensbildungsprozeß unterschiedlich beteiligten gesellschaftlichen Gruppen wider. Der offen-pluralistische Staat ist daher viel mehr durch Dynamik und Heterogenität der gesellschaftlichen Einflußfaktoren gekennzeichnet als durch Eindeutigkeit, Stabilität und Kontinuität. Die Loyalität des Staatsbürgers beschränkt sich weitgehend auf jene Teilbereiche, in welchen vorrangig den eigenen Anforderungen und Interessen entsprochen wird; denn die vom Herrschaftsunterworfenen erbrachte Identifikation ist nur noch eine *partielle*. Sie transzendiert nicht den von der jeweiligen Interessenkonstellation vorgezeichneten Rahmen, befähigt den einzelnen also kaum zu jenem für verantwortliches Regieren unbedingt erforderlichen Vertrauensvorschuß, der erst ein Treueverhältnis begründet, welches auch die kurzfristige Verletzung und Mißachtung eigener Interessen überdauert. Die Loyalität gilt nicht mehr dem Staat als einer strukturierten Willenseinheit, sondern allein jener Komponente öffentlicher Parteinahme, welche den jeweiligen Interessen der in Frage stehenden gesellschaftlichen Teilmacht entspricht. Dieser Teilmacht vor allem, nicht mehr zuerst dem vom Staat repräsentierten Ganzen, fühlt sich der einzelne zunächst verbunden. Parteien, Gruppen, Verbände sind die primären Kristallisationszentren einer relativen Massenloyalität. Sie, nicht mehr der Staat, überwinden die individuelle Ohnmacht und bewirken die erforderliche organisatorische Bündelung und „kollektive Machtsteigerung". Die irritierende und Fehleinschätzungen Vorschub leistende Tatsache, daß der unaufhaltsamen äußeren Erweiterung der Staatsfunktionen keine Zunahme an hoheitlicher Staatlichkeit entspricht, sondern das genaue Gegenteil: eine wachsende innere Schwäche, ein permanenter Verlust an aggregativer, ordnender und gestaltender Kompetenz, diese prima facie widersprüchliche Tatsache findet ihre Erklärung vor allem in der Unfähigkeit des modernen Staates, die auseinanderstrebenden gesellschaftlichen Kräfte zu einer handlungsfähigen Einheit zusammenzufassen. Er hat mit dem Verlust seiner „Selbständigkeit" infolge des Eindringens der Gesellschaft auch seine Integrationsfähigkeit verloren. Daß die innere Ohnmacht und Deutungsschwäche sich vor dem Hintergrund äußerer Machtentfaltung abspielt und der „schwache", hinfällige, von Krisen heimgesuchte Staat geradezu als Konsequenz staatlicher Allzuständigkeit erscheint, hängt aufs engste mit dem „Aufgehen" des Staates in der Gesellschaft zusammen. Der privat-gesellschaftliche Bereich ist kaum noch *grundsätzlich* vom öffentlich-staatlichen zu unterscheiden. Die Politik umfaßt sämtliche Forderungen aller gesellschaftlichen Gruppen, ohne sich jedoch einer einzigen ganz und gar zu verschreiben: Sie hört auf alle und folgt ebendeshalb keiner Stimme uneingeschränkt. Die Pluralismuskonzeption unterstellt mithin ein Kräftegleichgewicht, welches die Funktionalisierung des politischen Handelns im Dienste einer gesellschaftlichen Teilmacht grundsätzlich ausschließt. Sie kommt hierin der Vorstellung von der „Autonomie" des Politischen sehr nahe. Deshalb ist der Staat dazu verurteilt, sich in einem Gravitationsfeld in sich widersprüchlicher, sich gegenseitig neutralisierender Anforderungen ausgleichend, mildernd und vermittelnd zu bewegen.

Ein Riese auf tönernen Füßen

Dennoch: Der moderne Staat ist – zumal unter den Bedingungen
der Konkurrenzdemokratie – der Gesellschaft in einem Maße nahe gerückt, das ihn prinzipiell sämtlichen Anliegen und Interessen
zugänglich macht, wenn sie nur entsprechend nachdrücklich ver-
fochten werden. Er ist den Wünschen und Ansprüchen seiner Bürger ausgeliefert wie noch keiner seiner historischen Vorgänger.
Diese Zugänglichkeit macht ihn, trotz aller gleichfalls noch nie
dagewesenen äußeren Machtentfaltung, schwach und abhängig:
ein Riese auf tönernen Füßen, ein Muskelprotz, der vor Kraft nicht
mehr gehen kann. Die Vielzahl von Bindungen und die Last der
Verpflichtungen und Rücksichtnahmen zwingen ihn zu Boden.
Ihm fehlen die Energien für eine große Richtungsänderung, eine
„Kurskorrektur" aus einem Guß. Im Strom der Erwartungen mit-
zuschwimmen, business as usual – zu mehr reicht es kaum.
Ausmaß und Richtung des sozialen Wandels und des allgemeinen
gesellschaftlichen Fortschritts sind daher auch keine Ergebnisse
einer politischen Willensentscheidung. Die gewaltigen Veränderungen der letzten Jahre und Jahrzehnte sind zum allergeringsten
Teil politisch veranlaßt. Es ist das unabwendbare „Schicksal" einer
konsensarmen Politik, daß ihr nur *der Weg des geringsten Wider-
stands* verbleibt. Die Richtung aber wird gegenwärtig von anderen
Kräften bestimmt, von den machtvollen und weitgehend selbst-
determinativen Entwicklungsprozessen in Technik und Wissenschaft und der „naturwüchsigen" Rivalität sozialer Kräfte und
Interessen. Der moderne Staat wirkt in keiner der großen Fragen
meinungsprägend; für politische Überzeugungsfeldzüge ist er
nicht gerüstet. Ihm fehlt das Fundament, auf welchem freiheitliche
Politik immer schon begründet war: die Gemeinsamkeit des Wollens in den Grundfragen des Zusammenlebens.
Der moderne *Leistungs- und Daseinsvorsorgestaat* kann sich die
Unterstützung der miteinander rivalisierenden gesellschaftlichen
Gruppen nur sichern, wenn er mit seinen ökonomischen Problemen fertig wird, das heißt: wenn er wirtschaftliches Wachstum,
Geldwertstabilität und sichere Arbeitsplätze zu garantieren vermag. Ging der liberale Rechtsstaat weitgehend in seiner Rechtstä-
tigkeit auf, war seine Funktion im wesentlichen auf das Schlichten,

Ordnen und Sichern beschränkt, so ist das Bild des modernen
Staates durch die leistende, aktiv regulierende Intervention geprägt: er baut Wohnungen und Verkehrswege, engagiert sich in
der Gewinnung und Verteilung von Rohstoffen und Energie,
nimmt sich der ökologischen, rechtlichen und organisatorischen
Folgeprobleme des naturwissenschaftlich-technischen Entwick-
lungsprozesses an; er sorgt für die ständige Anpassung des Bil-
dungs-, Ausbildungs- und Forschungsniveaus an die gewandelten
Verhältnisse; er schafft die Bedingungen für die moderne Massen-
kommunikation, übernimmt neben der Stabilitäts-, Vollbeschäfti-
gungs- und Wachstumsgarantie eine Fülle struktureller anpas-
sungs-, erhaltungs- und gestaltungsinterventionistischer Funktionen; er betreibt Gesundheits-, Jugend-, Freizeitpolitik, sucht
„distributive Gerechtigkeit" zu organisieren, indem er – als „Ver-
teilerstaat" – nicht mehr nur Rechte sichert, sondern nach Maßgabe
individueller Bedürftigkeit Lebenschancen und -bedürfnisse zu-
teilt.

Der Leistungsstaat kennt ebensowenig prinzipielle Grenzen, wie
sich für die Bedürfnisse, Ansprüche und Begehrlichkeiten seiner
Bürger Grenzen aufzeigen lassen; er erstickt gleichsam in einer
Flut in sich widersprüchlicher Forderungen. Er wird für den wachsenden privaten Wohlstand ebenso in Pflicht genommen wie für
den forcierten Ausbau öffentlicher Versorgungsleistungen, er soll
die Segnungen des Marktes bescheren und dennoch die Vorteile
und Garantien planwirtschaftlicher Regulierung nicht vermissen
lassen; er soll sich für die Freiheit des einzelnen stark machen
und im selben Atemzug die perfekte Vorausschau, die lückenlose
Sicherung gegen Fährnisse aller nur denkbaren Art verbürgen.
Kurzum: dem heutigen Staat macht nichts mehr zu schaffen als
die *Begehrlichkeit seiner Bürger.* Man mutet ihm zuviel zu und
– viel zuviel Widersprüchliches: die rundum perfekte Sicherung
und Versorgung ist nicht möglich, wenn der Bürger als Wirt-
schaftssubjekt seine alten Dispositionsfreiheiten bewahren will.
Die Verringerung der Risiken geht fast immer auf Kosten der Freiheit. Wer A sagt, muß aber auch B sagen; wer den Staat für alles
in Pflicht nimmt, muß auch bereit sein, erhebliche Teile der eigenen Freiheit zu opfern. Daß diese Bereitschaft fehlt, der universale
Versorgungsanspruch jedoch weiterhin aufrechterhalten wird –

dieser unausgetragene Widerspruch nicht zuletzt macht die westlichen Industriestaaten so schwer regierbar.

Effektivität als einziges Legitimitätskriterium

Effektivität wird immer mehr zum erstrangigen Legitimitätskriterium staatlichen Handelns: Der moderne Staat erscheint hinreichend legitimiert, wenn er in der Lage ist, die Funktionstüchtigkeit und Stabilität des Wirtschafts- und Gesellschaftssystems zu garantieren, die Versorgung mit lebensnotwendigen Diensten und Gütern zu sichern, Vertrauen auf steigenden Wohlstand, wachsende Freizeit und vermehrten Individualkonsum zu wecken und zu bewahren. Man gehorcht dem „Leviathan" nicht mehr, weil er sich mit einer „höheren Wahrheit" auf Duzfuß weiß, sondern, viel schlichter, weil – und solange! – er, in einem technischen Sinne, unentbehrlich erscheint. Er ist nicht mehr Garant sittlicher Normen, viel eher schon der Dukatenesel, um den sich alle drängen. Diese Fixierung auf den Aspekt der Nützlichkeit unterbindet alle weiterreichenden Fragen nach den Zielen und Zwecken der Herrschaft; sie vernachlässigt alle Bedürfnisse, die durch erhöhten Konsum nicht zu befriedigen sind.

Die Profanethik des Wohlstandsbürgers schließt jede umfassendere Verpflichtung und Treuebindung aus: Wachsende Ansprüche *an* den Staat bei sinkender Loyalitäts- und Leistungsbereitschaft *für* den Staat – das ist, auf eine knappe Formel gebracht, das Dilemma, vor dem jede freie, auf Zustimmung der Herrschaftsunterworfenen angewiesene Regierung steht.

Es steht zu befürchten, daß der augenfällige Nutzen, den jeder einzelne aus den wohlfahrtsstaatlichen Segnungen zieht, den Loyalitätsbedarf des Staates nur in politischen Normalzeiten abdeckt; in Krisenzeiten dagegen wird Folgebereitschaft der Bürger immer schwerer zu sichern sein, weil der Staat hier plötzlich nur noch an die Opferwilligkeit des einzelnen appellieren kann. Ein solcher Appell verfängt jedoch nur dort, wo noch ein tragfähiger „Bürgersinn" existiert – ein Sinn für gemeinsame Zwecke *jenseits* des nur Zweckmäßigen.

Eben weil demokratische Politik ganz und gar von der Massenloyalität abhängig geworden ist, weil heute jeder Politiker mit dem Blick auf den Wahlkalender auch dem Zwang zur populären Entscheidung zu erliegen droht, ist die *Gemeinsamkeit von Grundüberzeugungen unabdingbar*. Nur sie sichert den Bedarf an Führung, nur sie schafft die Voraussetzung dafür, daß auch das Notwendige getan werden kann; denn um heute die „Not zu wenden", reicht bloße Erwartungserfüllungspolitik nirgends mehr aus.

Fehlt aber eine Gemeinsamkeit in den zentralen Grundfragen völlig, so droht Politik sich entweder in ein unstrukturiertes Chaos von Ansprüchen aufzulösen, oder aber sie greift zum Mittel der Diktatur, des Zwangsstaats. Thomas Hobbes, der Begründer der absoluten Staatsgewalt, wird stets in Zeiten des Mangels an Gemeinsamkeit, in Zeiten der geistigen Verwirrung aktuell!

Der Mangel an Gemeinsamkeit, die *affektive Leistungsschwäche*, kennzeichnet den modernen Staat; er läßt nahezu sämtliche Bedürfnisse jenseits der technisch-funktionellen Daseinsbewältigung „unbearbeitet" zurück. Die Steigerung des allgemeinen Konsumniveaus und die Errungenschaften der Wohlstandsgesellschaft weisen, wie die Studentenbewegung nachdrücklich gezeigt hat, keineswegs nur in Richtung einer *endgültigen* Befriedigung. Die Rebellion der Jugend war eine Auflehnung gegen die Eindimensionalität und Saturiertheit der Väterkultur, die „große Verweigerung" gegenüber der rigiden Funktionsstruktur der Leistungsgesellschaft, eine Revolte aus Überdruß, gewiß kein Aufstand, der unter dem Diktat des objektiven Mangels stand. Dieser für viele unerwartete Ausbruch hat uns, zum Teil recht handfest, daran erinnert, daß auf dem Boden von Funktionstüchtigkeit, Stabilisierungsfähigkeit und relativem Massenwohlstand durchaus unabweisbare Bedürfnisse abseits der materiellen Daseinsorientierung entstehen können, die durch erhöhten Konsum nicht zu befriedigen sind.

Sind wir noch regierbar?

Sind wir noch regierbar? Ich meine, daß das neuerdings zu beobachtende Sprechen und Denken in den Kategorien der „Regierbarkeit" eigentlich dafür steht, daß wir es *noch* sind. Auch dies ist ein Stück „Tendenzwende": *Es darf wieder vom Staat her gedacht werden.* Noch ist keineswegs entschieden, ob wir tatsächlich im „Jahrhundert der Gesellschaft" oder nicht vielmehr im „Jahrhundert des Staates" leben.

Der Staat steht wie kaum eine andere Institution des menschlichen Zusammenlebens unter den Gesetzen einer wechselvollen Sozialattraktivität: Je perfekter, reibungsloser und geräuschfreier er funktioniert, desto entbehrlicher erscheint er; desto bedrückender auch empfindet man die von ihm ausgehenden Zwänge und Verpflichtungen. Je ungewisser und gefährdeter dagegen die eigene Situation perzipiert wird, desto leichter fällt es manchem, sich am allen Gemeinsamen, am evidentermaßen Notwendigen auszurichten. Wer zögert schon, bei einem Wolkenbruch in einer Schutzhütte Zuflucht zu suchen, bloß weil sie eng und unbequem erscheint. Es ist keineswegs völlig ausgeschlossen, daß auch der Staat in Schlechtwetterperioden wieder im Kurs steigen wird; daß der Ruf nach dem zwangschlichtenden, mangelverwaltenden Staat um so vernehmlicher erschallt, je weiter das allgemeine Krisenbewußtsein ausgreift; daß, allgemein gesprochen, Krise und Mangel einer neuen Bescheidenheit den Weg bereiten.

Es könnte sein, daß wir einst, aus der historischen Rückschau, das Jahr 1973/1974 als den entscheidenden Einschnitt für die Neuorientierung unserer gesamten politischen Kultur und der damit verbundenen Werte und Verhaltensweisen ansehen werden. Die Ölkrise und in ihrem Gefolge die Energieverteuerung und das Sonntagsfahrverbot haben die westlichen Wohlstandsgesellschaften praktisch über Nacht mit einem Phänomen konfrontiert, das man historisch längst überwunden glaubte: der *Knappheit.*

Der drohende Rückfall in den Mangel

Die Industriegesellschaft ist, auch in der marxistischen Interpretation, diejenige Gesellschaftsformation, die sich vor allem durch die Überwindung des Mangels auszeichnet. Das „Reich der Freiheit" erwächst ja erst auf dem sicheren Untergrund einer alle Probleme lösenden Güterfülle. Daß sich das Versorgungsproblem heute plötzlich wieder in unverhüllter Schärfe stellt und alle aufs

neue in den Orkus ordinärer „Notwendigkeit" zu verbannen droht
– dies bewirkte jene kaum zu überschätzende Zäsur, jene „traumatische Wende" im Bewußtsein des Wohlstandsbürgers an der
Schwelle des Übergangs von der Wachstums- zur Gleichgewichts-
gesellschaft. Ein Gespenst geht seither um in den hochindustrialisierten Ländern, das die manchmal recht „handfeste" linke
Systemkritik der vergangenen Jahre als vergleichsweise harmlos,
vor allem aber als unzeitgemäß erscheinen läßt – das Gespenst des
drohenden Rückfalls in die Zeiten der Kargheit und des existenz-
bedrohenden Mangels.

Jahrelang hatte man sich mit den Problemen des Überflusses und
der Verteilungsgerechtigkeit herumgeschlagen, die sich nun, von
einer Stunde auf die andere, als Scheinprobleme zu erkennen geben. *Wo Mangel herrscht, gibt es nichts zu sozialisieren. Wenn alle
den Gürtel enger schnallen müssen, erübrigen sich auch tiefsinnige
Reflexionen über die Auswirkungen des „Konsumterrors".*

Knappheit und Mangel wirken ernüchternd. Wir erleben gegenwärtig eine Krise des Ideologischen auf breiter Front. Der Zwang
zum Haushalten, die Notwendigkeit, sich im Bestehenden, so gut
es eben geht, einzurichten, führen nicht nur zur Krise der eher
rückwärtsgewandten wohlstandsneurotischen Kultur- und Zivili-
sationskritik, sondern bewirken noch nachhaltiger die Erschütte-
rung der säkularen Fortschrittsgläubigkeit.

Jahrelang wurde die Krise beschworen – nun ist sie da, doch die
Helden bleiben merkwürdig ratlos. Kein Wunder: Die Krise des
Wohlstandes ist immer zugleich die Krise der Wohlstandskritik.
Nicht mehr „Herrschaft" und „Autorität" sind das Problem, son-
dern das *Fehlen* von Herrschaft, die *Abwesenheit* von Autorität.

Die Angst, die aufkeimt, ist Angst vor dem Chaos, dem regellosen,
selbstzerstörerischen Auseinandergleiten, der zivilisationsbedro-
henden Dissoziation. Das Ende des Staates wäre in der Tat das
Ende aller Sicherheit, mehr noch – der im Zeitalter der perfekten
Technik wohl irreversible Rückfall in die Barbarei. Denn für die
arbeitsteiligen, hochindustrialisierten Massengesellschaften gilt,
deutlicher denn je, Herbert Jherings Wort: „Die unerträglichste
Form des Staates ist die Abwesenheit des Staates."

ERIK VON KUEHNELT-LEDDIHN
Vom Versorgungsstaat zum Zwangskloster

„Wohlfahrtsstaat" ist, wie Wilhelm Röpke stets gesagt hat, ein Pleonasmus, denn *jeder* Staat ist für die Wohlfahrt *(commonweal)* seiner Bürger verantwortlich. Man spricht daher richtiger vom „Versorgungsstaat", denn diese Bezeichnung weist darauf hin, daß in diesem Fall der Staat den Rahmen seiner natürlichen Aufgaben überschritten und Funktionen übernommen hat, die als „Daseinsvorsorge" (E. Forsthoff) Pflicht des einzelnen oder bestenfalls der Gesellschaft wären. Wo aber die Trennungslinien zwischen der Person, der Familie, der Gesellschaft, der Wirtschaft und dem Staat verschwinden, stehen wir einer äußerst bedenklichen Sachlage gegenüber. Nur bei einem System von *checks and balances*, von Gegen- und Gleichgewichten, in einer nichtmonolithischen, polyzentrischen Ordnung kann die Freiheit gesichert werden, wobei die von de Tocqueville so nachdrücklich geforderten *corps intermédiaires*, also subsidiäre, föderal gegliederte Gebilde, eine wichtige Rolle spielen sollten.

Bezeichnenderweise war es gerade der frühliberale Alexis de Tocqueville[1], der als erster das Kommen des unweigerlich totalitären, obrigkeitlichen Versorgungsstaates mit grausamer Klarheit schon vor 140 Jahren gesehen hat. Im zweiten Band seines magistralen Opus *De la Démocratie en Amérique* widmet er zwei Kapi-

tel dem Thema: „Vor welcher Art des Despotismus sich die demokratischen Nationen zu fürchten haben." Er zeichnet zuerst ein
kurzes Bild der antiken Tyrannis, um dann den Blick auf den „demokratischen Despotismus" zu richten. „Sie [die antike Tyrannis]
lastete drückend auf einigen, erstreckte sich aber nie über eine
große Anzahl; sie befaßte sich mit ein paar wichtigen Angelegenheiten und vernachlässigte alles andere; sie war gewaltsam und von
beschränktem Wirkungskreis.

Wenn der Despotismus in den demokratischen Völkern von heute
Fuß fassen würde, hätte er wahrscheinlich andere Kennzeichen:
er hätte eine größere Ausdehnung, wäre milder und würde die
Menschen erniedrigen, ohne sie zu quälen... Die alten Worte
‚Despotismus' und ‚Tyrannis' stimmen nicht mehr. Die Sache ist
neu, ich muß sie beschreiben, da ich ihr keinen Namen geben
kann..."

„Eine gewaltige Schutzmacht erhebt sich über die Menschen, die
ihre einzige Aufgabe darin sieht, ihnen den Genuß zu sichern und
über ihr Schicksal zu wachen. Sie ist absolut, pedantisch, regulär,
fürsorglich und mild.

Sie würde der väterlichen Gewalt gleichen, wenn sie wie diese
den Zweck hätte, die Menschen zur Selbständigkeit zu erziehen.
Doch ganz im Gegenteil will sie sie in ewiger Kindheit halten;
sie möchte, daß die Bürger ihren Vergnügungen leben und nichts
anderes als nur ihre Annehmlichkeit im Kopfe haben. Sie arbeitet
gerne zu ihrem Glück, doch will sie dessen alleiniger Schmied und
Schiedsrichter sein; sie sorgt für ihre Sicherheit, baut vor und deckt
ihren Bedarf, verhilft ihnen zur Unterhaltung, erledigt alle ihre
wichtigen Angelegenheiten, lenkt ihre Tätigkeit, regelt Eigen-
tumsveränderungen und teilt Erbschaften; es fehlt nur, daß sie
ihnen die Mühe des Denkens und die Qual des Lebens ab-
nimmt..."

Und dann setzt de Tocqueville hinzu: „Die Gleichheit hat die
Menschen in allen diesen Dingen gefügig gemacht; sie hat sie
dazu gebracht, sie zu ertragen, ja sie sogar als eine Wohltat anzusehen..."

„Ich glaube auch, daß es leichter ist, ein absolutes und despotisches
Régime in einer Gesellschaft von Gleichen aufzurichten als in einer
anderen. Auch bin ich überzeugt, daß eine solche Regierung die

Menschen nicht nur unterdrücken, sondern sie schließlich auch
ihrer höchsten menschlichen Qualitäten berauben würde. Es
scheint mir, daß der Despotismus besonders in demokratischen
Epochen zu befürchten ist. Ich glaube, ich hätte die Freiheit zu
allen Zeiten geliebt, doch in unserer Zeit neige ich dazu, sie anzu-
beten."

Nun berührt uns diese Vision aufs erste vielleicht etwas eigenartig:
Hat dieser französische Aristokrat da nicht ein Bild gemalt, das
uns eher an Orwells *1984* oder an Zamjatins *Wir* gemahnen könnte
als an den „Freien Westen" unserer Tage? Der Versorgungsstaat
demokratischer Prägung erscheint uns Bundesbürgern heute noch
kaum als Tyrannis. Sollten wir, die Anno 1945 aus der Knecht-
schaft des Dritten Reiches befreit wurden, wirklich von neuem
unbemerkt unter eine Zwingherrschaft geraten sein? Und nicht
nur wir, sondern auch unsere Befreier und somit die ganze „Freie
Welt"? Es ist aber nun einmal so, daß jeder Staat, wie schon
Proudhon bemerkte, seiner Natur nach „annexionistisch" ist und
die Demokratie schon an und für sich die *idée de l'état étendu à
l'infini* darstellt. Und eben das hat Alexis de Tocqueville seherisch
vorhergesagt, viel später dann auch Hilaire Belloc in seinem bril-
lanten, bei uns kaum bekannten Buch *The Servile State* (London
1912).

Seien wir jedoch vorsichtig: Alle wichtigen und entscheidenden
gesellschaftlichen und politischen Phänomene haben nicht nur
eine, sondern mehrere konvergierende, manchmal auch an ihren
Wurzeln zusammenhängende Ursachen.

Die egalitäre Dynamik der modernen Demokratie

Zweifellos stellt die Demokratie heute den Hauptantrieb zum
Wachstum des Versorgungsstaates dar, und auch dies wiederum
aus einer Vielfalt von Gründen. Hier darf man vor allem nicht
die teleologische Unvereinbarkeit von Freiheit und Gleichheit,
also des echt liberalen und des demokratischen („isonomischen")
Prinzips, übersehen, denn wer Gleichheit will, stellt sich in Gegensatz zur Natur, die doch in *jeder* Beziehung zwischen „hoch" und
„niedrig", „gut" und „schlecht", „groß" und „klein", „gesund"

und „krank" diskriminiert. Wer Gleichheit will, muß daher in das Naturgeschehen eingreifen. Wer die Landschaft „ausgleichen" möchte, muß Berge abtragen, um damit Täler auszufüllen, also *Gewalt* anwenden. Wer die Großen klein und die Kleinen groß machen will, muß wie Prokrustes auf seinem Bett die Kurzen lang hämmern und den Langen die Füße abschneiden. Prokrustes ist wahrlich die magische Symbolgestalt unseres Zeitalters.

Von den egalitären und identitären Idealen der Ende des 18. Jahrhunderts im Schatten der Guillotine wiedererstandenen Demokratie wurden sowohl der nationale und internationale Sozialismus wie auch der Kommunismus inspiriert. Sie alle lehnen, zumindest programmatisch, extrem verschiedene Formen des Einkommens und des Vermögens sowie alle gesellschaftlichen Privilegien ab. Das soziale Idealbild der letzten hundert Jahre wurde somit das eines gewaltigen Mittelstandes, eines *juste milieu*. Das trifft auch auf den sozialistischen Bereich zu, wo man zwar von der Diktatur des Proletariats begeistert geredet hatte, aber tatsächlich von einer alle umfassenden Kleinbourgeoisie träumte: alle sollten Staatsangestellte, alle pensionsberechtigt, alle verköstigt und ärztlich betreut, alle öffentlich unterhalten und mit behördlicher Freizeitgestaltung amüsiert werden. Nicht „Arbeiter der Stirne und der Faust" (um eine wackere braune Phrase zu zitieren), sondern fixbesoldete, pensionsberechtigte Beamte der Stirne und der Faust sollten die neue Allgemeinheit bilden. So steckt in der Arbeiterromantik des nationalen und internationalen Sozialismus ein innerer Widerspruch: hinter der heroischen Vision von Hämmern und Zirkeln, Computern und Schraubstöcken verbirgt sich das Rentnerideal des Pensionisten und kapitalistischen Kuponabschneiders. Man muß aber nicht nur die egalitäre Dynamik der Demokratie berücksichtigen (die, wie schon Harold Laski betont hat, psychologisch zwangsläufig zu den Sozialismen führt), sondern auch die ihr eigene Gefahr, aus der jakobinischen Urerinnerung heraus, dem Totalitarismus zuzuneigen. Denn auch die freiheitliche Demokratie vertritt den Gedanken der „verpolitisierten" Nation. Alle, Männer und Frauen, Greise und Jugendliche zunehmend zarteren Alters (heute 18, morgen vielleicht 17, 16 und 15), sollen in den „politischen Prozeß" einbezogen werden. „Hilflose Analphabeten werden zu den Urnen geschleift" (A. Focke). Daß dabei

der Abgrund zwischen *Scita* und *Scienda* immer fataler auseinan-
derklafft und die Bürger Dinge beurteilen müssen, über die sie
– anders als in der Landsgemeinde des Kantons Glarus mit seinen
42 000 Einwohnern – überhaupt keine realen Kenntnisse besitzen,
stört niemand, zumindest keine Partei. Sie wissen allerdings, „wo
sie der Schuh drückt", was sie gerne *hätten,* aber mehr nicht. Das
Resultat ist eine Totalisierung der Pol.tik von rein materiell-senti-
mentalem Charakter unter Ausschaltung des Wissens, des metho-
dischen Denkens und der asketischen Zurückhaltung. Erregungs-
wellen durchzucken das Staatsvolk von oben bis unten, von einer
Grenze zur anderen. Und Arcana darf es in einer „wahren Demokratie" natürlich nicht geben!

Nun leben wir aber in *Partei*demokratien. Die Parteien wollen
Wahlen gewinnen, und je größer ihre Gefolgschaft an den Urnen,
desto glücklicher sind sie. Bei Proporzwahlen bedeutet mehr als
die Hälfte der Stimmen mehr als die Hälfte der Volksvertreter
– und damit eine absolute Mehrheit. Majoritäten von mehr als
zwei Dritteln sind für die gewinnende Partei allerdings noch er-
freulicher, denn sie ermöglichen zumeist Verfassungsänderungen.
Das Optimum würde bei hundert Prozent liegen, dann erübrigt
sich auch die lästige Opposition – und das wäre das Ende des
Parlamentarismus.

Der Appell an den Neid

Wie aber will man diese größtmögliche Zahl von Wählern gewinnen, um dann (nicht notwendigerweise im Lichte einer spezifischen
Weltanschauung), frei nach Jeremy Bentham, *the greatest happi-
ness for the greatest number* zu organisieren? Vor allem wird da
an den *Neid* appelliert und zugleich das Versprechen gegeben, un-
liebsame Minderheiten höchst demokratisch – also durch Mehr-
heitsentscheidungen – um ihren Einfluß, ihre Aktionsfreiheit, ihr
Wohlergehen, ihren Reichtum zu bringen. Der Neid ist, wie Bertrand Russell – gewiß kein Altkonservativer! – hervorgehoben hat,
der treibende Motor der Demokratie.
Sieht man im Haß auf beneidete Minderheiten einen negativen
Aspekt der Parteipropaganda, so muß man andererseits zugeben,

daß das Versprechen der Sicherheit sehr ideal und viel edler klingt.
Sorge um das Wohlergehen der breiten Massen soll auf diese ma-
gnetisch wirken. In jedem Fall muß zwecks Erlangung der ersehn-
ten Mehrheit (die allein den demokratischen Traum der *libido
dominandi* erfüllen kann) eine Vielheit von Gruppen angespro-
chen werden. Eine „Jüdische Herrschaftspartei", eine „Staatspar-
tei der Reichen und der Adeligen", eine „Bundespartei der Künst-
ler und Gelehrten", eine „Reichspartei für Privilegien, Tradition
und Kultur" hätten nicht die geringste Aussicht, Wahlen zu gewinnen – weder gestern noch heute, noch morgen. (Darum nennen
sich Parteien aller möglichen ideologischen Zugehörigkeiten so
gerne „Arbeiterparteien" – denn wer arbeitet nicht?) Wer aber
Versorgung verspricht – *to get something for nothing* –, dem werden die Herzen der Massen sehr wahrscheinlich zufliegen. Es fragt
sich nur eines: ob die Partei mit den großen Versprechungen tatsächlich den *Eindruck* erwecken kann, daß sie diese nach dem
Wahlsieg auch wirklich halten wird.
Man kann materielle Bestechungen in Hinsicht auf eine Wahl oder
Wiederwahl in zwei grundverschiedenen Arten durchführen.
Theoretisch könnte man sich in der Nähe des Wahllokals aufstellen, ausgerüstet mit einer größeren Menge von Banknoten, und
jedem Wahlberechtigten, der sich für eine bestimmte Partei fest-
legt, eine angemessene Summe – 50, 100 oder 200 DM zum Beispiel – in die Hand drücken. Der so Honorierte gibt dafür sein
großes Vorkriegsehrenwort, im mystischen Halbdunkel der Wahl-
zelle seine Stimme tatsächlich der ihn finanzierenden Partei zu
geben. Eine echte Kontrolle wird sich freilich als unmöglich erwei-
sen; man muß sich also auf die Ehrlichkeit des „Gekauften" verlassen.
Dieses so einfache Verfahren ist jedoch in den meisten „Kultur-
staaten" verboten. (Bis vor nicht allzu langer Zeit gab es im Süden
der Vereinigten Staaten eine umgekehrte Prozedur: der Staat be-
kam 10–25 Dollar von jedem Wähler für das Recht, wählen zu
dürfen – die *poll tax*.) Keineswegs verboten aber ist die nachträg-
liche Belohnung eines gewissen Sektors der Wählerschaft. Diese
Sitte wird allgemein und freudig praktiziert. Wenn ein Politiker,
anstatt sich mit dicker Brieftasche an einer Straßenecke zu postie-
ren, in Presse und Rundfunk verspricht, im Falle eines Wahlsieges

seine Anhänger finanziell zu belohnen, so haben die Verfassungs-
gesetze dagegen nicht das geringste einzuwenden. Da kann man
zum Beispiel sich im Parteiprogramm verpflichten, Alterspensio-
nen zu zahlen oder zu erhöhen, Kinderbeihilfen zu verdoppeln,
Steuerabschreibungen für Metallarbeiter oder Volksschullehrer
einzuführen oder auch Geburtenprämien für Gastarbeiterinnen
zu streichen. Auch hier handelt es sich um Versprechen, doch ist
es nun die Ehrlichkeit des Gewählten, nicht des Wählers, die auf
die Probe gestellt wird.

An wen aber richten sich die Parteipolitiker mit ihren Versprechungen? Wie wir schon andeuteten, ist es immer die größtmögliche Kundschaft, die mit den größten noch glaubhaften Summen
gelockt wird. Bevor das generöse Angebot gemacht wird, sind aber
zuerst noch die Experten, also die Soziologen, die Meinungsfor-
scher und die Psychologen, zu konsultieren. Dabei ist es selbstverständlich, daß man sich automatisch viel eher auf den unteren als
auf den oberen Teil der Sozialpyramide einstellt, denn der untere
Teil ist bekanntlich der größere und daher wahlstrategisch der
weitaus ergiebigere. Natürlich gibt es auch Ausnahmen; in den
Vereinigten Staaten zum Beispiel ist die unterste Sozialschicht
nicht die breiteste. Dort ist die „Sozialpyramide" eben keine Pyra-
mide, sie ähnelt viel eher einer Spindel.

Es sei hier aber gleich vermerkt, daß die Pioniere der massiven
Sozialbestechung nicht die (als echte „Hochkapitalisten" in dieser
Beziehung recht säumigen) Amerikaner sind, sondern die Deutschen, gefolgt von den Schweden und Briten. Die Sozialbestrebun-
gen des Kaiserreichs waren allerdings nicht so sehr wahltechnisch
bedingt, sondern zielten auf die Gewinnung der arbeitenden
Schichten für den Staat. Man wollte die „vaterlandslosen Gesel-
len" der Sozialdemokratischen Partei an das Reich binden. In
Schweden und Großbritannien waren es die sozialistischen Parteien, die den Versorgungsstaat inaugurierten. Die anderen, weiter
rechts beheimateten Parteien brachten nie den Mut auf, die Maßnahmen des Versorgungsstaates rückgängig zu machen oder weitgehend abzubauen.

Da wir die Konservative Partei Großbritanniens erwähnt haben,
erscheint es zweckdienlich, hier einen wichtigen, diesbezüglichen
Exkurs einzuschalten.

Das sozialkonservative Zwischenspiel

Durch die industrielle Revolution war ein städtisches Massenpro-
letariat entstanden, dessen Lebensminimum nur zu oft nicht gesichert war. Die Löhne lagen weit unten, und im Falle von Krankheit, Alter oder Arbeitslosigkeit steigerte sich das Elend
sprunghaft. Auch war in diesem sich neu kristallisierenden Stand
das Familiengefühl außerordentlich geschwächt. Es wäre aber
falsch, die schlechte Lage der neuen Arbeiterklasse ausschließlich
der Profitgier der ebenfalls neuen Industrieherren zuzuschreiben.
Ein Studium der Materie zeigt, daß zwar am Anfang und in der
Mitte des vorigen Jahrhunderts die Profite *sehr hoch* waren, sich
jedoch schon gegen 1900 radikal senkten. Was aber geschah nun
mit diesen Gewinnen? Wurden sie vom typischen Fabriksherrn
mit vollen Händen zum Fenster hinausgeworfen, vergeudet und
verpraßt? Keineswegs. Das neue Unternehmertum, das tatsächlich
aus *homines novi* bestand, lebte meist sehr spartanisch, und die
Gewinne wurden größtenteils nicht fetten Aktionären in den
Rachen geworfen, sondern *reinvestiert.* Der Wohlstand der heutigen Arbeiterklasse wurde also zum Teil durch die kärgliche
Lebensweise ihrer Vorfahren erkauft – zum anderen Teil aber
durch das Geschick der Manager und den Genius der Ingenieure
begründet. Der Vierheit von vorausblickender, sparbewußter
Obsorge, kluger Organisation, von Einfallsreichtum der Techno-
logen und Fleiß der Hände ist Europas gegenwärtiger Reichtum
zu verdanken.
Doch die harten Zeiten erstreckten sich über Generationen, und
es waren nicht zuletzt konservative (und kirchliche!) Kräfte, die
sich des Elends der Massen annahmen. In auffallend großer Zahl
protestierten Adelige agrarischer Provenienz gegen die „Ausbeutung" der Arbeiterschaft durch einen Schlag von Leuten, die ihnen
herzlich unsympathisch schienen – Parvenus, die zwar fleißig und
ambitioniert waren, aber, eben weil sie sich selbst hinaufgearbeitet
hatten, als *self-made men* wenig Mitgefühl mit den auf der unter-
sten Stufe Verbliebenen hatten. „Ich hab's auch nicht besser gehabt!" war ihr Argument dem Arbeiter gegenüber. „Streng dich
an, und du wirst ebensoviel erreichen wie ich!" Diese sehr tüchti-
gen Emporkömmlinge, deren Namen uns heute noch bekannt sind,

dachten – mit einigen Ausnahmen – natürlich nicht „sozial“. Nur wenige waren religiös ausgerichtet, und wenn, gehörten sie in der Regel nicht der etablierten Staatskirche an. In Österreich waren es oft Lutheraner (oder Juden), im Ruhrgebiet (wie in Frankreich) Calvinisten, in England *dissenters, chapel people,* also Methodisten, Baptisten oder Quäker.

Die Konservativen vieler Länder, von Ungarn bis England und von Spanien bis Schweden (wo in der Vergangenheit oft Konservative *mit* den Sozialisten *gegen* die Liberalen gestimmt hatten), wollten, daß die Unternehmer sich genauso ihrer Arbeiter annehmen sollten, wie es einst Schloßherren mit der Landbevölkerung getan hatten. Daher ihr Eintreten für eine „soziale Gerechtigkeit“, die sich jedoch unter dem Rechenstift als ziemlich unrealistisch für eine Industriegesellschaft erwies. Eine Fabrik ist eben kein Gutshof. Es ist aber immerhin bezeichnend, wie sehr Marx und Engels über diese adeligen Sozialpolitiker beunruhigt, verstimmt und erbost waren, wie aus einem langen, wütenden Abschnitt des „Kommunistischen Manifests“ hervorgeht.

Auch in der zweiten Hälfte des 19. Jahrhunderts warfen die sozial gesinnten Konservativen die Flinte nicht ins Korn. Die „Tory Democracy“ in England war keine vereinzelte Erscheinung. Disraeli, Lord Randolph Churchill (Vater des vorübergehend recht „linken“ Winston) und andere gehörten dieser Richtung an. Im Streit zwischen Wilhelm II. und Bismarck bildete die sogenannte „soziale Frage“ einen wunden Punkt, in dem die beiden Protagonisten schließlich ihre Stellungen vertauschten: die Arbeiterfreundlichkeit des Kaisers wurde am Ende eine der Ursachen des offenen Bruchs. (Es gab freilich noch andere!) Wenn man die Liste der „Sozialaristokraten“ durchgeht, trifft man auf eine ganze Reihe erlauchter Namen: Villeneuve-Bargemont, de Mun, Vogelsang, Alois Liechtenstein, Ketteler, János Zichy. Auch glaube man ja nicht, daß der russische Konservatismus „antisozial“ war. Sozialgesetze wurden schon im 18. Jahrhundert erlassen, und die ersten Gewerkschaften wurden von der Polizei (!) organisiert. Amtlich geförderte „Sowjets“ gab es in russischen Fabriken schon *vor* Lenin.

Der patriarchal inspirierte soziale Gedanke verfiel freilich dem (typisch agrarischen) Irrtum, daß man das Elend der Massen in der neuen industriellen Gesellschaft hauptsächlich durch Verteilung lindern könne – während der Schlüssel zum Wohlstand der Vielen eben nicht im Umverteilen des Kuchens liegt, sondern im Backen eines größeren Kuchens: eine Binsenwahrheit, die selbst heute noch von vielen nicht verstanden wird. Die agrarische Nutzfläche kann nicht mehr viel verändert werden; Industrien hingegen können „vertikal" wachsen. Hier liegt *einer* der Gründe, warum der „soziale Gedanke" den Agrarkonservativen entglitt und mehr und mehr von demokratischen (und sozialistischen) Kräften monopolisiert wurde. Er hörte auf, den Charakter eines *Behelfs* in einer technologischen Übergangszeit zu haben, und wurde zum allumfassenden System erhoben – eine wunderbare beziehungsweise schreckliche Zellwucherung, die auf medizinischem Gebiet Krebs genannt wird.

Rückblickend auf die deutsche Szene – die preußisch-deutsche Monarchie der zweiten Hälfte des vorigen Jahrhunderts war in dieser Hinsicht für die ganze Welt vorbildlich! – müssen wir zugeben, daß sich hier agrar-aristokratische und bürokratisch-etatistische Züge verbanden, ein Vorgang, der (wie J. A. Schumpeter hervorgehoben hat) durch Söhne von Junkern in der Beamtenschaft erleichtert wurde. Der Etatismus war uns nur zu oft eine Versuchung; in vielem ist uns Hegel Pate gestanden. „Sozialkonservativ" stand in offensichtlichem Gegensatz zu „individualliberal". Diese Konfrontation war logisch! Für Amerika allerdings bleibt dieser Sachverhalt unbegreiflich, denn dort hat es dieses Stadium nie gegeben. Und so ist es nicht erstaunlich, daß in einer amerikanischen Buchreihe über „konservative Denker" Adam Smith (ein ganz typischer Präliberaler) mit seinem *The Wealth of the Nations* als *„conservative"* figurieren konnte.

Die geförderte Verantwortungslosigkeit

Es besteht allerdings kein Zweifel, daß, generell gesehen, die dreifache Geißel von Arbeitslosigkeit, Altersversorgung und Krankheit nicht nur für die Armen, sondern auch für den Mittelstand ein Problem darstellt. Es fragt sich jedoch, ob dessen Lösung nur auf dem der Freiheit so abträglichen Umweg über den Staat und

somit eine tendenzielle Staatsallmacht gelöst werden kann oder
ob die wirtschaftlichen und gesellschaftlichen Kräfte in der Bevölkerung zur Bewältigung dieser Aufgabe nicht auch ausreichend
wären. Es ist freilich keineswegs so, daß der Staat *als solcher* für
die ungeheuren Ausgaben aufkommt, die das Versorgungssystem
aller Länder verschlingt. Diese Riesensummen werden durch die
Sozialversicherungsbeiträge sowie durch *Steuern* aufgebracht, die
in der Regel zur Finanzierung des Systems herangezogen werden.
Da aber wird das demokratische Prinzip der Gleichheit durchbro-
chen, denn der Mehrbemittelte zahlt nicht nur eine absolut, sondern auch eine relativ höhere Steuer. Von jedem einzelnen Ein-
kommensdollar oder Einkommensfranken wird mehr und mehr ab-
gezwickt. Wer, wie der durchschnittliche manuelle Arbeiter, vierzig Stunden in der Woche arbeitet, aber in einem Nebenberuf weitere zwanzig Stunden um dasselbe Entgelt front, bekommt in die
Hand nicht fünfzig Prozent mehr, denn er ist bereits in eine höhere
Steuerkategorie aufgestiegen, und damit schrumpft sein „Nettoge-
halt". Je fauler man ist, desto billiger kommt man davon. Reiche
Unternehmer, denen man diese oder jene Erwerbschance vor-
schlägt, lachen einem deshalb oft ins Gesicht. Sie wären doch
dumm, wenn sie sich nur mehr für den Staat abrackern würden!
So leidet dabei die gesamte Volkswirtschaft ...
Nun ist natürlich *soaking the rich,* „die Reichen auspressen", ein
gewichtiger Programmpunkt für jeden erfolgreichen Parteidem-
agogen. Dagegen haben Statistiken über Vermögensverteilung er-
wiesen, daß radikale Steuerermäßigungen für die ganz Reichen
dem Fiskus kaum eine Einbuße, der gesamten Wirtschaft aber
sogar großen Nutzen bringen würden[2] Doch solche Änderungen
sind schon der Wahlen wegen „politisch untragbar". Der NS-Jurist
Hans Frank hatte den berühmten Satz formuliert: „Recht ist, was
dem deutschen Volke nutzt." Das demokratische Prinzip lautet:
„Recht ist, was der Mehrheit zusagt." Daher haben wir den Versorgungsstaat.
Man könnte allerdings die Versorgung der Alten, Kranken und
Arbeitslosen auch auf nichtstaatliche, private Grundlagen stellen
und die dafür aufzuwendenden Gelder privat organisieren und
verteilen. Würde man die Löhne anheben, keine staatlichen Versi-
cherungsbeiträge abziehen und das ganze Geschäft privaten Versi-

cherungsgesellschaften überlassen, käme man finanziell keinesfalls
schlechter und vielleicht sogar besser weg. Diesbezügliche Berech-
nungen sind längst angestellt worden und sollten niemanden über-
raschen. Das leuchtet ja auch vollends ein, denn schließlich muß
jeder Pfennig der Soziallasten zum Schluß von der „Gesellschaft"
erarbeitet werden... von Arbeitnehmern wie von Arbeitgebern.
Auch könnten dann die Beteiligten freie Entscheidungen treffen:
sie könnten sich diese oder jene Art der Versicherung aussuchen,
diese oder jene Gesellschaft und so weiter. Das setzt allerdings
eine Bedingung voraus: daß die Staaten nicht gaunern und endlich
den Diebstahl an der geduldigen Allgemeinheit, den die inflatio-
nistische Geldentwertung darstellt, beenden. Auch die Gewerkschaften müßten für eine solche antiinflationistische Politik erst
einmal gewonnen werden. Doch der Staat – *par sa nature
annexionniste* – liebt es gar nicht, seinen Untertanen Freiheiten zu
lassen. Alles, oder fast alles, soll durch seine Hände gehen und seinen Kontrollen unterworfen werden. Dazu kommt noch die geringe Meinung, die die Politiker, trotz demokratischer Lippen-
bekenntnisse, von der Intelligenz der Wahlbürger haben: die Kerle
würden sich wahrscheinlich gar nicht versichern, sondern die dafür
bestimmten Summen versaufen oder gar in ihrer Freizeit sinnlos
vergeuden. Man könnte da zwar wie bei der Kraftfahrzeugver-
sicherung einen gewissen Zwang ausüben, aber der moderne Staat,
wie wir ihn zur Genüge kennen, liebt weder den freien, angeblich
so „mündigen" Bürger noch mächtige Gesellschaften – nationale
und schon gar nicht internationale – mit großen Finanzmitteln.
Sein Dominationstrieb wird nur von seiner maßlosen Eifersucht
übertroffen.
Hier kommt ihm der moderne Mensch mindestens auf halbem
Wege entgegen. Er, dem der Staat von heute nicht einmal das
Vorsorgempfinden einer Ameise oder eines Hamsters zubilligt,
ist tatsächlich nur zu oft nicht nur denkfaul, sondern auch unver-
antwortlich. Es ist ein weitgehend verzogenes Großkind, aber
daran ist auch das System schuld, denn in der politischen Domäne
besteht seine Verantwortlichkeit darin, daß er unter Millionen
alle paar Jahre einen nicht unterzeichneten, also anonymen Zettel
in eine Urne wirft und dann allen Neugierigen erklärt, daß seine
wohlüberlegte Entscheidung niemanden etwas angehe.

Vielleicht ist der moderne Mensch auf dem besten Wege, als *persona* abzudanken: als Schöpfer, als Vater, als Abenteurer, als Freiheitsdürstender, ja selbst als Individuum. Das Sandkorn will im Sandhaufen verschwinden. Persönlichkeit zu sein ist ein gefährlicher Beruf. *Bene vixit qui bene latuit,* sagt sich der „normale" Zeitgenosse. Weiß der Teufel, wie man ihm beim nächsten Regierungswechsel seinen gegenwärtigen Standpunkt (sofern er überhaupt einen hat!) übelnehmen könnte! Was ihn bewegt, ist *Sicherheit.* Er hat seine Sozialversicherungsnummer, die ihn eigentlich erst zum Vollbürger macht, und wenn er sie noch nicht besitzt, sehnt er sich danach. Die Idee, daß er ganz auf sich gestellt sein könnte, alle schwierigen Entscheidungen selbst treffen sollte, ein Dasein führen müßte, das mit dem des Staatsbeamten nicht die geringste Analogie aufweist, erscheint ihm ungeheuerlich. Hier liegt ja auch die magnetische Zauberkraft des Sozialismus, einer sehr bürgerlichen, im Grunde unproletarischen Ideologie, die aus den Massen restlos Staatsangestellte machen will, eben „Beamte der Stirne und der Faust", die getestet, einbeordnet, zugeteilt und „eingestellt" werden.

Der *Pater familias* ist verblaßt. An seiner Stelle steht gesichtslos der Staat. Der moderne Mensch läßt heute schon ein tiefes Abhängigkeitsverhältnis diesem Gebilde gegenüber erkennen: „Man legt sich ihm an wie einer Muttergottheit mit ungezählten Brüsten" (so Alexander Mitscherlich, der nicht gerade zu den rechtsradikalen Denkern zählt.) Vielleicht wird es nicht sehr lange dauern, und die Worte Péguys von den Familienvätern als den „großen Abenteurern dieser Welt" werden völlig unverständlich sein. „Von der Wiege bis zum Grab sorgt für dich der Vater Staat" ist eine Nachdichtung der anglo-amerikanischen Beveridge-Formel *From the cradle to the grave* und ihrer Erweiterung *From the womb to the tomb,* die aber seit der Freigabe des Abortus wieder fragwürdig geworden ist.

Der Machtwille der öffentlichen Betreuer

Man glaube doch nicht, daß dieser Drang zur versorgungsstaatlichen Sicherung immer lauterer Menschlichkeit entspringt! Hier ist allzu häufig ein parasitäres „Establishment" am Werk, das seinen bürokratischen Futtertrog gefunden hat. Helmut Schelsky hat in einem ausgezeichneten Vortrag, der in der *Frankfurter Allgemeinen Zeitung* (29. September 1973) abgedruckt wurde, über die „verborgene Herrschaftsgier der Betreuer" gesprochen und zugleich auch richtig vermerkt, daß der Gegensatz zwischen dem selbständigen und dem betreuten Menschen „weittragender sei als der veraltende Unterschied zwischen Kommunismus und Kapitalismus". Das ist aber schon deswegen nicht verwunderlich, weil die (westliche) Demokratie, die man gerne mit dem Kapitalismus identifiziert, nur ein *Rahmen* ist, in den man durch Wahlen die verschiedensten *Bilder* hängen kann. So können sozialistische oder kommunistische Parteien durch eine Mehrheit in freien Wahlen oder auch durch ihr Gewicht innerhalb einer Koalitionsregierung ihre marxistisch-totalitären gesellschaftlichen Ideale auch im Westen voll oder wenigstens zum Teil verwirklichen. Die Sehnsucht nach Sicherheit und Versorgung wirkt sich eben überall, wenn auch mit jeweils anderem Vorzeichen, aus.

Die modernen Menschen – alle? viele? – verlangen lautstark nach Freiheit, meinen aber trotz ihrer vielgepriesenen „Mündigkeit" eine infantile Existenz mütterlicher Versorgung und Betreuung. Damit nehmen sie Abschied von den Tugenden, die der Theologe die „natürlichen", der Volksmund die „bürgerlichen" nennt. Was diese staatliche „Erfassung" des Menschen in ihren letzten logischen Konsequenzen bedeuten mag, ahnt der durchschnittliche Zeitgenosse nicht. Bar aller geschichtlichen Kenntnisse, verfügt er auch über keine Zukunftsperspektiven. Ein kleineres Opfer dieser Entwicklung wird der Hippokratische Eid der ärztlichen Geheimhaltung sein, denn nun wird auch die Gesundheit jedes einzelnen „in Evidenz" gehalten werden. Der Staat will *alles* wissen. Wird er auch – so manches? vieles? alles? – bestimmen wollen? Nach der erlaubten Abtreibung und erlaubten Euthanasie könnte der Mord an den Ungeborenen oder Schon-zu-lange-Lebenden zur Sache behördlicher Verordnungen werden. Ein britischer Nobelpreisträger und ein Abgeordneter zum Staatsparlament von Florida haben bereits Vorschläge zur Vertilgung der „Überalterten" gemacht. Schließlich belasten diese „Senioren" das Budget der Sozialversicherungen und tragen auch nichts mehr zum

Sozialbruttoprodukt bei. Sie fressen anderen die Nahrung weg, sie „verschmutzen" die Umwelt. In der alten Ordnung wurden sie von den Kindern, manchmal selbst von den Enkeln, Neffen und Nichten betreut. Rein finanziell hat sich das im Grunde natürlich nicht geändert, denn der rüstige Mann und seine Gattin arbeiten heute nicht nur für sich und ihre Kinder, sondern auch für die Alten, denn die Budgets der Sozialversicherungen zeigen fast überall negative Bilanzen, und daher müssen die Steuern herhalten. Die „Alten" werden dabei allerdings auf eine sehr unpersönliche Art unterstützt – was zur Einsamkeit und zum seelischen Unbehagen der *senior citizens* außerordentlich beiträgt. Die Situation ist aber insoweit noch schwieriger geworden, als dank der sinkenden Geburtenziffer für die Versorgung der Alten von den Produktiven zunehmend größere Opfer gebracht werden müssen. Wenn nur zwei anstatt sechs Kinder die alten Eltern unterstützen, ist der Beitrag der einzelnen stark zu erhöhen. Diese können sich dann womöglich noch weniger Kinder leisten, und damit ist der Teufelskreis geschlossen. Wenn man aber, anstatt die leiblichen Eltern zu unterstützen, ein Greisenanonymat finanzieren muß – was ist denn dabei „fortschrittlicher"? Der Staat hat sich eingeschaltet, und *das* ist es, was für so viele ein gewaltiges Stück „Fortschritt" bedeutet. Für die Erhaltung der eigenen Eltern brachte man freilich die Opfer mit ein wenig mehr Liebe und Zuneigung. Und wenn diese schon gestorben sind, woher soll man dann den Enthusiasmus für die unbekannten Erzeuger anonymer Mitbürger nehmen?

Da mag dann in einer völlig ungläubigen Gesellschaft der nahen Zukunft der Vorschlag Dr. Francis H. Cricks, den Achtzigjährigen das Lebenslicht sanft auszublasen, gar nicht mehr so irrational erscheinen. Wie machen es denn die Eskimos? Ist das Hinausstoßen arbeitsunfähiger Eltern in die arktische Nacht nicht angewandter *common sense?* Die immer vollständiger werdende statistisch-informative Erfassung der Gesamtbevölkerung mit allen erdenklichen Einzelheiten biologischer, gesundheitlicher, finanzieller, soziologischer, ja selbst psychologischer Natur gibt dem Staat „Unterlagen", die ihm nicht nur Leben und Tod, Fruchtbarkeit und Unfruchtbarkeit betreffende „objektive" Entscheidungen leichter machen, sondern auch anderen totalitären Aktionen Vor-

schub leisten können. Vergessen wir nicht in diesem Zusammenhang, daß nach einem Wort von Dahrendorf der Nationalsozialismus der Einbruch der „Moderne" in Deutschland war!
Der Versorgungsstaat hat jedoch auch materielle Nachteile, wenngleich sie auf den ersten Blick nicht erkenntlich sind. Da ist vor allem das Produktionsproblem: der Fleiß, der in einer freien Gesellschaft des Wettbewerbs groß geschrieben wird, nimmt im Versorgungsstaat nur eine sehr untergeordnete Stellung ein. Viele Großunternehmer beschäftigen daher heute ein „Nachforschungspersonal", das den Krankgemeldeten sachte nachspioniert und dabei oft erstaunliche Entdeckungen macht: muntere „Moribunde", auf der Kegelbahn aufgestöbert, sind keine Seltenheit.

Der Wettlauf zur Mittelmäßigkeit

So kommt es im Versorgungsstaat einerseits zu Produktionsminderungen, andererseits aber zu gesteigerten Sozialauslagen. Die Ehrgeizigen – ihre Zahl wird stets geringer – werden bestraft, die Faulen, Drückeberger und Wehleidigen belohnt. Das sind Erscheinungen, an die man sich in sozialistischen Ländern längst gewöhnt hat. Wenn man dann, um die Soziallasten auszugleichen und ein wenig mehr Gleichheit herzustellen, bei den Großverdienern die Steuerschraube übermäßig anzieht, kommt es zur Auswanderung der Begabten und hart Arbeitenden. (Nicht überall kann man Mauern bauen und „Todesstreifen" anlegen.) Der Intelligenzverlust wird schließlich auf keine Weise mehr ersetzt werden können.
Mit anderen Worten: Der Versorgungsstaat bedeutet zugleich eine Verarmung und Totalisierung von Staat und Gesellschaft. Was man im Osten durch rohe Gewalt und offensichtliches social engineering erreicht hat, macht man im „Freien Westen" zum „Schutze der Armen" auf kaltem Wege mit Bestechungen und egalitären Zwängen. Im Westen lebt man im Schatten der Französischen Revolution beziehungsweise im Banne der Gleichmacherei der amerikanischen Spätfolklore, im Osten operiert man unbekümmert mit streng hierarchischen Konzepten, von denen der Rußlandkenner weiß, daß deren Mischung von Starrheit, Arroganz

und Terror vor 1917 unbekannt war. Dort hat man lediglich eine halbliberale Oberschicht durch eine tyrannische Oligarchie ersetzt. Bei uns hingegen strebt man im Versorgungsstaat ein gesellschaftliches *juste milieu* ohne Reiche und ohne Arme an, die dann von einer dieser sozialen Struktur auf den Leib geschriebenen *mediocritocracy* „verwaltet" wird. (Man verzeihe mir diesen scheußlichen amerikanischen Neologismus!) Der Aufschrei „*Nous sommes un peuple des administrés*" ist dann nur zu berechtigt. Für einen echten Totalitarismus ist diese Herrschaft einer gesichtslosen Mittelmäßigkeit besser geeignet als jene angebliche Diktatur des Proletariats unter der Ägide einer höchst exklusiven bürokratischen *Intelligentsija,* wie man ihr in der Sowjetunion begegnet. Kein besserer gemeinsamer Nenner als ein „goldenes Mittelmaß", das jedes Privileg, jedes Persönlichkeitsstreben, jede Differenzierung im Keime ersticken soll! Man denke da nur an den Streik der Spitalsangestellten in England (Sommer 1974), der sich gegen die (hochzahlenden) Privatpatienten mit Sonderbehandlung richtete. Ihr Status war ganz einfach „undemokratisch". (Der nächste Schritt wäre das Kaufhaus mit Waren gleicher Qualität „für alle"!)

Das Zwangskloster und der Ernstfall

Vielleicht sollten wir uns noch deutlicher machen, daß der Versorgungsstaat *spätdemokratisch* ist, also sowohl zur reifen als auch zur überreifen, das heißt sozialistischen, Periode der Demokratie gehört. Dabei müssen wir aber zugeben, daß er in diesen beiden Phasen jeweils eine andere Bedeutung besitzt. In den Hochdemokratien dient er dem Stimmenfang, in der sozialistisch-kommunistischen Vollendung ist er unausweichlich, ist er *systembedingt.* So einiges ahnten schon die Gründerväter Amerikas, wie John Adams und James Madison. In der totalitären „plebiszitären" Tyrannis existiert die „Daseinsversorgung", um die absolute Abhängigkeit des Bürgers vom Staat zu sichern. „Alles für den Staat, nichts gegen den Staat, nichts außerhalb des Staats!" Diese Worte des einstigen Sozialisten Mussolini, des Führers der *Repubblica Sociale Italiana,* ist auch den Gewaltigen im Kreml aus dem Herzen gesprochen. Der alte Plan Chruschtschows, im Jahre 1980 nicht we-

niger als neunzig Prozent aller Kinder vom sechsten Lebensjahr
an in Staatsinternaten doktrinär zu erziehen, ist die letzte logische
Konsequenz dieses antifamilial-etatistischen Denkens. (Dieser
schöne Plan wurde in Hinsicht auf die katastrophale demographi-
sche Entwicklung des Großrussentums aufgegeben. Wer will schon
dem Sozialismus ,,Kinder schenken"?)
Vergessen wir nicht, daß Hort und Internat nicht weniger als das
Gefängnis, die Kaserne, das Greisenasyl und das Spital – alles
keine sehr erfreulichen Aufenthaltsorte – Vorläufer und
Präfigurationen des Versorgungsstaates sind. In diese Reihe
von Versorgungskollektiven gehört auch die Perversion des Klo-
sters. Was ist denn die UdSSR anders – fragte einmal Henry Kissinger – als ein Zwangskloster, dessen Insassen sich keineswegs,
wie in einem echten Kloster, als spirituelles Opfer *freiwillig* darge-
bracht haben? Sie führen dort hinter ,,Mauern" (zumeist schon
intra muros geboren) ein trübes Leben, nachdem man ihnen die
drei Gelübde der Armut, des Gehorsams und zwar nicht der
Keuschheit, wohl aber einer puritanischen Existenz brutal abge-
rungen hat[3]. *Corruptio optimi pessima,* müßte man da ausrufen!
Doch die berühmte Sicherheit des Versorgungsstaates hängt an
einem Faden. Vater–Mutter Staat könnte eines Tages von Landes-
feinden hinweggefegt, von bösen Parteien radikal umgestaltet,
vom Bankrott finanziell vernichtet werden. In Uruguay, dem Ver-
sorgungsparadies Lateinamerikas, einst ohne ,,autoritären" Präsidenten, ohne kirchliche Bindungen (Weihnachten war das
Baumfest und die Karwoche die Touristenwoche), fast ohne Mili-
tär – in dem großen Alibi der Demokratiemöglichkeit Hispano-
Amerikas hatte man geradezu atemraubende Sozialeinrichtungen.
Schon mit fünfundvierzig Jahren – dem Ideal des französischen
Rentiers in der Dritten Republik – konnte man sich sanft zur Ruhe
setzen. (Dafür wurde ,,Gott" in den Tageszeitungen klein geschrieben.) Doch dann kam der große Staatskrach, die schauer-
liche Inflation, die mörderischen Tupamaros und, in letzter
Minute, die teuflische Militärdiktatur, die bis zum heutigen Tag
andauert. Aus war es!
Darum ist das weiseste, Mut, Energie und Charakter zu haben,
die alten hanebüchenen Tugenden zu predigen, sich an der harten
Arbeit, aber auch am Besitz zu freuen – und sei er auch noch

so klein. Auf eigenen Füßen stehen zu lernen, *klug* zu sparen und
zu investieren, karg zu leben und, die Lehren der Vergangenheit
berücksichtigend, vorsorglich an die Zukunft zu denken: das sind
die Dinge, die wahrhaft nottun. Die absolute Sicherheit bleibt freilich immer eine Illusion. Die Sicherheit, die der Leviathan-Staat
verspricht, ist jedoch die trügerischste. Wohl *einer* der tiefsten
Gründe, warum die verhaßte Sowjetmacht nicht längst untergegangen ist, steckt in der panischen Angst vor der Agonie und dem
Untergang des Monstrums, das, wenn auch nur sehr spärlich, das
tägliche Brot den Arbeitern und auch den Müßigen austeilt. Was
aber geschieht, wenn das Ungeheuer, das alle Fäden in seinen
Pranken hält, einmal elend in furchtbarem Todeskampf zugrunde
geht? Dieser Gedanke lähmt, wie ich mich in der UdSSR über-
zeugen konnte, nur zu oft den Widerstand. Sklaverei, nicht nur
in der Tyrannei, sondern auch in ihrer sanftesten Form, gebiert
wiederum nur Sklaverei. Zum Schluß fürchtet man sich davor,
daß man die Ketten verlieren könnte.

Anmerkungen

[1] Oft wird de Tocqueville als kritikloser Freund der Demokratie hingestellt, und
zwar deshalb, weil er den Aufstieg der Demokratie als unvermeidlich ansah. In Wirklichkeit aber fürchtete dieser große Liberale die Demokratie, wie ich im Vorwort
zur letzten amerikanischen Ausgabe seines Hauptwerkes nachweise. De Tocquevilles
Stellung – man lese seinen Brief in *Comme disait M. de Tocqueville* (S. 47 f.) von
A. Redier – glich ungefähr der von J. J. Bachofen, der den Ausspruch getan hat:
„Ich hasse die Demokratie, weil ich die Freiheit liebe." Vgl. A. de Tocqueville:
Democracy in America. Übers. v. H. Reeve (Arlington House: New Rochelle [N. Y.]
1965), S. V–XXII; jetzt auch das Buch von O. Vossler: Alexis de Tocqueville. Freiheit
und Gleichheit, Frankfurt a. M. 1973.
[2] Vgl. A. Pauper: Was ist ein Reicher? In: Die Industrie, Nr. 52 (Wien), 23. 12. 1960;
E. Rossit: Distribution of Wealth. In: The Freeman, Nov. 1961.
[3] Vgl. E. v. Kuehnelt-Leddihn: Zwangskloster oder freie Wirtschaft? Anmerkungen
zur Liberalismus-Debatte. In: Criticon, Jg. 4, H. 22 (März/April 1974) S. 69–72.

GOTTFRIED EISERMANN

Die Rolle
der politischen Parteien
im modernen Staat

Die Funktion, die den politischen Parteien im Staat zur Erfüllung
übertragen ist, hängt von der Struktur des Staates und von der
Struktur der Parteien selbst ab, deren Ursprung eng mit der Heraufkunft des modernen *repräsentativen Parlamentarismus* ver-
flochten ist. Man könnte das moderne Zeitalter vielleicht am besten als das Zeitalter der Heraufkunft und des Aufstiegs des souveränen Parlaments charakterisieren. Dieser Aufstieg ist historisch
einerseits mit der triumphalen Durchsetzung des *Prinzips der
Volkssouveränität* im Gegensatz zur Souveränität des Monarchen
verknüpft, während er auf der anderen Seite mit dem Heraufkom-
men eines „liberalen" und sich zunehmend als „Nation" verstehenden *Bürgertums als beherrschender sozialer Gruppierung,* im
Begriff, den Adel aus seiner bis dahin dominierenden Rolle zu ver-
drängen, verbunden ist. Die Etappen dieses Aufstiegs müssen daher vor allem als Resultate der modernen Revolutionen, der eng-
lichen Revolution in Verbindung mit der „Glorious Revolution",
der amerikanischen Revolution und der französischen Revolutionen des 18. und 19. Jahrhunderts, betrachtet werden. Infolge des
tragischen Verlaufs der Ereignisse in den Jahren 1848/1849 kam
es in Deutschland nicht zu einer Wende, die zur Ausbildung einer
selbständigen konstitutionell-parlamentarischen Demokratie
hätte führen können.

Parlament und Diskussion

Der Terminus „Parlament" kommt vom neulateinischen „parlare"
her, und die moderne Institution des Parlaments gründet sich auf
die Idee des „souveränen" Volkes. Seine weit zurückliegenden
Ursprünge müssen gewiß in verschiedenartigen und in ihrem
Wesen heterogenen Einrichtungen gesucht werden. Die Vorstellung der Repräsentanz, die der Antike unbekannt und fremd war,
gründet sich auf der tiefen Überzeugung, daß durch das Zusam-
mentreten der bedeutendsten Vertreter einer Gesellschaft zu
„vernünftiger" Diskussion der gemeinsamen Angelegenheiten die
richtige und für alle förderliche Einsicht gewonnen und darüber
hinaus auch der richtige Weg zur Verwirklichung dieser Einsicht
gefunden werde. Notfalls müsse der richtigen Einsicht durch
Abstimmung, die der Mehrheit, die im Zweifelsfall über die bes-
sere Erkenntnis verfüge, zum Siege verhelfe, die Bahn gebrochen
werden.
Diese Überzeugung, deren Substrat jene „vierte Konfession", wie
Alexander Rüstow sie ebenso geistreich wie treffend charakterisiert hat, der *„pagane Humanismus"*, darstellt, ist verwurzelt in
einem tiefen, wahrhaft in den irrationalen Seelengrund hinabrei-
chenden Vertrauen auf die Kraft der menschlichen Vernunft –
einer Überzeugung, deren geschichtssoziologisches Substrat in der
Neuzeit zweifellos der pagane Humanismus der Aufklärung gewesen ist. Nichts charakterisiert vielleicht den in unserer Zeit vollzogenen Wandel treffender als die von der Soziologie der Politik
nüchtern registrierte Faktizität, daß in Gesellschaft und Staat unserer Gegenwart das Parlament „nur ein unentbehrliches Mittel
zur Erzeugung staatlicher Ordnung durch Kompromiß"
(W. Grewe) bildet. Es ist jedenfalls offensichtlich, daß eine derart
konstruierte Staatsmaschinerie ihre Antriebskräfte außerhalb dieses Getriebes empfängt, so daß einer der hervorragendsten Theoretiker des modernen parlamentarischen Staates, nämlich John
Stuart Mill, mit Recht sagen konnte, wie in der Mechanik, so müsse
man auch in der Politik die Triebkraft außerhalb des Werkes suchen. Sechzig Jahre nach Mills Schrift über die repräsentative
Staatsregierung hat dann James Bryce diese Erkenntnis angesichts
der modernen Parteiendemokratie konkretisiert, indem er kurz

vor seinem Tode niederschrieb: „It is from the non-legal party machinery that the legal machinery of government derives its motive power."

Ungeachtet der raschen Entwicklung des Parlamentarismus, konnte er seine heutige, „staatstragende" Rolle erst mit der *Ausbildung der politischen Parteien* im Verlauf der letzten Generationen gewinnen. Mit dem Wort „Partey" war vor 125 Jahren bei uns durchaus noch keine feste, auf gemeinsame Ziele ausgerichtete politische Organisation gemeint. Für den Zeitraum von 1815 bis 1848 hat Varnhagen v. Ense diesen Zustand anschaulich geschildert: „Schwer würden eigentliche politische Parteien in diesem Gewirre zu unterscheiden gewesen sein, als feste gegliederte Gebilde bestanden sie auch wirklich nicht, es waren eher Meinungsgruppen, die sich zusammenstellten und wieder auflösten, weil man wohl öfters über einen, aber selten über mehrere Gegenstände gleich dachte und auch nicht gelernt hatte, einer Hauptmeinung viele andere einstweilen unterzuordnen." Die überwältigende Mehrheit des deutschen Volkes war nach 1815 zum Behagen seiner Lenker politisch wieder sehr ruhig geworden, zumal nicht nur die eigentlich politischen, sondern auch die ökonomischen und sozialen Voraussetzungen für Parteibildungen zu fehlen schienen. Vielmehr machten sich zuerst bei den Beratungen des Vorparlaments und späterhin in der Frankfurter Nationalversammlung politische Parteigruppierungen bemerkbar. Ähnlich wie in der Französischen Revolution, in der der Jakobinerklub zum großen organisatorischen Vorbild aller modernen Parteiorganisationen wurde, ersetzten auch hier anfänglich die politischen Klubs die unausgereiften Parteibildungen, deren Zeit noch nicht gekommen war.

So wurde bereits am 22. März 1848 in Berlin der „Politische Klub", der spätere „Demokratische Klub", gegründet, in dem sich Vertreter jener sozialen Gruppen zusammenfanden, die mehr oder minder offen und aktiv mit den Märzkämpfern sympathisierten. Er war ein Sammelbecken vor allem von „linksstehenden" Intellektuellen und Gewerbetreibenden, von Handlungsgehilfen und Arbeitern. Bereits fünf Tage später trat der „Konstitutionelle Klub" ins Leben, in dem sich vornehmlich Industrielle, Beamte und Kaufleute zusammenschlossen. Erst mit Beginn der sechziger

Jahre beginnt sich dann das politische Parteiwesen im eigentlichen
Sinne bei uns zu entfalten, wenn auch vorerst nur in Form der
Honoratioren- oder Komiteepartei, wie sie Gustav Freytag in seinem Lustspiel „Die Journalisten" anschaulich schildert. Bei den
Honoratiorenparteien handelt es sich um noch wenig organisierte,
lockere bürgerliche Zusammenschlüsse, die auf der ideellen und
materiellen Unterstützung unabhängiger, begüterter und durch ihren sozialen Rang hervorragender Persönlichkeiten beruhen, die
sich zwar zur Politik berufen fühlen, ohne jedoch – und das ist
der entscheidende Unterschied zum heutigen Parteiwesen – daraus ihren Beruf zu machen. Es handelte sich um einen Personenkreis, der, nach einem berühmten Diktum, *für die Politik und nicht
von der Politik* lebte.

Die Entwicklung zum massendemokratischen Wohlfahrtsstaat

Um jedoch tiefer in die Erkenntnis der Rolle, die den modernen
politischen Parteien aufgegeben ist, eindringen zu können, müssen
wir uns zunächst den Rahmen, innerhalb dessen sie diese Rolle
spielen, das heißt den Staat, konkreter zu verdeutlichen suchen.
War das rudimentäre Parteiwesen des autoritären Staates mit seinen „Factionen" an die Kamarillen, Cliquen und aristokratischen
Familienparteiungen gebunden, so der ihn ablösende Rechtsstaat
charakteristischerweise an die oben gekennzeichnete Honoratio-
renpartei. Diese beiden „Idealtypen" im Sinne Max Webers kommen hier für unsere Betrachtungen nicht näher in Frage, ebenso
wie wir von dem modernen totalitären Staat, der auf einer *Kader-
partei,* auch wenn sie Massenbasis besitzen sollte, zu beruhen
pflegt, hier absehen können[1]. Wir haben es in unserer aktuellen
politischen Seinslage mit dem *parteiendemokratischen Wohlfahrtsstaat* zu tun, der bezeichnenderweise häufig auch als „Parteienstaat" apostrophiert zu werden pflegt, obschon die korrektere
Bezeichnung ihn, zumal in seinem politischen Selbstverständnis,
in seinem sich ständig ausweitenden Aufgabenbereich konkreter
verdeutlicht. Denn die tatsächliche soziale Ungleichheit der innerhalb des Rechtsstaates integrierten sozialen Schichten, die ihren prägnantesten Ausdruck in der formalen Freiheit des Arbeits-

vertrages der besitzlosen Arbeiterschaft mit dem über die Produktionsmittel verfügenden Unternehmertum fand, führte über die auftretenden sozialen Spannungen zu einer Ausweitung des staatlichen Aufgabenkreises in der verschiedensten Richtung.

Waren zunächst Einrichtungen zu schaffen, die über die Initiative des einzelnen hinausragten, so ergaben sich, geleitet zunehmend von der propagierten Idee der „sozialen Gerechtigkeit", aus der soziologischen Umstrukturierung des Rechtsstaates Forderungen, die weder durch bloße Selbsthilfe noch innerhalb der formalen Grenzen der Rechtsgleichheit befriedigt werden konnten. Wenn dem Staat aber die Wohlfahrt für alle Sozialgruppen verantwortlich zugewiesen wird, dann muß er die ihm zur Verfügung stehenden Mittel immer zielstrebiger einsetzen. Dies aber bedeutet zunehmende bürokratische Kontrolle der Wirtschaft und immer weiterer Lebensformen, Umverteilung durch Besteuerung, Ausweitung des Kreditvolumens und womöglich Sicherung eines stabilisierten Konjunkturverlaufs.

Die konkreten Eingriffe des parteiendemokratischen Wohlfahrtsstaates zielen daher, um nur einige Beispiele zu nennen, ebensowohl auf Zukunftssicherung und Schutz vor Arbeitslosigkeit wie auf Schutz der Gläubiger und Sparer vor Vermögensminderung und damit Stabilisierung des Geldwertes, wie auf Schutz für bestimmte Zweige der Industrie, des Handwerks, des Handels oder der Landwirtschaft. Infolgedessen wird jedoch die Reizschwelle der materiellen Erwartungen der Gesellschaftsmitglieder des Wohlfahrtsstaates immer höher geschraubt. Die durch alle diese Eingriffe, Vorsorgemaßnahmen und -einrichtungen bedingte außerordentliche quantitative Erweiterung der Rechtssphäre schlägt schließlich notwendig um in ihre qualitative Veränderung. Die innerhalb dieses staatlichen Rahmens im Parlament vertretenen politischen Parteien suchen infolgedessen im Zusammenspiel oder in Konkurrenz mit den Interessenverbänden die staatliche Entscheidungsgewalt, von der letztlich mehr und mehr alle materiellen Interessen abzuhängen drohen, zu monopolisieren, so „daß in den westlichen Demokratien der liberal-demokratische, repräsentative Parlamentarismus mehr und mehr unwirklich und in steigendem Maße zu einem Klischee geworden ist" (G. Leibholz).

Zugleich ist aber gerade dadurch, daß die alte, das 19. Jahrhundert
kennzeichnende *Trennlinie von „Staat" und „Gesellschaft" immer
mehr verschwindet,* der soziale, politische und ökonomische Boden
bereitet, auf dem sich die Parteien zu organisatorisch immer fester
gegliederten, auf eine ständige Parteibürokratie gestützten Mas-
senparteien, ausgesprochenen „Kindern der Demokratie, des
Massenwahlrechts, der Notwendigkeit der Massenwerbung und
Massenorganisation" (M. Weber), entfalten können.

Das Parteienoligopol in der Bundesrepublik

Das straffe Rückgrat, das die Parteien im Wohlfahrtsstaat an der
hierarchisch gegliederten innerparteilichen Führungsgruppe und
an dem Stab von immer mehr bezahlten, aber auch unbezahlten
Parteifunktionären besitzen, gewährt ihnen größere Kontinuität
der Willensbildung und Durchschlagskraft, als sie die früheren
Honoratioren- oder Komiteeparteien besaßen. Sie sind zu einer
gegliederten, vielverästelten *„Parteimaschine"* herangewachsen,
die, auf politische Beeinflussung und Stellvertretung der Gesellschaft ausgerichtet, die staatliche Entscheidungsgewalt in Besitz
zu nehmen oder zu behaupten und ihren Mitgliedern dadurch
ideelle und materielle Vergünstigungen und Vorteile zu verschaffen strebt. Charakteristisch für das Parteiwesen des Wohlfahrtsstaates sind ferner die (im Deutschen Reich 1906 eingeführten)
Diäten, deren Einrichtung ebenfalls mit dem Übergang von den
früheren Honoratioren- zu den Massen- und Kaderparteien zu-
sammenhängt. Dieser Übergang wird dabei durch die Diäten zugleich gefördert und bedingt, da sie die Parteien der Notwendigkeit
entheben, Abgeordnete, auf deren Tätigkeit sie nicht verzichten
können, und sei es auch nur durch Zuweisung eines mehr oder
minder als Sinekure verstandenen Parteiamtes, zu versorgen. Politik wird damit für die, die diesen „Beruf" ergreifen, endgültig zu
einer Karriere mit allen Möglichkeiten und Fährnissen sozialen
Auf- und Abstiegs samt einem Bündel materieller und ideeller
Gratifikationen. Zu beachten ist dabei, daß eine Partei, unabhängig von ideologischen Faktoren, der zwingenden Notwendigkeit
gegliederter Organisation unterliegt, sobald sie sich über ein gan-

zes Land mit einer zahlreichen Bevölkerung erstreckt, und daß
sich Funktion und Struktur bei ihr wechselseitig bedingen.
Das Neuartige an der durch das Grundgesetz geschaffenen Situation ist im Hinblick auf die politischen Parteien, daß nicht nur
der repräsentative Parlamentarismus, sondern auch – im Gegensatz zur Weimarer Verfassung – die Parteien selbst darin ihren
festen Standort gefunden haben. All dies selbstverständlich in dem
vorgegebenen staatlichen Rahmen. Für die Existenz des Staates
im soziologischen Sinne ist dabei zweierlei unerläßlich, nämlich
einerseits das bezeichnete Herrschaftsverhältnis und andererseits
allgemeine Fügsamkeit, für die Konsensus und Gewalt in letzter
Instanz die soziale Verbindlichkeit herstellen. „Die normale
Erscheinungsform der Staatsgewalt ist daher der staatliche Befehl,
hinter dem allerdings die Drohung steht, daß im Falle seiner Nicht-
befolgung Zwang angewendet wird“ (Th. Eschenburg). Jenseits
aber der geschriebenen Verfassung, mit der sich andere Wissenschaften kompetent befassen, kommt es für die Soziologie der
Politik vor allem darauf an, *die reale Verfassung* erkenntnismäßig
zu durchdringen. Zu ihr gehört, vor allem im Parlamentarismus,
auch das, was nicht in der Verfassungsurkunde steht, wie zum Beispiel die Geschäftsordnungen und die Fragen des Protokolls. Diese
reale Verfassung setzt sich nicht aus schriftlich gesatzten Artikeln
zusammen, sondern wird durch die lebendigen sozialen Kräfte ge-
bildet, die durch Satzungen nur in gewissen Schranken gehalten
werden (oder gehalten werden sollen).
Das wichtigste Moment in diesem Zusammenhang bildet die
Struktur der politischen Parteien, hier in erster Linie der im Parlament vertretenen Parteien, von der wesentlich auch ihre Rolle
abhängt. Das Neue – gegenüber der in der Weimarer Republik
gegebenen Situation – ist hierbei, daß alle drei im Bundestag vertretenen Parteien sich durchweg als staatsbejahende, ja als staatstragende Parteien verstehen. Abgesehen davon, daß die Parteien
im Wohlfahrtsstaat ein *politisches Oligopol* genießen, wie ich bereits im Jahre 1953 konstatierte, besitzen die heute im Parlament
vertretenen politischen Parteien, analog der Vorzugsstellung, die
die Großen auf dem wirtschaftlichen Markt innehaben, durch die
Fünfprozentklausel (die alle Parteien, die bei Wahlen unter fünf
Prozent der abgegebenen Stimmen erhalten, von der Repräsenta-

tion im Parlament ausschließt) eine derartige Vorzugsposition, daß
sie dem heutigen Parteiwesen geradezu den Charakter „einer geschlossenen Gesellschaft" (E. Forsthoff) verleiht. Diese Vorzugsposition macht es etwaigen neuen politischen Gruppierungen
– ebenso wie im Oligopol Kleinunternehmen, die lediglich den
Randservice der Nachfrage besorgen, deren Löwenanteil durch
die den Markt beherrschenden Großunternehmen gedeckt wird –
nahezu unmöglich, sich erfolgreich als Partei zu formieren, genauso wie die kleineren, parlamentarisch nicht repräsentierten
Parteien auf eine Außenseiterrolle abgedrängt sind.

Diese Situation wirkt sich selbstverständlich nicht nur auf die Par-
teiprogramme aus, die der Tendenz unterliegen, immer verblase-
ner zu werden, weil sie zunehmend heterogenere Wähler- und
das heißt zugleich Sozialschichten anzusprechen streben. Die
wichtigere Folgerung ist vielleicht, daß für Gruppen, die sich radi-
kaleren Zielsetzungen verschreiben, zumal wenn sie intern ideologisch und organisatorisch gut aufeinander abgestimmt sind, die
Herausforderung und zugleich die Chance bestehen, parteiintern
– und das heißt zunächst hinter verschlossenen Türen – zum
Angriff auf die Macht innerhalb der etablierten Parteien anzusetzen, wodurch die offiziösen Argumentationen im wohlfahrtsstaatlichen Parlament zusätzlich abgewertet werden. Diese parteiinternen Kämpfe gehen dabei nicht allein um Macht und Einfluß,
sondern ebensowohl um individuellen sozialen Aufstieg, da nicht
nur die Spitzenpositionen im Staat und seiner sich immer mehr
ausweitenden Bürokratie zu besetzen sind. Die „staatstragenden"
Parteien haben auch die *lukrativen Führungspositionen im Bereich
der Staatswirtschaft,* der „europäischen" und anderer öffentlicher
Einrichtungen, wie zum Beispiel in den meisten Fernsehanstalten,
monopolisiert, wodurch sich auch der überwiegend einseitige Fluß
der durch die Massenmedien vermittelten Kommunikation erklärt.
Das Füllhorn der durch den Staat vermittelten, letztlich aber durch
das den politischen Markt beherrschende Parteienoligopol ausge-
schenkten Glücksgüter ergießt sich aber nur über die durch den
Filter dieser Parteien durchgelassenen und von ihnen selektierten
Parteimitglieder.

Die Pfründen in den Apparaten

Diese Selektion, die mit dem formal freien Eintritt in eine politische Partei verbunden ist, bezieht sich aber nicht nur auf altgediente oder verdiente Parteimitglieder, für die für Spezialaufgaben gewonnene Experten oder „Senkrechtstarter". Es handelt sich ebensowohl um die das Geschäft der Diskussion und der mit richtigem „timing" versehenen Abstimmungen verstehenden Jungmitglieder, die, wie die zuvor Genannten, der Ausübung eines bürgerlichen Berufs überdrüssig oder ihn zugleich von vornherein meidend, sich die Politik als für sie lukrativeren Beruf erwählen. Der nächste Filter, der Parteieintritt vorausgesetzt, hinter den Wahlen zu parteiinternen Mandatsträgern bildet dabei das gesetzlich vorgesehene Verfahren zur *Kandidatenaufstellung bei den Wahlen* zu den verfassungsmäßigen Gremien der Kommunalrepräsentationen, zu den Länderparlamenten und, last not least, zum Deutschen Bundestag. Wie bereits früher angedeutet, ist jenseits dieser schriftlich gesatzten Vorschriften wiederum weit wichtiger das reale soziale Zusammenspiel und Gegeneinander, das zu der personalen Selektion führt, das heißt das von den Parteien in Ergänzung zu den gesetzlichen Vorschriften praktizierte Verfahren der Kandidatenaufstellung. Die politischen Parteien sind daher das große personelle Selektionsschüttelsieb geworden, durch das nicht allein das Personal für die Parlamente, die anstelle einer Repräsentation der Gesellschaft mehr und mehr zu einem Organ des Staates geworden sind, rekrutiert wird, sondern für das Insgesamt der beherrschenden, durch den Staat zu vergebenden Positionen.

Um die *Qualität der Selektionsmaschinerie* in der Bundesrepublik zu vergleichen, wird man füglich nicht allein Ausmaß und Qualität der Menschenverluste infolge zweier Weltkriege zu berücksichtigen, sondern auch die gegenwärtigen Funktionärskader mit anderen Equipen – beispielsweise den Reichsregierungen der Weimarer Republik –, nicht zuletzt im Hinblick auf Vorbildung, „bürgerlichen" Beruf, Fähigkeiten und an den Tag gelegten Charakter, zu vergleichen haben und endlich auch mit der Selektionsmaschinerie anderer politischer Systeme. Jedenfalls spielen unsere politischen Parteien in dieser Hinsicht eine analoge Rolle wie im späten Römischen Reich die Armee, die ja nicht nur mit Zähigkeit, Tapferkeit und Geschick lange Zeit den Ansturm äußerer Feinde abzuwehren wußte, sondern auch im Innern alle maßgeblichen Positionen in der Verwaltung zu vergeben hatte. Immerhin scheinen wir noch weit von jenem Zustand entfernt zu sein, den Pareto als charakteristisch für das Byzantinische Reich hervorhebt und in dem notorische Kuppler zu Feldherren und sodann in die höchsten Staatsstellen aufsteigen konnten: „Bei derartigen Methoden, die herrschende Klasse zu rekrutieren, begreift man leicht, wie die Provinzen des Reiches und schließlich die Hauptstadt selbst in ziemlich rascher Folge verlorengingen."[2] Immerhin ist 1974 in den Vereinigten Staaten, die uns ja in solcher Hinsicht immer einen Schritt voraus sind, aber auch vielen als Vorbild gelten, eine Bordellinhaberin zur Abgeordneten der in der sattsam bekannten Watergate-Affäre sich als besonders moralisch gerierenden „Demokratischen Partei" gewählt worden.

Aber die Aufgabe der Parteien besteht ja nicht nur darin, das erforderliche Personal für das Parlament bereitzustellen, das mehr und mehr die ursprüngliche Rolle, den Widerpart der Regierung zu spielen, verloren hat und zu einem Organ geworden ist, anderweitig, zumeist in Parteigremien, getroffene Entscheidungen zu sanktionieren. Zunehmend besetzen sie auch, wie wir bereits gehört haben, durch ihr *„Parteibuchbeamtentum"* mehr oder minder wohlbesoldete Positionen in der Verwaltung. Entsprechend ist die Verwaltung, durch die Ministerialbürokratie eine unerläßliche Beraterin des Parlaments und vor allem seiner Fachausschüsse, in den letzten zweieinhalb Jahrzehnten immer umfangreicher geworden. Allein die Zahl der Bundestagsbediensteten stieg in vierundzwanzig Jahren auf das Dreifache. Aus den anfänglichen vierundzwanzig Dienststellen, Ministerien und obersten Bundesbehörden im Bonner Raum sind inzwischen nicht weniger als 191 geworden. Vom 1. August 1950 bis zum 1. Januar 1974 stieg die Anzahl der Bundesbediensteten allein in Bonn von 6811 auf 32 836. Viele Ministerien sind längst aus den ursprünglichen bescheidenen Räumen ausgezogen und in großräumige Neubauten umgezogen, häufig auch auf mehrere Häuser verteilt. Das Verkehrsministerium, das über die beträchtlichen Summen für den Autobahnbau verfügt, besitzt zwölf Dienststellen; das Postministerium, das sich mit dem ewigen Defizit des Gebührenaufkommens und der deshalb nie aufhörenden Aufgabe der Rationalisierung herumplagt, verfügt sogar über dreizehn und das Verteidigungsministerium über neun Dienststellen und nicht weniger als fünfundvierzig nachgeordnete Dienststellen.

Das Wachstum der Bürokratien

Selbstverständlich haben wir es teilweise hier mit der objektiv feststellbaren *Vermehrung der wohlfahrtsstaatlichen Aufgaben* zu tun, die zu einer immer stärkeren *Aufblähung des bürokratischen Apparates* führt. Das reicht von dem durch die Millionenzahl von Gastarbeitern immer wichtiger gewordenen Ausländerrecht (Abschiebungen, Staatsangehörigkeitsfragen usw.) über das zu „reformierende" Bau- und Bodenrecht (Erschließungsbeiträge, Baugenehmigungen, Straßenland- und Baugrundabtretungen usw.), das im Zeichen der „Bildungsreform" immer umfangreicher werdende Förderungsrecht (Gewährung einer Vielzahl von Ausbildungsbeihilfen) bis zum Wehrrecht (Wehrdienstbefreiung und -verweigerung, Zurückstellungen). Allein die dadurch neugeschaffenen Positionen reichen nicht aus, um „verdiente" Parteimitglieder durch Verbeamtung oder sonstige Positionen in der Bürokratie zu belohnen. Teilweise wird unter dem *Deckmantel staatlicher Planstellen* auch mehr oder weniger ausschließliche Parteiarbeit verhüllt.

Jedenfalls reichen die bescheideneren Regierungs- und Oberregierungsratsstellen, für die hinsichtlich der vorgeschriebenen Vorbildung ohnehin zahlreiche Ausnahmegenehmigungen bei der Besetzung erteilt werden, auf die Dauer nicht hin, um das Aufstiegs- und Einkommensbegehren derer, die sich für ihre Partei verdient gemacht haben, zu befriedigen. Demzufolge konnte der „Bund der Steuerzahler" jüngst auf eine „wunderbare *Vermehrung der Ministerialräte und Regierungsdirektoren*" in der Bonner Ministerialbürokratie in den letzten Jahren hinweisen, so daß wir dort jetzt mehr Führer als Geführte haben. Die gleiche Tendenz läßt sich aber auch auf der Länderebene konstatieren. Immerhin begnügen sich heutzutage die Parteien nicht mehr damit, ihre Mitglieder als Parlamentarier und Minister, als Stadtverordnete und Bürgermeister, als Gemeinderäte und Landräte unterzubringen. Sie versuchen darüber hinaus, nicht allein ihre Mitglieder in der Verwaltung unterzubringen, sondern sind selbstverständlich auch bestrebt, bisher unabhängige Beamte, die sich von den politischen Zielen der betreffenden Partei oder aussichtsreicheren Aufstiegschancen anziehen lassen, als Parteimitglieder zu gewinnen. Hierin – und nicht nur in der durch den sozialen Wandel vollzogenen sozialen Umschichtung – muß deshalb die „Massenbasis" der modernen Großparteien erblickt werden. Zugleich vermag die jeweils herrschende Partei auf dem Weg über die Versorgung „verdienter" Mitglieder den Staatsapparat fester in die Hand zu bekommen.

Aufgrund alles dessen aber wird der sozial und juridisch geregelte Kampf um die staatliche Entscheidungsgewalt, den wir Wahl nennen, nur um so wichtiger für die Parteien. Damit sie zur erwünschten Mitwirkung der Staatsbürger an der Regierungsbestellung (bzw. an der Bestellung entsprechender nachgeordneter Gremien) auf dem Wege über die Wahl von Parlamentsabgeordneten führen kann, müssen aber zwei unerläßliche Voraussetzungen gegeben sein: 1. dürfen die Gegensätze innerhalb der Gesellschaft nicht unüberbrückbar sein, und 2. muß eine nicht zu geringe Mehrheit der Gesellschaft die Institution politischer Wahlen als den Konsensus auch bei widerstreitenden Auffassungen restituierend billigen. Diese Voraussetzungen sind zweifellos bei der überwältigend großen Mehrheit der Angehörigen unserer Gesellschaft gegeben, so daß aus den Wahlen bei uns noch funktionsfähige Regierungen und Parlamente hervorgehen, während von Skandinavien über Holland, England und Frankreich bis Italien, um nur diese zu nennen, der Wahlkörper derart in fast zwei gleiche Hälften aufgespaltet ist, daß die betreffenden Länder nahezu „ingouvernable" zu werden drohen. Die Aufgabe der Parteien wäre es deshalb, radikalen Gruppen in ihrem Innern keinen allzu breiten Raum zu geben, damit nicht in ihnen selbst ähnlich unüberbrückbar scheinende Gegensätze mit analogen Konsequenzen aufgerissen werden. Dazu gehört freilich auch, daß sie beizeiten der Gefahr entgegenwirken, daß sich in den Herzen und Hirnen ihrer Mitglieder die Vorstellung festsetzt, den Staat einseitig nur „als Beute" und die konkurrierende Partei bloß als „Feind" anzusehen, der diese „Beute" streitig macht.

Wahlkampfstil und Parteienfinanzierung

Wir können hier den Streit um die Vorzüge oder Nachteile des jeweiligen Wahlsystems beiseite lassen, da er bei uns durch das faktisch als gegeben modifizierte Proportionalwahlsystem (das freilich durch die erwähnte Fünfprozentsperrklausel bei einer Bevölkerungszahl von rund fünfzig Millionen immerhin zweieinhalb Millionen ohne Repräsentanz und mithin ohne Sprecher im Parlament lassen kann) entschieden ist. Uns interessiert hier vielmehr der konkrete Wahlkampf samt seinen Methoden im Zusammenhang mit den vorausgegangenen Betrachtungen. Hier ist nicht nur an das Epitheton „Pinscher" für die sogenannten Intellektuellen zu erinnern, über das ein Regierungschef gestolpert ist, sondern auch an das, was zur Vorbereitung oder im Wahlkampf selbst von verantwortlichen Repräsentanten gesprochen wird. So sagte der damalige – inzwischen auf die Figur eines Parteichefs reduzierte – Bundeskanzler Willy Brandt am 27. September 1971 vor der IG Metall, man dürfe nicht auf die leichte Schulter nehmen, „was einige Schreibtischtäter an Verdummung und Hetze auf den Markt bringen". Am 20. August des folgenden Jahres wandte er sich (bei einer Gedenkrede für Kurt Schumacher) gegen „dümmliche und anmaßende Belehrung in Sachen Demokratie und Sozialismus... wenn sie gar von Leuten kommt, die – um es vorsichtig auszudrücken – nichts gegen das Wort Sozialismus einzuwenden hatten, als es national maskiert und mit NS abgekürzt wurde". Am 20. Oktober 1972 war freilich bereits im Bundestag von derselben Seite neben dem berüchtigten Weimarer Kampfbegriff „Dolchstoßlegende" das ähnliche Assoziationen hervorrufende Wort „Volksverhetzung" gefallen.
Ähnliches spielt sich auch auf der Ebene der Länderwahlkämpfe ab. So im nordrhein-westfälischen Landtagswahlkampf von 1971 die – später zurückgenommene – Äußerung an die Adresse der CDU, ihre Führung habe versucht, leitende Männer der deutschen Industrie dazu zu bewegen, „wilde Streiks zu provozieren". In

die gleiche Richtung wies die von der gleichen Seite aus (im März 1970 in Baden-Württemberg) gemachte Drohung, notfalls werde „geholzt ... bis zur letzten Konsequenz", und dann „mobilisieren wir die Betriebe", nämlich falls das Wahlresultat nicht wunschgemäß ausfalle. Am 25. September 1972 setzte Brandt dann in einem Interview gegen seine Gegner den Verdacht der „Korruption" in die Welt, für den er in einer Pressekonferenz vom gleichen Tage dann seine „subjektive Überzeugung" mangels jeden Beweises in Anspruch nahm. In dieser Weise wurde gerade von jener Partei, die durch die ihr nahestehenden Wissenschaftler aufs heftigste die bekannte *„Freund-Feind-Theorie"* des Politischen zu bekämpfen und zu widerlegen trachtete, mit zielstrebiger, von ihren Jungorganisationen „klassenkämpferisch" genannter Heftigkeit ein Graben innerhalb der Wählerschaft aufgerissen, der zu ähnlich halbierenden und das parlamentarische System lähmenden Konsequenzen wie in den anderen bezeichneten europäischen Ländern führen könnte.

Ein äußerst wichtiger Komplex ist in diesem Zusammenhang natürlich die *Wahlfinanzierung* – die Gesamtkosten des Bundestagswahlkampfs 1972 werden zum Beispiel auf nicht weniger als zweihundert Millionen DM geschätzt[3] – im generellen Zusammenhang mit der Parteifinanzierung überhaupt. In der Bundesrepublik ist hierfür der Rückgriff auf die staatlichen Steuermittel seitens der Parteien, die sie sich ja im Parlament selbst bewilligen können, befürwortet worden, so daß im Sommer 1974 im Bundestag die Wahlkampfkostenzuschüsse nach dem Parteiengesetz von bisher DM 2,50 auf DM 3,50 pro erlangter Wählerstimme heraufgesetzt wurden. Jedenfalls nimmt der Wahlkampf im parteiendemokratischen Wohlfahrtsstaat aufgrund der immer mehr angewachsenen und sich verteuernden Propaganda einen finanziellen Umfang an, den der einzelne Kandidat längst nicht mehr aufzubringen vermag, so daß er auch von dieser Seite her, da die Gelder für den Wahlkampf in Form von Spenden und Beiträgen durch die Parteikasse fließen, in zunehmende Abhängigkeit von der seinen Wahlkampf finanzierenden Partei gerät. Dennoch ist grundsätzlich der *Mangel an Transparenz bei den Parteifinanzen,* die der Parlamentarische Rat mit Art. 21 des Grundgesetzes erzwingen wollte, zu beklagen. Es handelt sich hier vor allem um die Schwierigkeit, faktisch – nicht theoretisch – zwischen Parteibeiträgen von Mitgliedern, Spenden und anderen Zuschüssen von Sympathisanten, des gesamten Trosses sonstiger Hilfstruppen, parteieigener Wirtschaftsunternehmen oder der Alimentierung durch regierungseigene Kassen für ihre „Informationspolitik" hindurchzufinden.

Aufgrund dieser wiewohl unvollständigen, jedoch die Hülle der geschriebenen durchdringenden und die „reale Verfassung" sichtbar machenden Röntgenaufnahme muß die wissenschaftliche Frage erlaubt sein, warum dennoch die Wähler bei uns regelmäßig von ihrem Stimmrecht Gebrauch zu machen pflegen. Diese Frage erscheint um so berechtigter, als im vergangenen Jahr in einer „alten" Demokratie wie den Vereinigten Staaten kaum vierzig Prozent des Wahlkörpers höchst respektable Mehrheiten in den entscheidenden parlamentarischen Gremien des Landes zustande gebracht haben. Die höchste Wahlbeteiligung in der Weimarer Republik wurde mit 84% in einer Periode leidenschaftlicher politischer Auseinandersetzungen erreicht. Diese Proportion wurde unter dem Regime des Bonner Grundgesetzes nur in der ersten Bundestagswahl von 1949 mit 78,5% unterschritten, hingegen stieg sie in der darauffolgenden Bundestagswahl von 1953 auf 86%, in der Bundestagswahl 1957 sogar auf 87,8% und schwankt seitdem zwischen 86% und 88%. Auf der einen Seite darf hierfür – wie in so vieler anderer Hinsicht – die Nachwirkung der Weimarer Erfahrungen, die das Beiseitestehen als mit für den Weg in die Katastrophe verantwortlich in das Gedächtnis des Volkes gegraben haben, haftbar gemacht werden. Auf der anderen Seite ist es aber die erfreuliche, viel stärkere Identifikation des Wählervolkes mit seinem Staat und mithin die stärkere politische Durchdringung des öffentlichen und privaten Bewußtseins, das sich zur – wenn auch nur mittelbaren – Mitverantwortung aufgerufen fühlt. Es darf zu den erfreulichen Momenten gezählt werden, daß die Parteien, trotz der präpotenten Position, die ihnen im Grundgesetz und in der realen Verfassung eingeräumt wurde, dieses Gefühl der geforderten Mitverantwortung des einzelnen Staatsbürgers noch nicht zerstört haben.

Bürgerinitiativen und Interessenverbände

Dennoch hängt es mit der Rolle, die von den „staatstragenden"
Parteien in unserem Verfassungsleben gespielt wird, und der damit
zusammenhängenden Verkrustung des bürokratisierten parteiendemokratischen Wohlfahrtsstaates zusammen, daß sich *konkurrierende Gruppierungen neben den Parteien* bilden. Wir meinen
damit selbstverständlich nicht die nicht im Parlament vertretenen,
früher erwähnten kleineren Parteien oder den Hilfstroß alimen-
tierter „Wählerinitiativen", sondern die sogenannten, im vorparlamentarischen Raum agierenden *„Bürgerinitiativen"*. Die relative
Einflußlosigkeit des einzelnen Staatsbürgers auf die vom Staat getragene Daseinsfürsorge im Zusammenhang mit der dadurch
wachsenden Übermacht der Bürokratie, wodurch die begriffliche
und faktische Trennung von Staat und Gesellschaft immer schwieriger wird, ruft *politische Selbsthilfeorganisationen* auf den Plan,
die teils konkrete Nahziele, die scheinbar oder wirklich von den
politischen Parteien vernachlässigt werden, ins Auge fassen, teils
diese deklarierten Ziele nur zum Vorwand für eine mehr oder
minder verhüllte Agitation gegen die offiziellen Parteien oder gar
gegen den Wohlfahrtsstaat selbst benützen. Sie besitzen dabei den
Vorteil, sich – ohne in Wahlen dafür den Nachweis führen zu müssen – als organisatorische Repräsentanz „breiter Bevölkerungskreise" deklarieren zu können. Oft dienen sie jedoch auch, ge-
schickt durch eine parteipolitisch gebundene Führung gesteuert,
nur als Zutreiber für in parlamentarischen Gremien vertretene
oder nicht vertretene Parteien.
Wichtiger als diese losen politischen Gruppierungen sind jedoch
für Rolle und Funktion der politischen Parteien in unserem Verfassungsleben, eben weil sie mit ihnen in engster Affiliation stehen,
andere Gruppierungen, nämlich die *Interessenverbände*. Es handelt sich dabei um organisierte Interessenvertretungen vornehmlich wirtschaftlicher, aber auch sozialer, religiöser und sonstiger
Art, die – wie das Beispiel der *Bauern- und Unternehmerverbände*
lehrt – lediglich Ausdruck von Gruppeninteressen sozialer Klassen
sein können, aber auch, wie die *„Katholische Aktion"* zeigt, durchaus nichtwirtschaftliche Interessen organisatorisch zu größerer
Durchschlagskraft zu bündeln vermögen. Insbesondere die

Gewerkschaften mit ihrem Kampfinstrument, kollektiv die Arbeitsleistung einer Gruppe oder der gesamten Arbeitnehmerschaft zu verweigern oder zumindest stark herabzusetzen, können einen starken „Druck" (weshalb man auch von „*pressure groups*" spricht) auf die Regierung und ihre Politik ausüben, ja in Italien bilden sie bereits ein „*sottogoverno*" und sind in England und Frankreich auf dem besten Wege dazu. Jeder Interessenverband hat dabei eine doppelte Aktivität: eine öffentliche und eine geheime. Die erstere sucht durch geeignete Publikationen, Organisationen, Versammlungen und Kollektivaktionen ihrer Mitglieder eine möglichst große Bevölkerungsproportion für ihre Ziele in Bewegung zu setzen. Die andere Aktivität spielt sich bereits im intimeren Bereich der politischen Macht ab: in den Wandelgängen des Parlaments, in dessen gesetzgeberischen Kommissionen, wo die eigentlichen Entscheidungen fallen, und in den Vorzimmern und Zimmern der Minister und Regierungschefs.

Die berufsmäßigen Wandelgänger

Die offene Aktivität spielt sich dabei vielfach in der sogenannten „*Lobby*" ab. Unter Lobby verstand man ursprünglich den Salon eines größeren Hotels, in dem sich die Politiker mit den betreffenden Interessenten (Lobbyisten) zu treffen pflegten. Bezeichnenderweise heißt aber im angelsächsischen Sprachgebrauch auch der Sprechraum eines Parlaments Lobby. Hier treffen die ständigen Beobachter und „Masseure" mit den Abgeordneten und Vertretern der Spitzenbehörden mehr oder weniger zwanglos zusammen. Die Wichtigkeit, die diesen Interessenvertretern in unserem durch die politischen Parteien geprägten Verfassungsleben zukommt, kann man daraus entnehmen, daß am 24. Januar 1973 als Beilage zum offiziellen „Bundesanzeiger" die erste amtliche Liste (nicht weniger als 104 kleinbedruckte Seiten!) der in Bonn wirkenden Lobbyisten und Interessenverbände, die auf Bundesregierung, Bürokratie und Parlament Einfluß zu nehmen suchen, mit allen Daten, vom Vorstand bis zur Adresse, veröffentlicht wurde. Die Liste reicht vom „ADV Adressenverleger- und Direktwerbeunternehmerverband e. V." über zahllose Aktionen, Werke, Vereinigungen, Institute, Arbeitsgemeinschaften, Zentralstellen und Gesamtverbände – so spezifisch politische wie den Montagclub für politische und gesellschaftliche Kontakte, massiv sozialökonomische wie den Industrieverband Wäsche und Hausbekleidung oder die Industriegewerkschaft Druck und Papier – bis zum Zweckverband Deutscher Apotheker e. V. Es unterliegt dabei keinem Zweifel, daß diese Interventionen von um so größerer Auswirkung sind, je stärker sich die betreffenden Abgeordneten z. B. bewußt sind, daß die Partei, von der ihre Wiederwahl abhängt, wirtschaftlich auf die betreffenden Interessen angewiesen ist. Dabei bleibt das Moment sozialer Affinität und traditionaler Verbundenheit zwischen den Kontrahenten noch unberücksichtigt.

Doch weitaus wichtiger noch als *„die Gespräche und das Geflüster der berufsmäßigen Wandelgänger"* (Karl Arnold) im Parlament und in den verschiedenen Ministerien ist die Einflußnahme der Interessenverbände von innen, das heißt innerhalb der politischen Parteien selbst, vor allem die sich auf alle Fraktionen der politischen Parteien im Parlament erstreckende Perforation durch Interessenverbandsvertreter. Insbesondere auffällig ist die Tatsache, daß *immer mehr Parlamentsabgeordnete einerseits Gewerkschaftsmitglieder bzw. -vertreter und andererseits Beamte* sind, woraus sich die forcierte Tendenz zum *„Verbändestaat"* und zur wachsenden Identität von „Staat" und „Gesellschaft" ablesen läßt. Ob nun innerhalb oder außerhalb der Parteien wirkend, jedenfalls konnte Ernst Forsthoff schon vor einem Jahrzehnt mit Recht feststellen, daß innerhalb eines parteiendemokratischen Wohlfahrtsstaates die Chance eines Interesses, befriedigt zu werden, „mit der sozialen Mächtigkeit des gesellschaftlichen Patrons (Verbandes), der dieses Interesse vertritt", wachse [4]. Mit der verbalen Kritik, daß das „allgemeine" Interesse über keinen Verband verfüge, der ihm Bahn breche, es sei denn der Staat selbst, ist es freilich nicht getan. Die modernen Parteien brauchen ihrer aufgezeigten Rolle und ihrer Struktur nach Vertrauensleute in den Verbänden, und die Verbände brauchen ihrerseits Mitglieder in den Parteien. So stützt zum Beispiel die Österreichische Volkspartei sich auf die Interessenverbände Wirtschaftsbund, Österreichischer Arbeiter- und Angestelltenbund und Bauernbund, der mit seinen etwa 400000 Mitgliedern ihre stärkste Säule darstellt. Andere moderne

politische Parteien sind noch stärker abgestützt bzw. personell affi-
liiert oder fast identisch mit einzelnen großen Gewerkschaften.
Das Prinzip der „Organisation", das heißt der Bürokratisierung,
des Großbetriebes, dieses Wunderwerks der Organisation, und der
organisierten Verbandsballung durchwirkt auch von dieser Seite
her den Individuum und Gesellschaft aufsaugenden parteiendemokratischen Wohlfahrtsstaat.

Ob in einem derartigen System die politischen Parteien ihre
ursprüngliche Rolle, nämlich Ausdruck des „Volkswillens" zu
sein, erfüllen können, erscheint jedenfalls zunehmend fraglich.
Ihre Funktion, den Transmissionsriemen für den Willen, die Ziele,
die Interessen und die Ideale der verschiedenen sozialen Gruppen
der Gesellschaft zu bilden, verlagert sich zunehmend auf die zwi-
schengelagerte Achse der Verbände, die durch ihr eigengesetzli-
ches Kurbelwerk nur bestimmte Impulse selektiert und weiter-
reicht. Jedenfalls handelt es sich um einen Transmissionsriemen,
der in zwei entgegengesetzten Richtungen und über unterschied-
liche Achsen verläuft. Die Bewegungskraft – und damit kehren
wir zum Ausgangspunkt unserer Betrachtungen zurück – dieses
Getriebes muß noch immer außerhalb seiner selbst, nämlich in
den Lebenserfordernissen der Gesellschaft schlechthin, gesucht
werden. Aber es wird fraglich, ob das staatliche Schwungrad, ohnehin durch ein zunehmendes bürokratisches Zahnräderwerk
mehr gehemmt als gefördert, jedoch unverändert höchstes Ziel
der politischen Parteien innerhalb und außerhalb des Parlaments,
durch sie die lebensnotwendigen Antriebe übermittelt erhält und
seinerseits über sie zu vermitteln vermag – oder ob es unter immer
scheppernderen und heftigeren Umdrehungen in Gefahr gerät,
leerzulaufen.

Anmerkungen

[1] Vgl. G. Eisermann: Soziologie der Politik. In: G. Eisermann (Hrsg.): Die Lehre
von der Gesellschaft, Stuttgart ³1973, bes. S. 300ff.
[2] Vgl. G. Eisermann: Vilfredo Paretos System der Allgemeinen Soziologie, Stuttgart
1962, S. 261.
[3] Vgl. hierzu neuerdings W. Hoffmann: Die Finanzen der Parteien, München 1973.
[4] E. Forsthoff: Rechtsstaat im Wandel, Stuttgart 1964, S. 203.

HEINZGEORG NEUMANN
Das Leiden der Demokratie an der Außenpolitik

Die Demokratien stehen vor großen innenpolitischen Schwierigkeiten: Dauerinflation, Arbeitslosigkeit, Investitionsschwund,
„Grenzen des Wachstums", verschärften Verteilungskämpfen; zu
alledem kommt noch der Kampf der Neuen Linken gegen die
überlieferten Grundlagen westlicher Existenz. Doch das gefähr-
lichste Leiden der Demokratien ist das Leiden an den Struktur-
mängeln ihrer Außenpolitik. An ihnen drohen sie zu scheitern –
an dem unvermeidlich geringen Verständnis des Demos für außenpolitische Probleme, an den Versuchen demokratischer Regierungen, fehlendes Verständnis durch emotionales Engagement zu ersetzen, an dem missionarischen Eifer, die Außenpolitik als
Instrument zur Ausbreitung der Spätaufklärung zu gebrauchen,
und an den außenpolitischen Illusionen über die Stärke der jeweils
eigenen Nation oder die Möglichkeit dauernden Friedens. Die
Außenpolitik der deutschen Demokratie leidet zusätzlich unter
einer durch das Verhältnis zwischen der Bundesrepublik Deutschland und der Deutschen Demokratischen Republik institutionali-
sierten Vermengung mit der Innenpolitik.
Die Gefahrenzeichen sind deutlich. Die westeuropäischen Industriedemokratien sind zumindest hinsichtlich ihrer militärischen
Sicherheit völlig von der amerikanischen Schutzmacht abhängig

– obwohl sie nächst dieser über die größte investierte Produktions-
kapazität der Welt verfügen und ihre Völker noch vor wenigen
Jahrzehnten zu den kriegstüchtigsten der Welt zählten. Die Ölkrise
zerstört zudem die in Westeuropa gepflegte Illusion, daß wirtschaftliche Kapazität auf Dauer mit militärischer Inkapazität ein-
hergehen könne: die westeuropäischen Industriedemokratien lassen sich inzwischen sogar von Kleinstaaten erpressen.

Dahin ist es nicht zuletzt deshalb gekommen, weil kein auf seine
Wahlaussichten bedachter Parteipolitiker es wagt, der Bevölkerung die zur außenpolitischen Eigenständigkeit Westeuropas unausweichlich notwendigen Rüstungsanstrengungen zuzumuten.
Statt dessen bestärkt man unsere Völker in der kindlichen Hoffnung, die amerikanische Schutzmacht würde auch ohne angemessenen militärischen Beitrag der Westeuropäer die Erdölversor-
gung aus dem Nahen Osten ebenso sichern, wie sie seit Jahrzehnten
in Zentraleuropa den Druck des russischen Imperiums abwehrt,
nur durch die Bundesrepublik einigermaßen hinreichend unterstützt. Diese Hoffnung nähren wir, obwohl Schutzfähigkeit und
Schutzwilligkeit der Vereinigten Staaten deutlich unter das seit
einem Vierteljahrhundert gewohnte Maß sinken, teils wegen des
atomaren Patts, teils weil auch die USA von den typischen Leiden
demokratischer Außenpolitik nicht verschont bleiben.

Die Krise des westlichen Verteidigungsbündnisses

Außenpolitisches Scheitern kann vielfältige Ursachen und Folgen
haben. Aber es drückt sich regelmäßig auch in entscheidenden
Veränderungen der militärischen Kräfteverhältnisse aus.
Trotz der zumeist unzulänglichen Beiträge der europäischen
NATO-Mitglieder und des Rückzugs Frankreichs blieb die Lage
des Westbündnisses so lange stabil, als feindselige Drittweltstaaten
und radikalsozialistische Kräfte in Südeuropa die amerikanische
Militärmacht fürchteten. Seit der von Außenminister Kissinger nur
notdürftig verhüllten Vietnam-Niederlage verletzten portugiesi-
sche Linksradikale wichtige westliche Interessen, teilte Indien
Pakistan auf, setzten Araber das Öl in einer Weise ein, von der
sie noch im dritten Nahostkrieg kaum geträumt hatten. Nach dem

absehbaren Ende der Regierung Tito in Jugoslawien droht nicht
nur dort, sondern auch in Italien die Machtübernahme durch den
Staaten Osteuropas verbundene Kräfte. Drittweltstaaten und
westsozialistische Politiker verkennen dabei – anders als die vor-
sichtigeren Russen – die entscheidende Mitwirkung der amerikanischen Massenmedien an der Niederlage der amerikanischen
Streitkräfte.

Während der Druck überlegener konventioneller Streitkräfte
des russischen Bündnissystems in Mitteleuropa mindestens andauert, dringen ihm nahestehende Kräfte an entscheidenden Stellen
Südeuropas und des Mittelmeers vor. Das Schrumpfen des politischen Westeuropa zu einem amerikanischen Brückenkopf in Mitteleuropa wird zur realen Möglichkeit. Die Sowjetunion mag dabei
mehr von ihren mißgeleiteten Freunden im Mittelmeerraum ge-
zerrt werden, als daß sie selbst antriebe. Aber es bleibt eine Tatsache, daß die westeuropäischen Demokratien samt ihrer transatlan-
tischen Vormacht in eine außenpolitische Situation von hochgradi-
ger Instabilität und Explosivität geraten sind.

Demokratien weisen in außenpolitischer Hinsicht gewisse Schwächen auf. Die Gründe liegen zum Teil in der fast unvermeidlichen
Distanz jedes Demos gegenüber außenpolitischen Problemen,
teils ergeben sie sich aus bestimmten Wesenszügen der heutigen
Demokratien, besonders aus ihrer Sympathie für den missionarischen Geist der Spätaufklärung. Diese Beurteilung der demokratischen Außenpolitik bedeutet *keine* Stellungnahme zugunsten einer anderen Staatsform. Jeder der drei klassischen
Staatsformen – Monarchie, Aristokratie, Demokratie – eignet ein
ungefähr ähnliches Verhältnis von Vorzügen und Nachteilen.
Schon in abstrakter Sicht lohnt also ein Wechsel kaum. Und in
der konkreten Situation Westeuropas ist er überdies wegen des
Legitimitätsproblems abzulehnen.

Um dem Andringen des „Gesamtgesellschaftsstaates" – des totalen Gesellschaftsstaates – zu widerstehen, bedarf der freiheitliche
Rechtsstaat der Legitimität in den Augen seiner Völker. Die Legitimität von Monarchien und Aristokratien wächst nur allmählich,
läßt sich nicht konstruieren wie eine Verfassung. In der westlichen
Welt von heute und morgen gibt es darum außer den Heilsverhei-
ßungen des Gesellschaftsstaates keine andere Legitimität als die

Legitimation durch Wahlen. Es bleibt uns kein anderer Weg, als im Rahmen demokratischer Ordnungen das den Demokratien eigene Leiden an der Außenpolitik zu mildern.

Unter dem Begriff der Demokratie wollen wir hier alle Regierungssysteme verstehen, die einer relativ breiten Schicht der Regierten durch effektiv freie Wahlen zu den Staatsorganen eine Mitwirkung an den politischen Angelegenheiten einräumen. Unter dem Begriff der Außenpolitik sei für die Zwecke dieser Betrachtung jede Tätigkeit der Staatsorgane verstanden, die Einwirkungen auf das Verhältnis zu fremden Staaten beabsichtigt oder bewußt in Kauf nimmt. Dazu kommt die außenpolitische Publizistik, der die Demokratien starken Einfluß auf ihre Außenpolitik einräumen. Wegen der Ähnlichkeit ihrer außenpolitischen Wirkungen und ihrer engen Beziehung zur Demokratie schließen wir auch die plebiszitäre Diktatur in unsere Betrachtung ein.

Mehr Gefühl als Verstand

Außenpolitik läßt sich als das Kunsthandwerk bezeichnen, mit dessen Hilfe wir ein den eigenen Interessen angemessenes Verhältnis zu fremden Staaten herstellen und erhalten. Die Beurteilung dieser *Interessenlage* fällt dem Demos nicht selten leichter als die zutreffende Beurteilung innenpolitischer Probleme, wie die Schulpolitik oder das Verhältnis zwischen Inflation und Vollbeschäftigung. Oft sieht der Bierbankpolitiker außenpolitische Fragen gar nicht so falsch. Dagegen vermag der Demos nur selten die *Wege* richtig zu beurteilen, auf denen außenpolitische Ziele zu verfolgen sind. Dazu bedürfte er der gründlichen Kenntnis fremder Völker und ihrer leitenden Schichten.

Die meisten Völker – durchaus nicht nur das deutsche – bringen für das Verhalten und Empfinden anderer Völker wenig Verständnis auf; erst recht ist dem Demos die zutreffende Beurteilung der im Ausland maßgeblichen Personengruppen verschlossen. So hat er für Partner und Gegner der eigenen Außenpolitik kein rechtes Gespür – und kann es auch nicht haben. Zudem verstellt die intensive Propaganda der späten Aufklärung mit ihrer Verkündigung der Machbarkeit aller Verhältnisse den Blick für die unabänderli-

chen Gegebenheiten der Außenpolitik, wie sie zumal im geogra-
phischen und ethnischen Bereich bestehen. So nährt sie gefährlich
den in jedem Volk wirksamen Wunder- und Märchenglauben.
Ein Beispiel dafür ist die naive Gewißheit, mit der die Völker
der westeuropäischen Demokratien glauben, sie könnten ihren im
Vergleich zur übrigen Weltbevölkerung (mit Ausnahme Nord-
amerikas) immensen Reichtum behalten, ohne ihn – auf eigene
Kosten – vor dem Zugriff der in Armut und zum Teil im Elend
lebenden Milliarden notfalls auch militärisch zu schützen.

Entscheidende Elemente der Außenpolitik bleiben dem Verständnis breiter Bevölkerungskreise auch deshalb fern, weil die
Folgen außenpolitischer Fehler für den Wahlbürger zumeist erst
dann erkennbar werden, wenn es zu spät ist. Die Folgen innenpolitischer, zumal wirtschafts- und finanzpolitischer Entscheidungen
spürt er meist innerhalb kurzer Zeit in dem für ihn überschaubaren
Lebensbereich. Über die politischen Parteien kann er oft noch
wirksam reagieren. Dabei hilft ihm neuerdings auch die Demoskopie. Außenpolitische Entscheidungen stellen ihn dagegen häufig
vor vollendete Tatsachen, die er auch durch die Abwahl der amtie-
renden Regierung nicht mehr ändern könnte.

So erkannte die breite Masse der Amerikaner die Bedeutung der
Verwicklung ihres Landes in den Vietnam-Krieg zu spät. Die
Gefahren der ,,Beendigung'' dieses Krieges auf eine Weise, die
die Feinde der USA ermutigt und ihre Freunde entmutigt, erkennt
sie bis heute nicht; sie erfreut sich der Heimkehr ihrer Soldaten
und des Wohlgefallens der linksliberalen Medien. Wenige De-
kaden zuvor lag dem englischen Volk zu seinem Unheil die
Einsicht durchaus fern, daß der Krieg gegen das Deutschland des
Jahres 1914 nicht die Fortsetzung, sondern den Umsturz des bewährten Prinzips der balance of power bedeutete und damit auch
das Ende des englischen Weltreichs. Es galt nun die Balance zwischen Europa und der Welt zu finden, nicht mehr innerhalb Europas. Die Abwahl der Regierung Churchill nach dem zweiten Akt
des von Anfang an falsch gestellten Dramas konnte nichts mehr
ändern, wie es auch an den Folgen des Vietnam-Debakels wenig
geändert hätte, wenn mit Nixon zugleich auch Kissinger entfernt
worden wäre.

Gewiß hätten nicht-demokratische Regierungen ähnliche Fehler begehen können; auch die soeben erwähnten wurden nicht im Kernbereich demokratischer Verantwortung begangen. Aber irren demokratische Regierungen außenpolitisch noch so gründlich, bleibt dem Wahlbürger kaum eine Möglichkeit, etwas daran zu ändern. Deshalb rückt die Außenpolitik seinem Interesse und Verständnis fern. Auch die Parteien neigen dazu, der Außenpolitik einen gefährlich geringen Stellenwert beizumessen; innenpolitische Verhältnisse üben einen unangemessen starken Einfluß aus. Natürlich wirken auch in anderen Staatsformen innenpolitische Einflüsse auf die Außenpolitik, zumal die persönlichen Interessen der jeweils mächtigen Eliten – aber diese Kreise können zumindest die außenpolitischen Wirkungen ihres Verhaltens zutreffend einschätzen.

Ist schon diese Gleichgültigkeit demokratischer Völker nicht gut, so noch weniger der Zwang, an die Gefühle der Massen zu appellieren, wenn zu als notwendig erkannten außenpolitischen Maßnahmen – besonders für militärische Zwecke – die Zustimmung der Bevölkerung unentbehrlich ist. Einmal erweckt, sind solche Gefühle – meist Haß und Hochmut – kaum noch zu lenken. Sie gehören zu den gefährlichsten politischen Phänomenen überhaupt: Ohne den leidenschaftlichen Haß des Demos der westlichen Staaten wäre zu Ende des Ersten Weltkriegs wohl ein Frieden möglich gewesen, der dem Zweiten vorgebeugt hätte. Und hätten sich zu Ende des Zweiten Weltkriegs die Westmächte nicht wiederum von populären Rachegelüsten leiten lassen – mochten sie im Jahre 1945 auch begründet sein –, so wäre die Westgrenze der UdSSR nicht zum Schaden auch der Westmächte bis in den Kern Mitteleuropas vorgerückt. – Fügen wir hinzu, daß der im Westen derzeit allgemein verbreitete utopische Pazifismus ebenso unpolitisch ist wie vordem der kriegerische Größenwahn und die Sehnsucht der Massen nach der Gloire des jeweils eigenen Staates.

Unterläßt jedoch die demokratische Regierung den Appell an die Emotionen – etwa weil die außenpolitische Lage oder pazifistische Grundstimmungen ihn als unangebracht erscheinen lassen –, so unterbleibt das Notwendige. In dieser Lage befinden sich die Westeuropäischen Demokratien heute.

Zu diesen Schwierigkeiten kommt hinzu der Widerspruch zwischen dem Bedürfnis der Außenpolitik nach Diskretion und der demokratischen Gewohnheit öffentlicher Diskussion auch heikler außenpolitischer und militärischer Probleme. Wenn wir schließlich noch hinzufügen, daß außenpolitische Ziele mit einer Stetigkeit zu verfolgen sind, die nicht zu den Merkmalen der Demokratie gehört, so ist der Katalog struktureller Reibungsflächen zwischen demokratischer Mentalität und außenpolitischer Verantwortung überaus betrüblich. Aus diesen Reibungen suchen moderne Demokratien einen Ausweg durch die Verwissenschaftlichung der Außenpolitik. Doch dieser Ausweg ist eine Sackgasse.

Politik ist in ihrem Kern Willensbildung. Sehen wir von der Rechts- und Geschichtswissenschaft ab – die keine Befähigung zu politischen Prognosen behaupten –, so sind die Wissenschaften, die sich als politische verstehen, noch zu jung, um über komplizierte Vorgänge wie die außenpolitische Willensbildung in politischen Hochkulturen Verläßliches auszusagen. Naive Versuche, aggressive Außenpolitik anderer Staaten bloß als Reaktion auf Gefühle der Angst und Nichtachtung zu deuten und folgerichtig durch eigene Nachgiebigkeit abzubauen, bestärken unsere Zweifel ebenso wie psychologische Aggressionstheorien, die ihre auch politischen Folgerungen aus den von der Verhaltensforschung studierten Gewohnheiten der Graugänse ableiten. Die Hilfswissenschaften der Außenpolitik sind zahlreich – aber eine ,,Wissenschaft von der Außenpolitik'' gibt es nicht. Sie bleibt, je nachdem, eine Kunst oder ein Kunsthandwerk. Die Gefühlslastigkeit demokratischer Außenpolitik vermag auch die Wissenschaft nicht zu beheben.

Palliative: Abstinenz der Parteien und Medien –
Berufsarmeen – Berufsdiplomatie

Was soll man tun? Dem geringen außenpolitischen Verständnis demokratischer Bevölkerungen als dem Kern des Übels läßt sich nur wenig abhelfen. Bestenfalls lassen sich die Einflüsse außenpolitischer Emotionen einschränken, sofern Partei- und Medienpolitiker diese strukturelle Schwäche der Demokratie erkennen *und* danach handeln. Parteipolitiker könnten die Außenpolitik aus dem öffentlich ausgetragenen Parteienstreit soweit wie möglich heraushalten. Medienpolitiker sollten sich dazu bereitfinden, außenpolitische Themen zumindest im Fernsehen wenig zu behandeln –

dieses Medium eignet sich weit mehr zur außenpolitischen Propaganda als zur außenpolitischen Information. Sie würden damit auf ein Element ihrer Macht verzichten, bei dem die Versuchung zum Mißbrauch besonders stark ist. Ein abschreckendes Beispiel ist die Berichterstattung des amerikanischen Fernsehens über den Vietnam-Krieg. Sie erzeugte im Volk einen kritiklosen Kriegsüberdruß, der den Interessen der Vereinigten Staaten in hohem Maße abträglich war und viel dazu beitrug, daß die Opfer der amerikanischen Armee sinnlos blieben.

Obwohl die Menschen im allgemeinen besser sind als ihr Ruf, darf man doch nicht erwarten, daß Partei- und Medienpolitiker sich allein von der Rücksicht auf das Gemeinwohl leiten lassen, wenn ihr Eigeninteresse ihnen außenpolitische Propaganda empfiehlt. Zum Glück besteht wenigstens kein grundsätzlicher Konflikt. Wenn außenpolitische Propaganda die Emotionen des Demos geweckt und in eine bestimmte Richtung gelenkt hat, dann ist bei unvorhergesehenen Ereignissen die auch im Parteiinteresse notwendige Korrektur nicht rechtzeitig möglich. So wurden SPD-Politiker zu Opfern der Erwartungen, die sie selbst hinsichtlich der Ostpolitik erweckt hatten. So geriet auch in England die Regierung Wilson in Verlegenheit angesichts der Folgen ihrer früheren Propaganda gegen die EG, als veränderte außenwirtschaftliche Verhältnisse die Abkehr von der EG nicht mehr als tunlich erscheinen ließen. Und wer unter den amerikanischen Medienpolitikern die Beendigung des Engagements in Vietnam unter anderem auch deshalb betrieben hatte, damit Israel besser geschützt werden könnte, steht nun vor einer generellen Abneigung der amerikanischen Bevölkerung gegen jegliche Verwicklung in überseeische Konflikte. Man darf davon ausgehen, daß innenpolitische Zurückhaltung in außenpolitischen Fragen auch dem wohlverstandenen Eigeninteresse der Politiker und politischen Publizisten entspricht. Erkennen sie dieses wohlverstandene Eigeninteresse, so ist zur Eindämmung der außenpolitischen Mängel der Demokratie schon etwas gewonnen, jedoch noch kein Beitrag zur Lösung der Probleme, die sich ergeben, wenn außenpolitische Maßnahmen wegen der damit verbundenen Aufwendungen und Opfer der Zustimmung des Volkes bedürfen.

Da diese Zustimmung ohne außenpolitische Demagogie selten zu erlangen ist, erhebt sich die Frage, ob man durch *Einschränkung der Zustimmungsbedürftigkeit* dem Ziele näher kommen kann. Dabei sind die Aufwendungen weniger problematisch. Durch die maßlosen Forderungen des Sozialstaates an Steuern und Abgaben sind die Völker auch gegenüber dem Rüstungsaufwand einigermaßen abgestumpft. Opfer im engeren Sinne fordert vornehmlich der von der Französischen Revolution an bis hin zum Zweiten Weltkrieg übliche Volkskrieg. Aus Gründen, zu deren Erörterung hier der Raum fehlt, ist er für die überschaubare Zukunft innerhalb Europas unwahrscheinlich. Der leider weniger unwahrscheinliche Nuklearkrieg innerhalb Europas bringt tödliche Verluste unausweichlich mit sich. Die europäischen Satelliten der beiden Weltmächte wären kaum die Subjekte eines solchen Krieges. Die wahrscheinlichste Form des Krieges ist für die nähere Zukunft der Kampf um die Zugangsbedingungen zu Rohstoffen, Stützpunkten und Energiequellen außerhalb Europas. Es wären dies Kriege mit begrenzten Mitteln zu begrenzten Zwecken. Die Dinge nehmen bereits deutlich diese Richtung. Die Hoffnung, schon die bloße Drohung der Vernichtungswaffen würde das Ende der Kriege bedeuten, wird enttäuscht. Die Kriege werden auf kleinerer Flamme geführt, ohne die Häuser der Atommächte anzuzünden.

Eine weitere Möglichkeit, die Schäden abzuschwächen, die von der Neigung der Demokratien zu emotionalisierter Außenpolitik herrühren, wäre der *Übergang zur Berufsarmee.* Auch diese Entwicklung ist schon im Gange – sie sollte gefördert werden. Im Gegensatz zu Wehrpflichtarmeen lassen sich Berufsarmeen ohne Motivierung durch politische Emotionen an jedem Ort des Globus einsetzen und wieder zurückziehen, sobald die Staatsräson es verlangt. Gefahren für die demokratische Staatsordnung sind von Berufsarmeen kaum zu befürchten – die organisierte Arbeiterschaft der Industriedemokratien hat genügend starke Hebel in der Hand. Die Ergänzung der Berufsarmee durch eine Miliz, etwa nach dem Muster der Schweiz, bleibt möglich. Die Kosten sind begrenzt. Ihre Motivierung ist kein Problem: Sie würde nur im Falle eines tatsächlich im Gang befindlichen Angriffs auf das Heimatgebiet eingesetzt. Im übrigen setzt das Milizsystem dieselbe Loyalität der Bevölkerung voraus, ohne die auch die Demokratie selbst nicht bestehen kann.

Entsteht in Westeuropa trotz aller Hindernisse wieder eine selbständige Großmacht, so bestimmt den Einsatz der Berufsarmee die Tatsache, daß Westeuropa weit mehr als die Sowjetunion und die Vereinigten Staaten von geographisch entfernten Rohstofflagern und Energiequellen abhängig ist; die nächstgelegenen Ressourcen befinden sich im Nahen Osten und in Afrika. Die Nahostpolitik Rußlands zeigt die Entschlossenheit, sich dieses starken Hebels zu bedienen, um Westeuropa – trotz des militärischen Patts in Zentraleuropa – gefügig zu machen. Der Versuch, dieser Politik der russischen Regierung durch Verhandlungen mit arabischen Regierungen entgegenzuwirken, verspricht nach der unverändert gültigen Erfahrung von Jahrtausenden nur dann Erfolg, wenn es eine militärische Alternative gibt, die sich nach Zeit, Ort und Kräften dosiert wählen läßt: also eine schlagkräftige Berufsarmee.
Bleibt aber Westeuropa weiterhin von den Vereinigten Staaten abhängig, so werden sie in Zukunft aller Wahrscheinlichkeit nach auf dem Einsatz auch westeuropäischer Streitkräfte an den wechselnden Brennpunkten der Kabinettskriege neuen Typs rund um den Globus bestehen. Die USA werden kaum auf unbegrenzte Zeit bereit sein, die im gemeinsamen westlichen Interesse für notwendig erachteten Kriege allein zu führen, während die westeuropäischen Verbündeten in ihren Armeen den Glauben kultivieren, sie hätten ihren Zweck verfehlt, sobald sie in einen Krieg ziehen müßten. Auch für die in diesem Zusammenhang notwendige Politik würden sich Berufsarmeen besser als Wehrpflichtheere eignen, deren Einsatz regelmäßig die unkontrollierbare Emotionalisierung der Gesamtbevölkerung voraussetzt.
Ein dritter Beitrag zur Minderung der Schwierigkeiten demokratischer Außenpolitik würde darin bestehen, daß die Parteipolitiker die Außenpolitik weitestmöglich den Leuten überlassen, deren Beruf sie ist, also den *Diplomaten*. Unter den hier erörterten Gesichtspunkten ist es kein Nachteil, wenn Diplomaten zumeist juristisch geschulte, auf Vorsicht bedachte, kompromißbereite und nicht sonderlich phantasievolle Leute sind. Ihr großer Vorzug ist das ihr berufliches und persönliches Dasein beherrschende Bestreben, die Wesensart fremder Völker, ihrer führenden Schichten und leitenden Persönlichkeiten zu verstehen. Darin sowie in der Herstellung und Pflege der persönlichen Kontakte sind Diploma-

ten weder durch Fachleute anderer Berufe noch durch Fernmelde-
verbindungen zu ersetzen. Dies – und nicht die Büroarbeit – muß
weiterhin als ihre entscheidende Aufgabe gelten. Dabei ist es allerdings erforderlich, den Sinn der Diplomaten für die seelische und
geistige Verfassung jener Persönlichkeiten zu stärken, die politische Macht als Selbstzweck erstreben und passioniert ausüben.
Das Verständnis für diesen Typus ist bei Diplomaten oft unterent-
wickelt, da nüchterne Kompromißbereitschaft, sorgsam abwägen-
des Urteilen und Empfänglichkeit für die Neigungen anderer
wichtige Qualifikationen ihres eigenen Berufs sind – im Gegensatz
zum reinen Machtpolitiker. Man sollte deshalb den diplomatischen
Nachwuchs zum gründlichen Studium von Biographien bedeutender Politiker der Vergangenheit anhalten. Solche Kenntnisse
würden zugleich ein Gegengewicht bilden zu der neuerdings auch
in der Diplomatenausbildung spürbaren Tendenz zur Ahistorizität.
Ohne Studium der Vergangenheit fremder Völker und Staaten
läßt sich weder deren Gegenwart verstehen noch deren Zukunft
vorhersagen. Bis ins 19. Jahrhundert hinein wurden die naturge-
gebenen psychologischen Unterschiede zwischen Machtpolitikern
und Diplomaten insofern überbrückt, als Herrscher, Minister,
Generale und Botschafter einem homogenen und überschaubaren Personenkreis entstammten. Heute muß diese Brücke systematisch – im Rahmen der Ausbildung und Fortbildung der Diplomaten – geschlagen werden. Wenn schon ein großer Teil der
demokratischen Machtpolitiker wenig Sinn für die Voraussetzungen der Außenpolitik hat, dann ist das Verständnis der außenpolitischen Professionals für das Wesen der Machtpolitiker um so
wichtiger.

Außenpolitik ohne missionarischen Auftrag

Die starke Neigung der Demokratie zur weltweiten Missionierung
für ihre staatliche und soziale Ordnung wurzelt in ihrer historischen
Herkunft aus puritanischen, später auch aufklärerischen Heilser-
wartungen. Eiferndes Sendungsbewußtsein, zumal im Sinne egalitärer Prinzipien, kennzeichnet sowohl den liberal-demokratischen
wie den sozialistisch-demokratischen Zweig aufklärerischer Poli-

tik. Das außenpolitische Selbstverständnis beider hat Analogien
in der christlichen und islamischen Staatenwelt des Mittelalters.
Vom missionarischen Eifer sind auch Führungsgruppen der westlichen Demokratien ergriffen. Daraus ergeben sich drei miteinander
verknüpfte Gefahren: hinsichtlich des Verhältnisses zu den sozialistischen Staaten Osteuropas, hinsichtlich des westlichen Bündnissystems und drittens hinsichtlich der aktuellen und potentiellen
Risiken des Weltbürgerkriegs.

Manches deutet darauf hin, daß die Sowjetunion als führende
Macht der osteuropäischen Gesellschaftsstaaten zumindest nörd-
lich der Alpen und Pyrenäen den status quo bestehen lassen
möchte, sofern nicht der Westen durch Vernachlässigung seiner
militärischen Abwehrkräfte in diesem Raum einen Angriff geradezu herausfordert. Damit geht eine gewisse Abschwächung des
Missionswillens des Sowjetsozialismus einher, auch bei der Durchsetzung der marxistischen Staatsreligion im eigenen Lager. Die
östlichen Gesellschaftsstaaten werden westlichen Auffassungen
zugänglicher, jedoch nur allmählich und innerhalb der Grenzen,
die von den Interessen der osteuropäischen Führungsschichten
gesetzt werden.

Wenn die westlichen Demokratien angesichts dieser Möglichkeiten gegen die Regierungen Osteuropas in Zukunft ähnlich mis-
sionarisch vorgehen wie bisher nur gegen autoritäre Regierungen
innerhalb des westlichen Lagers, dann werden sich die osteuropäischen Eliten bedroht fühlen. Sie werden alles fördern, was die
westeuropäischen Demokratien schädigt, von wucherischen Ener-
gie- und Rohstoffpreisen bis zu bürgerkriegsähnlichen Zuständen
als Folge kommunistischer Gegenmission. Da an die Befreiung
Osteuropas von der russischen Herrschaft aus militärischen Gründen nicht zu denken ist, bleiben solch missionarische Bestrebungen
der liberalen Demokratien zudem sinnlos.

In diesem Zusammenhang ist als Folge missionarischer Außenpolitik auch die vermehrte Atomkriegsgefahr zu bedenken. Die unabwendbare Fortdauer militärischer Auseinandersetzungen rückt
die Möglichkeit eines nuklearen Konflikts so lange nicht nahe,
als mit kalkulierbarem Einsatz um kalkulierbare Ziele gekämpft
wird. Sobald aber politisch-missionarischer Eifer an der Bestimmung außenpolitischer Ziele mitwirkt, dient schließlich auch die

militärische Macht zur Bestätigung oder Widerlegung von Heilsüberzeugungen: Ziele und Mittel entgleiten der wägenden Vernunft, und die Wahrscheinlichkeit eines aus irrationalen Motiven
ausgelösten Nuklearkriegs wird bedrohlich.
Die Gefährdung des westlichen Bündnissystems durch verfehlten
demokratischen Missionseifer zeigt sich am Beispiel Portugals.
Dort befand sich bis zum 25. April 1974 ein Regime im Amt,
unter dem das – weniger durch seine Kräfte als durch seine geographische Lage – wichtige Land ein verläßliches Mitglied der NATO
seit deren Gründung war. Die Inselgruppen der Azoren und Kapverden waren auf diese Weise fest in westlicher Hand, dazu der
bedeutende Teil des Westufers des Indischen Ozeans, der die
Küste Moçambiques bildet; ferner das rohstoffreiche Angola und
der mittelbare Zugriff auf die sambische Kupferförderung – zumindest bis zur Fertigstellung der Bahnlinie nach Daressalam.
Trotz alledem war den westlichen Demokratien die bloße Tatsache, daß das verbündete Portugal ein autoritäres Regime besaß,
widerwärtig genug, um die Feinde dieser Regierung jahrzehntelang zu einem Umsturz zu ermutigen und diesen, als er vollzogen
war, als Sieg der eigenen Sache zu feiern – obwohl kaum daran
zu zweifeln war, daß die Feinde der autoritären Regierung Portugals die Freundschaft außenpolitischer Gegner der NATO genossen. Die siegreichen linken Putschisten hatten denn auch nichts
Eiligeres zu tun, als – ohne jede demokratische Abstimmung! –
Moçambique und damit einen großen Teil der Westküste des zwischen West und Ost hart umstrittenen Indischen Ozeans der von
den kommunistischen Großmächten abhängigen Guerillagruppe
FRELIMO vom durchaus minoritären Stamm der Maconde zu
überlassen. Ähnliches dürfte auch Angola und den Kapverden bevorstehen. Im Fall eines neuen Nahostkrieges verfügen die USA
nicht mehr über die logistisch wichtige Azorenbasis.
Obwohl das neue Regime, das sich selbst als „demokratisch" bezeichnet, dem westlichen Bündnissystem schon genügend schweren Schaden zugefügt hat und weiterer Schaden droht, bezeugen
ihm die westlichen Demokratien weiterhin Sympathien. Das ist
außenpolitischer Unsinn. Es geht hier nicht um die einem verläßlichen Verbündeten zugefügte Unbill, sondern um die lebenswichtigen Interessen der westlichen Industriedemokratien widerstrei

tende Überordnung missionarischer innenpolitischer Werturteile
und Ideale über außenpolitische Erfordernisse. Die Begründung,
man könne demokratische Staaten nicht im Bündnis mit nichtde-
mokratischen Staaten verteidigen, ist absurd. Man kann es, und
man muß es. Es gibt nämlich keine „Weltinnenpolitik".

Es gibt keine Demokratie in den internationalen Beziehungen

Aber selbst wenn es sie gäbe, müßten die westlichen Regierungen
darauf verzichten, die Weltregierung nach dem demokratischen
Grundprinzip der Mehrheit auf der Basis der Gleichheit einzurichten. Selbst die eifrigsten Missionare egalitärer Demokratie könnten nicht die mehrheitliche Zustimmung der zwar wohlhabenden,
aber im Weltmaßstab minoritären Industrievölker zu ihrer eigenen
Majorisierung, Entmachtung und Enteignung durch die mehr oder
weniger hungernden Milliarden der Dritten Welt erlangen. Sofern
es noch eines Beweises bedurfte, was den Industrievölkern der
nördlichen Halbkugel in einem solchen Falle bevorstünde, dann
wurde er geliefert durch den Gebrauch, den die Drittweltstaaten
von ihrer Majorität in der UN-Vollversammlung machten. Wollten
missionarische Eiferer eine egalitär-demokratische Weltregierung
errichten, so müßte zuvor die egalitäre Demokratie in den westlichen Industriestaaten beseitigt werden.
Wahrscheinlicher als eine Weltregierung ist die Konfrontation
zwischen den überwiegend auf der Nordhälfte des Globus beheimateten Industrievölkern und den im Vergleich überwiegend armen Völkern der südlichen Halbkugel. Auch in dieser Hinsicht
gefährdet die missionarische Verbreitung egalitär-demokratischer
Vorstellungen im Weltmaßstab die westlichen Demokratien selbst.
Nach dem Prinzip der Mehrheit auf der Basis der Gleichheit wäre
die arme Mehrheit im Süden nämlich als kriegsführende Partei
eines Weltbürgerkriegs im Recht.
Doch ist das nicht der einzige Beitrag demokratischen Missionsei-
fers zum Weltbürgerkrieg. In weiten Teilen der Welt herrschen
bereits Bürgerkriege oder bürgerkriegsähnliche Zustände, deren
offensive Kräfte sich meist aus radikal-sozialistischen beziehungsweise „linken" Quellen speisen. Dabei finden sie regelmäßig die

Unterstützung bedeutender Teile der öffentlichen Meinung innerhalb der westlichen Demokratien. Sie glauben an die demokratischen Ziele der jeweiligen Revolutionäre, von denen nach dem
Sieg regelmäßig nur die radikal-sozialistischen und nicht eben demokratischen Elemente an der Macht bleiben. Klassisches Beispiel
ist der Sieg Castros in Cuba mit Hilfe des amerikanischen Linksli-
beralismus, damals am sichtbarsten vertreten durch die „New York
Times". Eine vorläufige Niederlage erlitt der sozialistische Gueril-
lakrieg in Brasilien trotz nachdrücklicher Unterstützung durch die
öffentliche Meinung der westlichen Demokratien, in deren eigenem Interesse und wohl auch dem des brasilianischen Volkes, dessen wirtschaftlicher Aufschwung unter der – wie zugegeben sei
– autoritären Militärregierung kaum zu übertreffen ist. Aber die
Demokratien setzen ihre Beiträge zum Weltbürgerkrieg fort, regelmäßig zugunsten der totalitären Linken, auch um den Preis
außenpolitischer Niederlagen, wenn nur dem missionarischen
Eifer Genüge geschieht.
Im Hinblick auf diese Fakten wäre es zu begrüßen, wenn allein die
auswärtigen Interessen des eigenen Staates das Verhalten zu fremden Staaten bestimmen würden. Sie sollten beurteilt werden nach
deren außenpolitischem Verhalten, soweit es den eigenen Staat
betrifft, nicht nach ihrer Staatsform oder sozialen Wertordnung,
auch nicht nach ihrem Verhalten gegenüber der ihnen unterworfe-
nen Bevölkerung. Ob eine demokratische Regierung Versuche von
Demokraten anderer Länder unterstützt, dort die Macht zu erlangen, sollte davon abhängen, ob von der künftigen demokratischen
Regierung eine für den eigenen Staat in wichtigen Fragen günstigere Außenpolitik zu erwarten ist. Aber auch dieser Vorteil ist
sorgsam gegen den Nachteil der Labilisierung des Staatensystems
durch Umsturzhilfe auf Gegenseitigkeit abzuwägen.
Solchen Grundsätzen könnten Politiker der westlichen Demokratien um so eher folgen, je weniger sie die egalitäre Demokratie
für eine weltweit gültige Heilseinrichtung halten, von der für alle
Völker die gleichen Segnungen zu erwarten sind, je mehr sie in
ihr eine Regierungsform neben anderen sehen, die sich bisher
überwiegend bei Völkern angelsächsisch-germanischen Ursprungs
vorzüglich bewährt hat, während ihr anderwärts in der Welt nur
selten überzeugender Erfolg beschieden war. Diese Betrachtungs-

weise bewahrt auch vor der Anmaßung, fremde Völker und ihre
Regierungen zu loben oder zu tadeln, je nachdem sie die demokratische Regierungsform annehmen oder nicht.

Anwendung auf die zwischendeutsche Außenpolitik

Bei dem Versuch, unsere Überlegungen auf die zwischendeutsche
Außenpolitik – das Verhältnis zwischen BRD und DDR – anzu-
wenden, sehen wir uns einem Modellfall gefährlicher Verquickung
außenpolitischer Interessen mit Fragen der inneren Staatsordnung
gegenüber. Gegen diese Verquickung haben wir uns im Vorste-
henden gewendet, und es gehört zum deutschen Verhängnis, daß
sie in der zwischendeutschen Außenpolitik unvermeidlich ist –
Kennzeichen auch anderer gefährlicher Strecken deutscher
Geschichte.
Den mit juristischen Argumenten operierenden Versuch, den
*außen*politischen Charakter der Beziehungen zwischen den deutschen Staaten überhaupt abzustreiten, können wir hier beiseite
lassen; er ähnelt einer Würdigung der Schlesischen Kriege als
innenpolitischer Auseinandersetzung zwischen dem Kaiser des
Heiligen Römischen Reiches Deutscher Nation und dem Kurfür-
sten von Brandenburg. In der zwischendeutschen Außenpolitik
besteht ausnahmsweise ein echtes und wechselseitiges außenpolitisches Interesse zweier Nachbarstaaten an der Beseitigung des je
anderen Regimes: Zweifellos wäre von einer demokratischen Regierung der DDR eine für die Bundesrepublik günstigere Außenpolitik zu erwarten; das gleiche gilt in der Gegenrichtung: eine
DKP-Regierung in Bonn wäre Ost-Berlin genehmer als die bisherigen demokratischen Kabinette. Zusammen mit der Bindung
beider deutscher Staaten an nichtdeutsche Hegemonialmächte
entsteht durch dieses Merkmal zwischendeutscher Außenpolitik
eine ähnlich gefährliche Lage wie in den Konfessionskämpfen des
16. und 17. Jahrhunderts, die in den Dreißigjährigen Krieg mün-
deten.
Wir sollten uns nicht bei dem Gedanken beruhigen, daß die Vor-
mächte beider Bündnisse vergleichbares Unheil schon im eigenen
Interesse verhindern würden: Auch damals wurden weder Frank-

reich noch Spanien, noch Schweden verheert, sondern nur die deutschen Lande und Böhmen. Was die hemmende Wirkung der Existenz von Vernichtungswaffen betrifft, so sei darauf hingewiesen, daß die Methoden, sie zu unterlaufen, sich schon deutlich abzeichnen. Wir müssen die Linie bezeichnen, der wir folgen müssen angesichts der Unmöglichkeit, die politische Einheit der Nation herzustellen, ohne in beiden deutschen Staaten derselben Wertordnung verpflichtete Regime zu installieren.

Abseits der gesuchten Linie liegt der *dauernde* Verzicht auf die politische Einheit der Nation. Abseits der gesuchten Linie liegt aber auch *jeder* Versuch, die politische Einheit der Nation durch Angriffe gegen die Regierung der DDR herzustellen. Er müßte unter den gegebenen Verhältnissen in die Katastrophe führen.

Hingegen scheint es tunlich, einer Linie zu folgen, die man als *Wiedervereinigung im Wartestand* bezeichnen könnte. Wir müssen mit zäher Geduld abwarten, bis der innerpolitische Gegensatz der beiden Regime durch das Aufkommen anderer Probleme ähnlich obsolet geworden ist wie vordem – in politischer Hinsicht – die Gegensätze der christlichen Konfessionen. Das kann noch Generationen dauern. Der Wandel kann aber auch viel schneller eintreten, weil es diesmal nur das Schwinden einer Diesseitsreligion abzuwarten gilt. Selbstwiderlegung gehört zum Wesen der Diesseitsreligionen, und das Ausmaß der Flucht der Neuen Linken in die Utopie verspricht kein langes Leben.

Wie die zwischendeutsche Außenpolitik, so verlangt auch das Verhältnis zu Rußland abwartende Geduld. Die russische Regierung will einen Umsturz in der DDR auf keinen Fall zulassen, weiß aber nicht, ob sie ihn zu jedem künftigen Zeitpunkt ohne übermäßigen Aufwand abwehren kann. Darum sieht sie sich schon im Vorfeld solcher Gefahr zur Repression innerhalb der DDR und zur Feindseligkeit gegen die Bundesrepublik veranlaßt, sobald diese gegenüber der DDR offensiv für die westliche Demokratie wirbt. Diese Reaktion herauszufordern liegt nicht im deutschen Interesse.

Dagegen ist im Bereich der allgemeinen Außenpolitik die Vorarbeit zur politischen Einheit der Nation möglich: *Jede* russische Regierung – ob kommunistisch oder nicht – wird geneigt sein, an einem so wertvollen Besitz, wie ihn die DDR darstellt, festzu-

halten. Hinreichenden Vorteil könnte sich eine moskowitische
Regierung von der Entlassung der Bevölkerung der DDR aus dem
russischen Herrschaftsverband wohl nur unter *einer* Bedingung
versprechen: wenn Deutschland Teil einer auch im militärischen
Sinne echten europäischen Großmacht würde, imstande, sich nach
jeder Richtung zu verteidigen, aber doch nicht so stark, um sich
Konflikte an der ausgedehnten Ostgrenze erlauben zu können und
deshalb zu gemessenem Wohlverhalten gegenüber Rußland verurteilt. Ob die europäische Großmacht am Ende aus den Staaten
der gegenwärtigen Europäischen Gemeinschaft besteht oder zum
Beispiel nur aus Deutschland, Frankreich und Spanien, ist für russische Augen außenpolitisch relativ gleichgültig. Sie muß zuvör-
derst die Gewähr bieten, daß eine aus der Moskauer Hegemonie
entlassene DDR nicht die amerikanischen Satelliten verstärkt, sondern eine zusätzliche Großmacht, deren bloße Existenz Rußland
von dem Alptraum eines möglichen Zangendruckes konventioneller Streitkräfte der USA und der Volksrepublik China befreit.
Mithin kann die Außenpolitik der Bundesrepublik am ehesten
dann auf die Erneuerung der politischen Einheit Deutschlands
hinwirken, wenn sie in ihren auf die Entstehung einer selbständigen europäischen Großmacht gerichteten Bestrebungen nachdrücklich fortfährt, zugleich aber allen missionarischen Eifers gegenüber der DDR und Osteuropa sich streng enthält.
Auch die geschichtliche Erfahrung spricht nur für diesen Weg.
Versuche des jeweiligen deutschen Hauptstaates, deutsche Teil-
mächte von ihren auswärtigen Alliierten mehr oder minder gewaltsam zu trennen, um sie sich unter- oder einzuordnen, scheiter-
ten unter hohen Opfern: im Investiturstreit, in den Konfessions-
kriegen, in den Kriegen zwischen Österreich und Preußen – bis
hin zum weisen Verzicht Bismarcks nach Königgrätz. Die deutsche
Nation ist bipolar. Man kann ihre beiden Pole unter verschiedenen
Gesichtspunkten sehen, etwa als das germanisch-lateinische und
das germanisch-slawische Deutschland. Fest steht jedenfalls nach
der Erfahrung eines Jahrtausends, daß sich die Pole nur nach Art
einer Ellipse zur Einheit fügen, nicht aber in einen Mittelpunkt
zusammenzwingen lassen. Deutschlandpolitik wird wohl auch in
Zukunft ein schwieriges Gemisch aus Innenpolitik und Außenpolitik bleiben, auf die Einheit der Nation gerichtet und doch ihrer

Bipolarität bewußt, ein Sinnbild des unaufhebbaren Zwiespalts
allen menschlichen Strebens.

Im übrigen bleibt Außenpolitik immer Handeln in einem Bereich,
der, trotz der Existenz von Völkerbünden und Vereinten Nationen, nur gelegentlich Richter kennt und nie eine Polizei, die den
Richterspruch unparteiisch vollzieht. Zwar erschöpft sich Außenpolitik sowenig in der Bereitstellung und Verwendung physischer
Macht wie die Kochkunst in der Bereitstellung und Verwendung
von Feuer. Doch wie man ohne Feuer oder sonstige Wärmequellen
nicht kochen kann, so kann man ohne einsatzbereite Macht nach
wie vor keine Außenpolitik treiben. Die engen Verflechtungen
globaler Politik ändern daran gar nichts, die Fortschritte in der
Technologie der Vernichtungswaffen nichts Entscheidendes. Wir
dürfen hoffen, daß einsichtige demokratische Politiker auf eine
unmögliche „Demokratisierung" der Mittel und Ziele außenpolitischen Handelns verzichten, damit wir nicht auf Irrwege ohne
Wiederkehr geraten.

Würde diese Hoffnung enttäuscht, so könnte das Leiden der
Demokratien an ihrer emotionalen und missionarischen Außenpolitik, die sich als „Weltinnenpolitik" mißversteht, letal enden.

WALTER HILDEBRANDT

Widersprüche im Bürgerstaat

Zum Problem
der psychisch-moralischen
Unterernährung politischer Institutionen

Die massive sachliche Existenz des Staates ist nicht zu leugnen. Andererseits gehört der Begriff des Staates heute, so kann man es vielleicht bezeichnen, im Bewußtsein des einzelnen wie der Massen zu den ausgesprochen trockenen Ausdrücken, denen keinerlei Aroma anhaftet. Unser Staat ist durch eine sprunghaft steigende materielle Inanspruchnahme und Wirksamkeit bei gleichzeitiger radikaler Reduktion seines ideellen Stellenwertes einschließlich seiner dazugehörigen positiven emotionellen Bewertung und rituellen Ausformung gekennzeichnet.

Diesem grundlegenden Befund ist eine synthetisch-prognostizierende These hinzuzufügen. Sie kann als Theorem so formuliert werden: Wenn sich die Gesellschaft die genannte Scherenentwicklung nicht bewußt macht oder ihren Herausforderungscharakter leugnet bzw. verdrängt, kommt es entweder zu einer gefährlichen Auffüllung des Vakuums (zum Beispiel durch „Radikale") oder aber zwangsläufig zu einer auch funktionalen Dystrophie des Staates und seiner gesellschaftlichen Aufgaben, die sich der psychischen und moralischen zugesellt. Psychische Mangelerscheinungen bringen auf die Dauer auch Funktionsstörungen mit sich. Es ist das ein Thema, dem sich bekanntlich in der Medizin die Psychosomatik widmet. Wir können es leicht auf die Gesellschaft und da

nicht zuletzt auf die Situation unseres Staates übertragen. Ein Beispiel: Ordnungsmächte ohne spürbare positive Bewertung seitens
der Bevölkerung unterliegen negativen Einstellungsänderungen
mit der Folge einer Deformation auch ihrer sachlichen Aufgaben.
Oder kürzer: Polizisten, die als „Bullen" diffamiert werden,
werden tendenziell zu „Bullen".

Für eine Erneuerung des Staatsbewußtseins

Angesichts der weitreichenden Konsequenzen solcher Zusam-
menhänge ist es nur logisch, dem Theorem eine politische Forderung anzuschließen. Sie läuft darauf hinaus, die Aufmerksamkeit
auf den gesamten Komplex zu lenken und eine den Bedingungen
unseres Zeitalters gemäße, bedachtsame Abarbeitung der beschriebenen Defizite im Gesellschaftsprozeß einzuleiten, wobei
das neue Staatsverständnis – denn um ein solches wird es sich handeln müssen – selbstverständlich weder unreflektiert an überkom-
menen liberalen oder sozialistischen noch an totalitären oder
konservativen Vorbildern anknüpfen kann. Vor allem aber ist die
hier erhobene Forderung nach einer psychischen – kognitiven wie
emotionellen – Regenerierung unseres Staatsverständnisses zuerst
und zuletzt frei zu halten sowohl von Demagogie als auch von
Schwärmerei. Ihr darf keine taktische Qualität zugestanden werden, aber sie kann auch nicht als vage Emotionalisierung der
Volksmassen, etwa als Religionsersatz oder ähnliches, ihre Wirksamkeit gewinnen. Trotzdem muß die intellektuelle und affektive
Erneuerung des Staatsbewußtseins bis in diese Risiken hinein betrieben werden, vor denen man angesichts der Bedeutung des Vor-
ganges nicht von vornherein zurückschrecken darf.
Nur ein Staat, der das Pathos der gesellschaftlichen Dringlichkeit
und des existentiellen Ranges seiner entscheidenden Akte in seine
Aktivität integriert und es immer wieder zu symbolisieren versteht,
kann die Belastungen durchhalten, denen er ständig ausgesetzt
ist und die er ohne Unterbrechung seinen Mitgliedern zumuten
muß. Selbst die steuerlichen Lasten sind hier zu nennen, die jeder
einzelne zu tragen hat und die, gerade weil sie als eine außerordentlich unbequeme Nötigung des Staates in unsere privaten

Handlungsdispositionen einbrechen, zugleich das Bewußtsein tugendhafter Reaktion und die Identifikation mit der Kategorie der Opferbereitschaft herausfordern.

Schon an diesem Beispiel wird deutlich, daß die positive Emotionalisierung staatlicher Akte nicht deren hohe Rationalität berührt oder in Frage stellt. Man könnte sogar umgekehrt sagen, daß gerade die in der Regel hochgradige Technizität und organisatorische Qualität der meisten Vorgänge im Raum des Staatshandelns, ihr Auftreten in der Form des Sachzwanges und der Fremdbestimmung nach einer ideellen und affektiven Bewertung und Identifikation als komplementäre Gestimmtheit verlangen, um sie für die Beteiligten nicht nur annehmbar und erträglich zu machen, sondern auch an die Stelle von Unterwerfung Partizipation (oder: Teilhabe), und das heißt schließlich auch Selbstbestimmung, treten zu lassen. Das ist nicht nur wichtig für den einzelnen; nicht weniger bedeutsam ist es für den Staat und seine Funktionen, weil er auf eine lebhafte positive Rückkoppelung seiner Aktivitäten ebenso angewiesen ist wie etwa die Familie. In beiden Regelkreisen werden, so verschieden sie auch sonst sein mögen, neben anderem die Kategorien des Dienstes und der Opferbereitschaft konstitutiv.

Hier zeigen sich wieder einmal die Grenzen jeder dogmatischen Konflikttheorie, vor allem aber jenes sterilen Dichotomiemodells, das auf der Fiktion beruht, mit dem Kontrast zwischen Fremd- und Selbstbestimmung die Wirklichkeit ausreichend beschreiben zu können. Mag unser kritisches Bewußtsein, diesen Begriff im landläufigen Sinne genommen, uns noch so sehr drängen, eine derart puristische Scheidung vorzunehmen – wenn wir den Begriff der Kritik verwenden im alten griechischen oder Kantischen Sinne, beobachten wir schnell die dialektischen Verschränkungen vermeintlich kontrastierender Alternativen. Weder der Gegensatz zwischen Individuum und Gesellschaft noch der zwischen Staat und Gesellschaft läßt sich in unserem Zusammenhang aufrechterhalten. Bringt man die vielfältigen Identifikationsprozesse, in die der einzelne eingeordnet ist und in denen er sich überhaupt erst als handelnde und besondere Person wahrnimmt, ins Spiel, dann erkennt man, daß alle die angedeuteten und ähnlichen dualen Denkmodelle nur kurzfristig heuristische Hilfen sein können und mehr Schaden als Nutzen bringen, wenn man sie für bare Münze nimmt.

Bürgerinitiativen sind kein Ersatz für Staatlichkeit

Diese abstrakten Feststellungen haben höchst praktische und politische Bedeutung. Denn akzeptiert man das, was wir über den Regelkreis gesagt haben, wird leicht einsichtig, daß alle diejenigen, die der rigiden, undialektischen Unterscheidung zwischen Fremd- und Selbstbestimmung folgen, bewußt oder unbewußt von vornherein die Existenzgrundlage aller sozialen Gebilde von der Art des Staates aufs äußerste gefährden. Hier liegt auch das Problem einer Reihe von Bürgerinitiativen und Selbstverwaltungsaktivitäten, die sich nicht aus dem Konzept der Subsidiarität ableiten oder als kooperative (und kontrollierende) Elemente im Rahmen eines auch den Staat einbeziehenden Verbundsystems verstehen, sondern sich als selbstbestimmende Gegengewalt gegenüber dem Staat im Sinne eines Freund-Feind-Verhältnisses begreifen. Ein Gegensatz, der einst an der Wiege der modernen Selbstverwaltung stand, die bürgerschaftliche Lokalverwaltung als Gegenform zur landesherrlichen Staatsverwaltung (H. Kreutzer), soll in diesen Fällen perpetuiert und erneuert werden. Das führt zu nichts Gutem. Denn im Bürgerstaat läßt sich der Gegensatz zwischen genossenschaftlichem Prinzip und herrschaftlichem Prinzip genausowenig rein durchhalten wie der zwischen Selbst- und Fremdbestimmung. Unsere These lautet: Gerade die vielfältige Verschränkung aller genannten Prinzipien ist das Kennzeichnende unseres modernen Staats- und Gesellschaftswesens, und das muß sich auch konsequenterweise auf die Verteilung unserer positiven psychischen Zuwendungen auswirken.

Einseitigkeiten, die noch aus den alten Freiheitskämpfen gegen die omnipotente Obrigkeit stammen, sind zwar, so gesehen, ehrenwert und verständlich, trotzdem müssen die tradierten Aversionen gegen den Staat und seine Repräsentanten – man könnte sogar hier und da von einer liberalbürgerlichen Erziehung zum Haß gegen ihn sprechen – revidiert werden. Im Fachjargon könnte man die Lage als eine Mischung von manifester Abstinenz bei latenter Aversion des Bürgers gegenüber seinem Staat charakterisieren.

In dieses Bild gehört nicht zuletzt die Beobachtung, daß die meisten jener Intellektuellen und Fachleute, die nicht zur „Linken" und ganz allgemein nicht zur Opposition gegenüber dem Staat zu zählen sind, sondern den Staat und seine Aufgaben in den Administrationen, in den Parteien, in der Wissenschaft, in den Erziehungseinrichtungen, in den Massenmedien oder wo auch immer in der Sache tragen, seit geraumer Zeit (und wir denken da auch an Weimar) ein bemerkenswert distanziertes und unterkühltes Verhältnis gegenüber allen den hier aufgeworfenen Fragen haben. Das geht bis zu semantischen Verständigungsschwierigkeiten. Als Staatsdiener, die sie alle irgendwie (auch) sind, klammern sie Gedanken darüber aus, was das in der Konsequenz alles bedeuten könnte. Form- und Stilfragen des Staates sind ihnen eher peinlich, denn ihre Phantasie beschäftigt sich mehr mit dem Überschau- und Überprüfbaren. Fixiert auf die Rationalität ihres Handelns, scheuen sie den Blick auf das Ganze und das Pathos, das dieser Blickrichtung folgen könnte, und neigen dazu, ihre Selbstbegrenzung – ihre höchste Tugend, wie viele von ihnen meinen – als Anspruch auf alles und alle zu übertragen. Der Staat kann keinen Staat mit ihnen machen. Und sie wollen es auch gar nicht.

Man müßte jetzt auf das Berufsbeamtentum und seine Krise eingehen. Aber wir wollen uns begnügen mit dem Hinweis auf einen Mann, der in seinen Schriften immer wieder versucht hat, diese Entwicklung voranzutreiben, und sich als ihr Apologet verstand. Es handelt sich um den deutschen Soziologen Theodor Geiger, der zwar nicht in seiner Haltung – denn da trat er viel zu engagiert auf –, aber in seinen Absichten als der Prototyp jener betrachtet werden kann, die den Staat auf die Ebene der Gesellschaft und die Gesellschaft auf die Ebene sachlicher, entemotionalisierter Sozialbeziehungen herunterholen wollen und eine psychische Dystrophie des Staates als das Begrüßenswerteste betrachten, was es geben kann.

Ein bloßes Geschäftsunternehmen?

Wir wollen gleich mit einem besonderen staatsrelevanten Problem beginnen. In seinen „Vorstudien zu einer Soziologie des Rechts" weist Geiger darauf hin, daß man zwischen einem „proklamativen Normsatz" und einer „deklarativen Wortnorm" im Rechtswesen und Rechtsverständnis eines Staates unterscheiden müsse, wobei er selber mit aller Entschiedenheit für das letztere eintritt. Was heißt das? Es geht um die Frage, ob eine Norm einen imperativischen und das heißt letzten Endes auch moralischen Charakter aufweisen darf oder ob sie in dieser Beziehung abstinent zu sein hat. Die Auffassung der Norm als Imperativ habe ihren Ursprung, so meint der Autor, in der einseitigen Orientierung am proklamativen Normsatz. Nur hier könne der Eindruck entstehen, daß eine Autorität (!) Befehle (!) an die Normadressaten erlassen hat. Im Gegensatz hierzu kann das gleiche Mißverständnis nicht aufkommen, wenn man den Sachverhalt der deklarativen Wortnorm ins Auge faßt. Denn sie registriert und konstatiert nur das Bestehen einer habituellen, gewohnheitsmäßig praktizierten und damit auch subsistenten, das heißt leicht revidierbaren, Norm und könne daher unmöglich als Befehl oder Imperativ betrachtet werden. Und das sei gut so.

Unversehens sind wir an den Nerv des ganzen Problems geraten. Denn hier geht es um recht klare Alternativen. Ein Staat kann zwar den Rechtsgrundsatz, daß auf seinem Territorium nicht getötet wird, als „Geschäftsgrundlage" des sozialen Handelns unter Androhung von Sanktionen deklarieren, er muß sich jedoch nach dieser Ansicht jeder parteiergreifenden Wertung, etwa der imperativisch-moralischen „Du sollst nicht töten", enthalten. Damit rückt der Staat ebenso nahe an die Struktur eines modernen Geschäftsunternehmens heran, wie er sich von irgendwelchen Gemeinschaften mit forderndem Charakter distanziert. Während bei Jürgen Habermas und seinen Schülern (zum Beispiel Döbbert/Nunner-Winkler) die Frage eines „moralischen Bewußtseins" und die Notwendigkeit von „Wertorientierungen" immer mehr in den Mittelpunkt rücken, ist der liberale Geiger den umgekehrten Weg gegangen. Schon in den bereits zitierten rechts- und staatssoziologischen Studien aus dem Jahre 1947 heißt es vor dem

Hintergrund einer Analyse der zunehmenden Profanierung und Entsakralisierung von Staat und Gesellschaft: „Sofern man von dem Gedanken ausgeht, daß eine primäre soziale Ordnung auf der einen Seite eine Veräußerlichung und Veranstaltlichung durchmache, in deren Verlauf das Recht als explizites Ordnungssystem hervortritt, daß aber auf der anderen Seite gleichlaufend damit eine Verinnerlichung und Spiritualisierung stattfinde, deren Ergebnis Moral genannt wird, insofern sind Recht und Moral den Begriffen nach konträre Erscheinungen, die sich im gradlinigen Entwicklungsverlauf zusehends voneinander entfernen..." Radikaler kann die schon lange schwelende Krise unseres Staatsverständnisses nicht offengelegt werden. Nicht zuletzt lernen wir an dieser Stelle, daß wir nicht nur von der psychischen, sondern genauso von der moralischen Dystrophie unseres Staates sprechen müssen. Das muß seine Rückwirkungen auf die Belastbarkeit von Staat und Gesellschaft haben.

Es ist Theodor Geiger selbstverständlich zuzustimmen, wenn er auf einige Schwierigkeiten unseres modernen, komplizierten Staates hinweist. Richtig ist zum Beispiel, daß eine wachsende Anzahl von Moralregeln, obgleich verhältnismäßig allgemein anerkannt, nicht mehr rechtlich sanktioniert wird und daß es andererseits eine große Zahl von Rechtsregeln gibt, deren Inhalt als moralisch indifferent empfunden wird. Aber solche Widersprüche zu erkennen ist etwas anderes, als aus ihnen die extremen Folgerungen zu ziehen, die wir bei Geiger kennengelernt haben. Dabei hat er diese im Verlauf der Zeit noch ganz wesentlich verschärft. Am radikalsten in seiner 1960 postum in Kopenhagen veröffentlichten Schrift „Die Gesellschaft zwischen Pathos und Nüchternheit", die bereits im Titel, so wie unsere Abhandlung, ein Programm anzeigt. Sein Ziel ist es, angesichts der Verführbarkeit der Massen die Aufklärung voranzutreiben und einem „intellektuellen Humanismus" das Wort zu reden. Diesen verständlichen Ansatz führt er dann fort zu einem gigantischen Aufbäumen, das tragischerweise selber irrationale Züge trägt. Der homo intellectualis, so fordert er, muß über den homo sentimentalis siegen. Genauso wie er Moral und Recht voneinander scheidet, ist er der Ansicht, daß Gefühlsaskese und Wertabstinenz, zwei seiner Lieblingswörter, die einzige, dem Dasein in den modernen gesellschaftlichen Großgebilden angemessene Haltung sind: „Sowohl der technische Apparat der Zivilisation als die Struktur der Gesellschaft fordern ... eine planmäßige Intellektualisierung des Menschen und seine Schulung in Gefühlsaskese."

Verächtliche Bemerkungen Geigers über das Unvermögen des heutigen Durchschnittsbürgers und den „großen Haufen" lassen die Sackgasse, in die sich der Autor denkerisch hineinmanövriert hat, ebenso erkennen wie die Annahme Geigers, die von seinem Biographen Paul Trappe herausgestellt wird, alles Unglück in diesem Jahrhundert sei auf die in großen Gruppen wirkenden einheitlichen Wertvorstellungen zurückzuführen. Denn nicht diese, sondern umgekehrt der *Mangel* an öffentlich anerkannten Wertorientierungen haben streckenweise Staat und Gesellschaft ruiniert, indem in das sich bildende Vakuum Pseudowerte und Wahnvorstellungen einsickerten und sich breitmachten, bis alles in einer totalisierenden Matrix aufging, wie ich es in einem anderen Zusammenhang genannt habe.

Sich selber in kritische und diskursive Distanz zu jeglicher Erscheinung zu bringen, so wie es Theodor Geiger gefordert und praktiziert hat, kann sicherlich als eine heroische Haltung bezeichnet werden. Und so hat denn auch Karl Löwith in seinem bekannten Essay „Max Weber und Karl Marx" seine ganze Eloquenz aufgewandt, um am Beispiel von Max Weber einen ganz ähnlichen Zusammenhang aufzuweisen. Wir können hier nicht die gewissermaßen optimistische Variante Webers verfolgen, indem er die Rationalität der modernen Welt zugleich auch als den Ort der Freiheit begreift (was Geiger offensichtlich stärkstens beeinflußt hat), sondern müssen uns auf die Gratwanderung und das Defizitproblem im Sinne unseres Themas konzentrieren. Denn Max Weber war sich unvergleichlich mehr als viele andere Intellektuelle zugleich in einem hohen Maße der Problematik bewußt – und er litt darunter, wie seine Worte in „Wissenschaft als Beruf" beweisen: „Es ist das Schicksal unserer Zeit, mit der ihr eigenen Rationalisierung und Intellektualisierung, vor allem: Entzauberung der Welt, daß gerade die letzten und sublimsten Werte zurückgetreten sind aus der Öffentlichkeit ..."

Entzauberung bis zum Wert-Nihilismus?

Immer wieder kommt Max Weber auf das Problem der Versachlichung und Verfachlichung zu sprechen und damit natürlich implizit auf alle die Reduktions- und Entzauberungsprozesse, alle die Auszehrungen, die als Folge einer solchen Rationalisierung auftreten. Aus dem Geist der christlichen Askese, so meditiert er in seiner Untersuchung „Asketischer Protestantismus und kapitalistischer Geist", sei auf der Grundlage der Berufsidee (und später des Fachmenschentums) einer der konstitutiven Bestandteile des modernen Geistes und der modernen Kultur geboren, nämlich die rationale Lebensführung. Grundsätzlich begrüßt das Weber, wenn auch ohne rechte Begeisterung. Deshalb schildert er auch die Konsequenzen mit äußerster Radikalität: aus der gesellschaftlichen Ordnung, insbesondere der Wirtschaftsordnung – wir können das jedoch auf alle sozialen Gebilde mit dem Charakter von Apparaten übertragen –, ließ, wie er sagt, „das Verhängnis ein stahlhartes Gehäuse werden". Dabei entwich der ursprüngliche Geist, jener zuletzt doch jenseits der Rationalität angesiedelte Glaubensinhalt der Askese, und übrig blieb ein Skelett von Zweckmäßigkeit und korrekter Abwicklung. Seherisch meint er, daß auch die, so drückt er sich aus, rosige Stimmung ihrer lachenden Erbin, der Aufklärung, endgültig im Verbleichen zu sein scheine. Das ist der Auftakt zu jener berühmten düsteren Stelle: „Niemand weiß noch, wer künftig in jenem Gehäuse wohnen wird und ob am Ende dieser ungeheuren Entwicklung ganz neue Propheten oder eine mächtige Wiedergeburt alter Gedanken und Ideale stehen werden, oder aber – wenn keins von beiden – mechanische Versteinerung, mit einer Art von krampfhaftem Sich-wichtig-Nehmen verbrämt. Dann allerdings könnte für die ‚letzten Menschen' dieser Kulturentwicklung das Wort zur Wahrheit werden: ‚Fachmenschen ohne Geist. Genußmenschen ohne Herz: dies Nichts bildet sich ein, eine nie vorher erreichte Stufe des Menschentums erstiegen zu haben.' "

Max Weber entschuldigt sich zwar für seine leidenschaftlichen Wert- und Glaubensurteile, denn ihm persönlich liegen Predigt und Visionen („Schau" nennt er es) nicht, wie er selber in seiner Religionssoziologie unterstreicht. Auch warnt er weiterhin vor einer einseitig spiritualistischen Kultur- und Geschichtsdeutung. Aber der Durchbruch ist unverkennbar. Und so ist es auch nicht verwunderlich, daß er von der Notwendigkeit eines „humanistischen Rationalismus" spricht, vor allem aber nach einer „sozialpolitischen Ethik" verlangt, die sich mit den „sozialen Gemeinschaften vom Konventikel bis zum Staat" zu beschäftigen habe. Es ist offensichtlich, daß wir damit unserem Thema wieder ganz nahe sind. Denn wenn der Verfasser eine neue Ethik postuliert, die sich auch besonders dem Staat zuwendet, und davon spricht, daß von dem ursprünglichen asketischen Rationalismus zu einem humanistischen Rationalismus vorangeschritten werden müsse, der die unselige Zwischenphase des „reinen Utilitarismus" (Max Weber) überwindet, dann kommt das unserer gleich zu Beginn geäußerten Forderung gleich, zu einem erneuerten Staatsverständnis zu gelangen. Und zwar zu einem Staatsverständnis, das den Staat nicht mit einem reinen Geschäftsunternehmen oder einer Summe von Verwaltungsakten verwechselt. Wir erinnern an Theodor Geiger. Wenn Max Weber es im Gegensatz zu uns in diesem Zusammenhang vermeidet, auch von emotionellen und rituellen Folgerungen zu sprechen, also vom Problem der Gefühlszuwendungen und der Formen, in denen sich der Staat eindrucksvoll symbolisch den Bürgern vermittelt, so besagt das noch nicht allzuviel. Denn sein Hinweis auf die große Bedeutung religiöser Bewußtseinsinhalte auf die Lebensführung, die seit eh und je zu beobachten gewesen ist, schließt auch in der säkularisierten Form des humanistischen Rationalismus nach unserer Ansicht einige, wie bedächtig auch immer zu handhabende Konsequenzen in dieser Richtung zwangsläufig mit ein.

Vom Unterschied zwischen Staatsdiener und Tarifpartner

Wir befinden uns hier in einem gewissen Gegensatz zu Émile Durkheim, der in seiner Abhandlung „De la définition des phénomènes religieux" den Kult zwar strikt an die Religion bindet und ihn hier von der Sache her als unerläßlich ansieht, ihn aber den weltlichen Glaubensvorstellungen und deren Einrichtungen, zu denen die Demokratie und der Staat gehören, vorenthält.

Bevor wir uns diesem Thema zuwenden, ist es angebracht, zu seiner Fundierung noch einmal auf die Forderung nach einer geistigen Neubewertung des Staates zurückzukommen, einschließlich der Frage, worin denn nun eigentlich der Unterschied zwischen einem Staatsdiener und einem Tarifpartner oder zwischen dem Staat und einem Geschäftsunternehmen besteht. Da es dabei auch darum geht, das Denken in der Kategorie des ,,reinen Utilitarismus'' zu überwinden (was schon Max Weber thematisierte, wie wir gesehen haben), tun wir gut daran, gerade deshalb zwecks Ausschaltung aller möglichen falschen Deutungen möglichst sachbezogen und funktionalistisch zu argumentieren.

Der außergewöhnliche soziologische und anthropologische Status, der dem Staat zukommt und der seine weitreichenden Folgen für unser Thema hat, läßt sich allein schon anhand des Weberschen Begriffes der *,,Anstalt''* und der damit verbundenen Probleme deutlich machen. Negativ ausgedrückt, gehört der Staat, der als Anstalt zu begreifen ist, weder zu den ,,freiwilligen Zweckvereinen'' noch zu den sogenannten ,,amorphen Einverständnisvergemeinschaftungen''. Den *Zweckvereinen,* auf der anspruchsvollen Ebene etwa die stahlharten (und zweckrational durchorganisierten) Gehäuse eines modernen Industriebetriebes oder eines auf Hochleistungssport zentrierten Sportvereins, tritt man aufgrund eigener rationaler Entscheidungen und der freiwilligen Bereitschaft zur strikten Einpassung bei, ebenso wie man im Rahmen der geltenden Formalien sein Verhältnis zu ihnen wieder zu lösen vermag. Es handelt sich um den rationalen Idealtypus der Vergesellschaftung, wobei das Gesellschaftshandeln zwar strengen, den Zweck fördernden Regeln unterworfen, dafür aber jederzeit aufkündbar ist und auf dem Verhandlungswege ständig strukturell zur Disposition steht. Die Gesamtheit der in diesem Handlungssystem zu beobachtenden individuellen Freiheiten gestattet es, auch von einem Vertragshandeln zu sprechen.

Auf der anderen Seite sind die *amorphen Einverständnisvergemeinschaftungen* dadurch charakterisiert, daß man außer in Sonderfällen ohne sein eigenes Zutun hineingerät, das heißt hineingeboren und -erzogen wird, wie in die Sprach- oder Hausgemeinschaft, in die Altersklassen- oder Geschlechtsformation. Dafür aber sind die Betroffenen, zumindest in den neueren Zeiten, nicht so sehr formalisierten rigiden Satzungen unterworfen, sondern weit mehr nur durch ein Einverständnis informeller Art verbunden, das sich aus dem als sinnhaft empfundenen gemeinsamen Handeln ableitet und von hier aus wieder rückwirkend die kollektiven Aktivitäten verstärkt.

Im Gegensatz zu den bisher beschriebenen Arten der Gesellung, den Zweckvereinen und den Einverständnisvergemeinschaftungen, haben die Beteiligten in den Gesellungen vom Typ der „Anstalten" – Webers zwei große Beispiele: der Staat und die Anstaltskirchen! – weder den Vorteil der Freiheit der Freiwilligkeit, wie im Falle der Zweckvereine, noch den der Freiheit des freien Spielraumes, wie im Falle der Einverständnisvergemeinschaftungen. Um es ganz hart auszusprechen: Anstalten im soziologischen Sinne mit ihren ausgefeilten Regelwerken (mit Kodifizierungen äußerst geringer Flexibilität) *und* mit ihrer im Normalfall unentrinnbaren Mitgliederschaft sind aufgrund dieser doppelten Bindung immer Zwangsanstalten.

Der Staat als Anstalt

Diese provokative Profilierung des Problems ist deshalb von so großer Bedeutung, weil sie geeignet ist, die heutige Krise des Staates, aber auch seine Würde und die möglichen Antworten auf diese Herausforderung deutlich zu machen. Was die letzteren betrifft, das ist unsere These, treiben wir immer mehr zwei sehr gegensätzlichen Alternativen bei der Behandlung von Gesellungen vom Typus der Anstalten entgegen, wobei sich beide Lösungen keineswegs zwangsläufig gegenseitig ausschließen.

Die eine Möglichkeit können wir kurz mit der Abschaffung von Anstalten beschreiben; oder genauer gesagt, müssen wir von der Umfunktionierung von Anstalten in eine der beiden anderen genannten Gesellungsformen, oder in beide, sprechen. Hinsichtlich der traditionellen Anstaltskirchen ist der Umwandlungsprozeß zur Zeit im vollen Gange, wie jedermann beobachten kann, wenn auch überraschende neue Entwicklungen nicht auszuschließen sind. Heute jedenfalls lassen allerlei „Kirchenpapiere", Diskussionen über das Ende der Volkskirche und vieles Ähnliche erkennen, daß die Reise zunächst einmal in Richtung auf ein reflektierendes Privatchristentum (Einverständnisvergemeinschaftung) sowie gleichzeitig auf das Institut der Freiwilligkeitskirche (Zweckverein) hin geht.

Ist das „Auswandern" der Kirchen aus dem Anstaltstyp manifest und mit den Händen zu greifen, so findet hinsichtlich des Staates Vergleichbares seit Marx immer wieder im Geiste statt, wenn wir von den kurzfristigen entsprechenden Experimenten der utopischen Sozialisten absehen. Aber es ist eben von fundamentaler Relevanz, daß es die „utopischen" Sozialisten waren und daß im übrigen diese Ideen von Marx bis heute in ihrer radikalen Form ausschließlich auf dem Papier der Gesellschaftsentwürfe ihr Leben gefristet haben, weil die Realitäten im Gegensatz zu allen Träumereien seit langem hin über die ganze Erde eine gigantische Zunahme des Staatshandelns (im Sinne eines Anstaltshandelns) ausweisen. Ein tiefgreifender Unterschied macht sich bemerkbar. Was sich bei den Kirchen infolge der Säkularisierung und des damit im Zusammenhang stehenden Abbaues oder Verbrauchs ihrer Realitäten als machbare Entwicklung abzeichnet (ihr Abschied vom Anstaltscharakter), trifft beim Staat in keiner Weise zu. Trotz aller hochgeschraubten Ansprüche auf Selbstbestimmung liegt der Staat, so können wir es formulieren, wie ein erratischer Block in der Landschaft der emanzipatorischen Leidenschaften.

Man muß sich seine eingangs erwähnte Anwesenheit in der ganzen Breite in Erinnerung rufen. Der Ruf nach Bekämpfung des Terrors seitens des Staates ist ebenso laut wie der nach der Beseitigung aller möglichen wirtschaftlichen Malaisen, ob es sich nun um Inflation oder Arbeitslosigkeit, Konjunktur- oder Strukturschwächen, Energiemangel oder Agrarüberschüsse handelt. Den „Multis" soll er mit gleicher Stärke entgegentreten wie den Luftpiraten. Aber es wird von ihm erwartet, darüber nicht das staatliche Erziehungs- und Ausbildungswesen und dessen systematische Erweiterung zu vergessen: vom Kindergarten und von der Vorschule bis zum staatlich gelenkten lebenslangen Lernen, von der beruflichen Bildung bis zur Förderung der Wissenschaften und der Großforschung. Das gleiche gilt für die Ansprüche, die an den Staat hinsichtlich seiner Aktivität auf dem Gebiete des Gesundheitswesens und der sozialen Dienste herangetragen werden. Da überstürzen sich Forderungen und Erwartungen gleichermaßen: Intensivstationen und Zentren für Behinderte, psychiatrische Kliniken und solche für Schwangerschaftsabbruch, Vorsorgeuntersuchungen ebenso wie Einrichtungen der Resozialisierung und Rehabilitation, Heime, Beratungsstellen, Krankenhäuser, Altersversorgung und Umschulung. Alles das soll in oder unter der Obhut des Staates zur Entfaltung kommen; und dabei haben wir noch gar nicht die ganze Fülle von Aufgaben auf dem Gebiet der Infrastruktur und der Daseinsvorsorge genannt, ganz abgesehen von allen Varianten des Staatshandelns im Bereich der Außenpolitik und des Militärwesens, deren intensive Existenz täglich im Fernsehen beobachtet werden kann.

Zwei notwendige Leistungen des Bürgers

Das Problem, vor das sich der Bürgerstaat gestellt sieht, zeichnet sich in seiner Substanz ab. Wenn der Staat schon nicht aufgrund seiner Struktur, und man kann schon fast sagen aufgrund seiner Natur, seinen Charakter als Anstalt ablegen kann wie zu alt gewordene Kleider, dann erhebt sich die Frage, wie der Bürger, ausgerüstet mit einem modernen Bewußtsein, mit der sachlichen Expansion des Staates in der soeben angedeuteten Größenordnung in Verbindung mit seinem Anstaltscharakter fertig wird oder umzugehen versteht.

Das bedeutet nicht, daß alle zu Staatsangestellten werden sollen, sondern hier ist etwas wesentlich anderes gemeint. Unsere Hauptthese lautet vielmehr, daß der Bürger zwei spezifische Leistungen erbringen muß. *Erstens* muß er seine Ansprüche an den Staat reduzieren, um möglichst viel im staatsfreien Raum, genauer: auf dem Wege der Selbsthilfe, in eigener Regie an Lebensqualität zu realisieren, weil er nur so gleichermaßen als Teilhaber *und* Partner des Staates in Aktion treten kann. In gewisser Beziehung muß er (auch) von einem Territorium eigener Souveränität aus agieren können. Nebenbei bemerkt, gehört der Mangel auf diesem Gebiet, wie bekannt ist, zu den ärgerlichsten Problemen aller sozialistischen Staaten. *Zweitens* aber muß der Bürger erkennen, daß er den Anstaltsstaat (und prinzipiell ist keine andere Form realistisch)

angesichts seiner auch weiterhin in jedes Leben tief eingreifenden
Wirksamkeit nur ertragen kann, wenn er ihn in seiner, wie wir
es nennen wollen, höheren Funktionalität anerkennt und bereit
ist, diese mitzukonstituieren. Unter diesem begrifflichen Dach und
durch die Einzelaufgaben hindurch muß der Staat deutlich werden
und deutlich gemacht werden als allgemein akzeptierte Instanz
zur Wahrung folgender öffentlicher Grundwerte, die weder von
den „Zweckvereinen" noch von den „Einverständnisvergemeinschaftungen" verbindlich repräsentiert werden können: 1. Sekurität, 2. Kontinuität, 3. Moralität und 4. Emotionalität.
Sekurität: Das betrifft die Sicherheit des einzelnen wie des Ganzen;
und es betrifft ebenso die physische wie die psychische und soziale
Unversehrtheit. *Kontinuität:* Der Staat als Wächter der Zusam-
menhänge bedeutet nicht nur, Geschichtsbewußtsein zu rehabili-
tieren und die Frage nach dem Woher und Wohin im innerweltli-
chen Sinne zu beantworten, sondern auch jene Stetigkeit zu
garantieren, ohne die die dauernden Veränderungen der Gesellschaft unmöglich werden. *Moralität:* Wer, wie Theodor Geiger,
die Moralität gänzlich vom Recht abzutrennen versucht, entläßt
die Verfassung aus ihrer erzieherischen Funktion; jeder Staat lebt
jedoch vom hypothetisch Wahren seiner Grundsätze – nicht mehr
und nicht weniger. *Emotionalität:* Ein Staat, der Gefühle irgendwelchen „Bewegungen" oder Randgruppen überläßt oder auch
merkantilen zirzensischen Unternehmungen, begibt sich der
Chance, seine höhere Funktionalität auch sinnlich wahrnehmbar
zu artikulieren und so ins Bewußtsein aller Bürger zu heben.
Zugleich aber hat der Bürger das Recht darauf, auch auf diese
Weise sein Bedürfnis nach affektiver Identifikation mit einer Einrichtung zu dokumentieren, der er nicht nur zu dienen, sondern
die er auch zu erleiden bereit ist. Hier kommen wir dem Begriff
der Größe nahe, der nicht von dem des Staates zu trennen ist.
Freilich hat das immer seine zwei Seiten. Es handelt sich um eine
Gratwanderung, die der Staat unternimmt, wenn er sich in seinen
Taten wie in seinen Manifestationen seiner Größe vergewissern
will. Unzählig sind die Versuche, die schnell ins Monströse gerie-
ten. Der moderne Mensch, und nicht nur der, der die Verfälschun-
gen unter Hitler erlebt hat, hat da seine Naivität verloren. Jedoch
fragt's sich, wie es weitergeht. Fest steht, daß der Staat, der zugleich

immer auch ein Stück geformte Irrationalität darstellt, auf die
Dauer nicht ohne das auskommt, was wir mit etwas altmodischem
Pathos als die Erhebung der Herzen bezeichnen wollen. Damit
sind wir beim letzten Gedanken dieser Abhandlung angelangt.
Der Ablauf unserer Feiertage, und da insbesondere unserer
Staatsfeiertage, ist ein Trauerspiel. Weihnachten hat noch eine
gewisse Fasson, wenn auch überschattet vom Lichte der Geschäf-
temacher. Karfreitag ist tatsächlich der einzige Tag im Jahr, an
dem das Land, so säkularisiert es ist, den Atem anhält. Der Verfas-
sungstag, der 17. Juni, der 20. Juli, Volkstrauertag – alles mühse-
lige Erledigungen in den Schulen und Kasernen, nicht minder im
Bundestag. Die Staatsflagge, Gefühlslappen sagt ein Kollege, kein
Radikaler, nimmt man eigentlich nur wahr, wenn im Fernsehen
der Empfang eines fremden Gastes gezeigt wird. Hohles Dekor,
die Fahnen, das Abschreiten der Ehrenkompanie. Wie die weißen
Handschuhe der Lohndiener.

Würde und Stil des Staates

Die Beteiligten wollen wir nicht schmähen. Aber das ist der Ausgangspunkt. Wenn wir in Anlehnung an Malinowski den Staat als
eine Institution zur Befriedigung abgeleiteter, das heißt höherer
Bedürfnisse betrachten, die über die vitalen, allein biologisch begründeten Grundbedürfnisse des Menschen hinausreichen, dann
muß konstatiert werden, daß unser Staat seine Pflicht versäumt,
auch nur versuchsweise adäquat seine in die Schicksale eingrei-
fende Anwesenheit seinen Bürgern würdevoll anschaulich zu machen. Würdevoll: das heißt Beispiele geben, wie man Gefühle akzeptiert – gleich den Befürwortern des Kreativen und Spontanen –,
sie aber zugleich zu Formen gemeinsamen Ausdrucks sich fortzu-
entwickeln bemüht. Der Mensch, mühsam zwischen Stumpfheit
und Passionen, zwischen Routine und Rausch hin und her pen-
delnd, hat Hilfen nötig, um in sich das Verlangen nach Form und
Gestaltung, auch nach Zäsuren und Markierungen in seinem
Leben aufkommen zu lassen und immer weiter zu nähren. Wer
sich auch immer sonst auf diesem Gebiete als Helfer anbieten mag,
und die Werbeindustrie ist eilfertig mit vielen allzu durchsichtigen

Vorschlägen zur Hand, der Staat gehört zu denen, die den Bürgern wie den Staatsdienern an erster Stelle ein wohldurchdachtes Maß an ritueller Erfahrung und Erlebnischance zukommen lassen müßten. Und zwar nicht als Dekoration oder Feiertagsunterhaltung, sosehr das auch entsprechend den Bedürfnislagen mit berücksichtigt werden muß, sondern als konzentrierte Symbolhandlung, die ein einigendes geistiges Band um alle Beteiligten zu schlingen imstande ist.

Wäre es der Obrigkeitsstaat, von dem wir sprechen, so täte man gewiß gut daran, kritisch nach dem Untertanengeist zu fragen, der auf solche raffinierte Weise vielleicht herangezüchtet werden soll. Wir aber sprechen vom Bürgerstaat. Und der hat allemal das Recht und, ja, ebenso die Pflicht, sich immer wieder auch in gehobenen Handlungen selbst zu begegnen. Der Mensch zieht seine Bahn nicht nur am Boden angeheftet, sondern er will auch die Sterne sehen und sich den hohen Möglichkeiten, die dem Menschen eingepflanzt sind, zugehörig fühlen. Gewiß hat Émile Durkheim recht, wenn er darauf hinweist, daß eigentlich nur in den religiösen Kulten die Rituale ganz ungebrochen aus den Glaubensinhalten erwachsen und ein Teil (und nicht ein Zubehör) dieses Glaubens sind, wie das Beispiel des Abendmahles zeigt. Aber das eben ist das Kennzeichen aller weltlichen Einrichtungen, daß sie niemals und auf keinem Gebiete diese Sicherheit gewinnen und sich dauernd auf den Krücken von Hypothesen und einem ständigen „Als-ob" bewegen. Selbstverständlich gehört auch der Staat für alle Aufgeklärten, und das sind nicht wenige, zu diesen luftigen Gebilden. Aber gerade deshalb sollte jedermann ihm eine Chance einräumen, sich seinen schweren Aufgaben mit einer gewissen angeregten Stimmung zu widmen. Das aber ist nur möglich, wenn ihm, ähnlich wie dem Kleinkind, eine Vielzahl positiver Zuwendungen entgegengebracht wird. Ohne diese Identifikationsleistung würde der Bürgerstaat mit Gewißheit nur eine Episode bleiben.

HERBERT SCHAMBECK

Die parlamentarische Demokratie in Österreich

Vorzüge, Schwierigkeiten
und mögliche Verbesserungen des
österreichischen Parteien- und Verbändestaates

Die meisten westlichen Staaten der Gegenwart weisen zwei Merkmale auf:
Demokratie und Parlament. Wer sich die Geschichte in Erinnerung ruft,
weiß, daß beide zwar zusammengehören können, aber nicht müssen.
Die Herrschaft des Volkes kann nämlich in direkter plebiszitärer Form
durch das Volk selbst (heute nur mehr in den Schweizer Kantonen Appen-
zell, Glarus, Ob und Nidwalden als Landsgemeinden) oder als indirekte,
nämlich repräsentative Demokratie ausgeübt werden. Nur in der letztge-
nannten Form der Repräsentativdemokratie kann der Parlamentarismus
Ausdrucksform der Demokratie sein. Das Parlament als Repräsentativor-
gan einer Staatsordnung kann Ausdruck der Demokratie, muß es aber
nicht sein. Man denke nur an die Jahrhunderte, in welchen das Parlament
eine Ständevertretung war. Erst aufgrund einer langen Entwicklung im
Zuge der Demokratisierung des Wahlrechts wurde es eine Volksvertretung, die vorerst den Männern und später – in Österreich erst 1918 –
auch den Frauen zugänglich wurde.

Staatsformen und Regierungsformen

Die Demokratie ist eine politische Ordnungsidee, das Parlament ein
Staatsorgan, das verschiedenen politischen Ordnungsideen dienen kann.
Die das heutige Staatsleben prägende Form der parlamentarischen Demokratie geht auf das 19. Jahrhundert zurück, als im Kampf gegen die absolute Monarchie Liberalismus und Demokratismus, trotz ihrer unterschiedlichen Freiheitsideale, eine Symbiose eingingen, um im deutschen

Sprachraum nach den Revolutionen von 1848 den Verfassungsstaat her-
vorzubringen. Das Entstehen des Verfassungsstaates ist ein Teil der
Geschichte des Rechtsstaates, also jenes Staates, dessen Handeln durch
die Bindung seiner Organe an die generell abstrakten Normen der Rechts-
sätze vorhersehbar und berechenbar ist. Dieser Verfassungsstaat tritt im
19. Jahrhundert in der Staatsform der konstitutionellen Monarchie, im
20. Jahrhundert im deutschsprachigen Raum als demokratische Republik
auf; das Parlament wird zum mehr oder weniger umfassenden Repräsenta-
tionsorgan des Staatsvolkes.

Da das Parlament ein Regierungsinstrument im Sinne der Herrschafts-
ausübung im Staat, die Demokratie aber eine Ordnungsidee ist, die, als
Baugesetz einer Staatsverfassung, mit zur Form des Staates beiträgt, ist
die Verbundenheit beider, nämlich die parlamentarische Demokratie, als
eine der möglichen Regierungsformen zu bezeichnen. Damit wird zwischen
Staats- und Regierungsform unterschieden. Als Staatsform stehen sich
Monarchie und Republik, als Regierungsform Diktatur und Demokratie
gegenüber; in dieser Sicht ist daher die Regierungsform einer parlamentarischen Demokratie sowohl in der Staatsform der Republik als auch der
Monarchie möglich.

Da die heutigen Repräsentativdemokratien von den Organisationsformen
der politischen Parteien geprägt sind, ist es die Herrschaft der Parteien,
die sich in der parlamentarischen Willensbildung ausdrückt. Diese Partei-
enherrschaft in der parlamentarischen Demokratie kann je nach der Stellung des Staatsoberhauptes mehr oder weniger beschränkt sein. Das hängt
heute nicht mehr von der Staatsform ab – so kann der Präsident einer
Republik, wie der Präsident der USA, mehr Rechte haben als ein Monarch,
etwa die Königin von England –, sondern von der in der Verfassung bestimmten Befugnisverteilung, vor allem in bezug auf den Bestand der
Regierung. Während in einer parlamentarischen Demokratie der Bestand
der Regierung vom Wollen der Parlamentsmehrheit abhängt, ist für die
Kontinuitätswahrung des Staates und seiner Ordnung primär das Staats-
oberhaupt zuständig, das in dem Maße, in dem es über seine Kontinuitäts-
funktion hinaus politische Rechte, wie die der Parlamentsauflösung, des
militärischen Oberbefehls sowie der Regierungsernennung und -entlas-
sung, erhält, einer vermehrten demokratischen, genauer: plebiszitären,
Legitimation bedarf. Als Beispiel sei die Stellung des österreichischen
Bundespräsidenten nach der Bundes-Verfassungsgesetznovelle 1929 erwähnt, die ihm einerseits mehr Befugnisse einräumte, andererseits seine
Volkswahl, zu der es erstmalig erst 1950 kam, einführte. Auf diese Weise
beruht die österreichische Demokratie auf den beiden Säulen der aufgrund
von demokratischen Wahlen zusammengesetzten allgemeinen Vertre-
tungskörper und des ebenso gewählten Staatsoberhauptes. Da aber dem
Nationalrat das Recht zur Mißtrauensvotierung (Art. 74 [1] B.-VG.) zu-
steht, ist Österreich nicht als eine Präsidentschaftsrepublik, sondern als
eine parlamentarische Republik mit präsidentschaftsrepublikanischem
Einschlag zu bezeichnen.

Kontinuität und Fortschritt

Betrachtet man einen Staat mit republikanischer Staats- und parlamentarischer demokratischer Regierungsform, wie es die Republik Österreich ist,
zeigt sich, daß eine solche parlamentarische Demokratie durch eine Mehrzahl einander nicht immer ergänzender, sondern oft überschneidender,
ja widersprechender Merkmale gekennzeichnet ist. Zunächst ist es das
Fortwirken von Verfassungseinrichtungen, die schon vor der Ausrufung
der Republik bestanden, ja bisweilen noch aus der Zeit vor Einführung
der Demokratie stammen. So sei darauf verwiesen, daß der im modernen
Wirtschaftsstaat überaus wichtige, weil für die Rechnungs- und Geba-
rungskontrolle zuständige Rechnungshof auf eine Gründung Maria There-
sias vom Jahre 1761 zurückgeht und die Gerichtsbarkeit öffentlichen
Rechts (Verfassungs- und Verwaltungsgerichtshof) in der Dezemberverfassung 1867 begründet wurde. Als ein Fortwirken des Parlamentarismus
der Monarchie können weiters bestimmte Teile der Geschäftsordnung des
Nationalrates, nämlich die noch näher zu behandelnden Kontrollrechte
und die Arbeitsmöglichkeiten des österreichischen Parlaments überhaupt,
bezeichnet werden.
Diese Beispiele zeigen, daß der Verfassungsstaat, wie er sich im 19. Jahrhundert zu entwickeln begann, auch bei Änderung der Staatsform von
der Monarchie zur Republik eine Kontinuität darstellt und dabei gewisse
Spannungen erzeugt. Derartige Spannungen ergeben sich aus dem Nebeneinander von Verfassungsrelikten, die zwar in der Zeit konstitutioneller
Monarchie verständlich, in der parlamentarischen Demokratie der Republik aber nicht mehr zielführend sind, wie zum Beispiel die parlamentarischen Kontrollrechte, die heute mit Ausnahme des Fragerechtes noch immer Mehrheits- und nicht Minderheitsrechte sind, obgleich nicht mehr
das Parlament als Einheit der vom Vertrauen des Monarchen getragenen
und von ihm ernannten Regierung, sondern die Opposition der Einheit
der Nationalratsmehrheit und der von ihr gebildeten Regierung gegen-
übersteht.
Anders als im Bonner Grundgesetz sind Rechtsstellung, Pflichten und
Finanzierungsmöglichkeiten der politischen Parteien in Österreich in keinem eigenen Gesetz geregelt. Der Verfassungsgesetzgeber hat 1920 die
Existenz von Parteien einfach vorausgesetzt. Diese Parteienstaatlichkeit,
die ihre verfassungsrechtliche Verankerung entbehrt, war für die Prägung
der österreichischen Verfassungswirklichkeit bestimmend. Dies drückt sich
im Klubzwang anstelle des Verfassungsgebotes des freien Mandats ebenso
aus wie in dem Proporz, der, im Widerspruch zum Verfassungsgebot der
Gleichheit vor dem Gesetz, die Posten im Staatsbereich nach dem Verhältnis der sich bei den jeweiligen Nationalratswahlen ergebenden Stimmen-
verhältnisse verteilt. Diese genannten Beispiele zeigen, wie im Parteienstaat das demokratische Baugesetz mit dem liberalen Baugesetz der
Verfassung kollidieren kann.
In Weiterentwicklung des mehr wertneutralen Verfassungsstaates, wie er

sich in Österreich vor allem in der zweiten Hälfte des 19. Jahrhunderts ergab, hat sich der Verfassungsgesetzgeber 1920 auf die Regelung der Ausübung der Staatsgewalt in den drei Staatsfunktionen der Gesetzgebung, Gerichtsbarkeit und Verwaltung beschränkt und, von einigen Ausnahmen – wie Gleichheitssatz, Wahlrecht und Verfahrensgrundsätze – abgesehen, die Grundrechtsordnung aus der Monarchie übernommen. Auf diese Weise gelten noch heute, anders als im Bonner Grundgesetz von 1949, die im Staatsgrundgesetz über die allgemeinen Rechte der Staatsbürger der Dezemberverfassung 1867 enthaltenen Grundrechte, die, in ihrer klassischen Prägung, als politische und liberale Grundrechte auf eine Freiheit im und vom Staat gerichtet sind und die Aufgaben der Daseinsvorsorge, wie sie für den sozialen Rechtsstaat typisch sind, noch nicht berücksichtigen.

Mit dem Fortwirken der klassischen Grundrechte, die von einem damals mehr absolutistisch denkenden Monarchen zu einer Zeit gewährt wurden, als es weder ein demokratisches Wahlrecht noch ein Parlament als Volksvertretung gab, ist auch die Tatsache verbunden, daß das österreichische Verfassungsrecht, anders als das Bonner Grundgesetz, das die Bundesrepublik Deutschland als sozialen Rechts- und Bundesstaat bezeichnet hat, keine über den Rechts- und Machtzweck als Primärzweck des Staates hinausreichenden Aussagen über das Ausmaß der Staatszwecke macht. Die politischen Parteien haben die dadurch eröffneten Möglichkeiten genutzt und auf einfach gesetzlichem Weg, das heißt ohne Verfassungsauftrag, Österreich zu einem sozialen Rechtsstaat entwickelt, in dem, wie sich bei der Ratifikation der Europäischen Sozialcharta in Österreich zeigte, viele soziale Grundrechte schon vor ihrer internationalen Proklamation effektiv garantiert waren.

Welche Ziele dem Staat in Ausführung des einfach gesetzlich bestimmten Rechts- und Machtzweckes sowie des möglichen Kultur- und Wohlfahrtszweckes gesetzt sind, kann jährlich dem Bundesfinanzgesetz entnommen werden. Für die Erstellung dieses Budgets ist neben der jeweiligen Wirtschaftssituation das Programm der Regierung und für dieses das Wahl- und Parteiprogramm der die Regierung bildenden Partei ausschlaggebend. Das Regierungsprogramm wird als sanktionsloses Erfüllungsversprechen vom Bundeskanzler anläßlich der Vorstellung der Bundesregierung vor dem Nationalrat der Öffentlichkeit mitgeteilt; nach dem Maße der Gegenwartserfassung und Zukunftsorientiertheit dieses Wollens und seiner Erfüllung wird die Regierung vom Parlament und politisch von der Öffentlichkeit beurteilt. Diese Konfrontation ist ein wesentlicher Teil der Politik im Parteienstaat, der im Rahmen der parlamentarischen Demokratie von der Beziehung Parlament und Regierung sowie beider zur Öffentlichkeit und ihrer Meinungsbildung bestimmt wird.

Segen und Fluch des Proporzes

Österreich hat sich nach Ausrufung der Republik im Jahre 1918 für die Einführung des Verhältniswahlsystems entschieden. Der Proporz hatte aber zur Folge, daß als aufgrund des starken Repräsentationseffektes dieses Wahlrechtsmodus nur dreimal, nämlich 1945, 1966 und 1971, absolute Mehrheiten zustande kamen, sonst nur relative Mehrheiten, die zur Bildung von wechselnden Koalitionen führten. Dieser Wechsel war in der Zwischenkriegszeit der sogenannten Ersten Republik so häufig, daß 1929 die Rechte des Bundespräsidenten als Kontinuitäts- und Integrationsfaktor im Staat gestärkt werden mußten, ohne daß dadurch das Ende dieses Verfassungssystems verhindert werden konnte.

Nach 1945 waren alle politischen Parteien im Streben nach Freiheit und Wiederaufbau einig. Es kam zunächst zu einer Allparteienregierung – trotz der von der ÖVP erreichten absoluten Mehrheit. Nach dem Ausscheiden der Kommunisten folgte eine Koalition der beiden Großparteien, der christlichen Demokraten in der Österreichischen Volkspartei (ÖVP) und der Sozialdemokraten in der Sozialistischen Partei (SPÖ). Diese Koalition war bis zum Abschluß des Staatsvertrages und der Erklärung der dauernden Neutralität 1955 eine Arbeitsgemeinschaft auf der Basis gegenseitigen Vertrauens; sie wurde hernach eine Art Zwangsehe, in welcher zwei einander mißtrauende und rivalisierende Partner nach der Macht rangen. 1966 gewann die ÖVP unter Josef Klaus, 1971 die SPÖ unter Bruno Kreisky die absolute Mehrheit; beide Male kam es zu monokoloren Alleinregierungen der siegreichen Parteien.

Es ist interessant, daß die österreichischen Parteien einerseits nach der absoluten Mehrheit strebten, andererseits an dem Proportionalwahlsystem festhielten, das aufgrund seines starken Repräsentationseffektes das Zustandekommen eben dieser regierungsfähigen Mehrheit nicht erleichterte, sondern erschwerte. Von einigen Ausnahmen abgesehen, gab es niemals eine ernstliche Debatte über ein Abgehen von diesem Wahlrechtssystem. Ähnliches gilt auch für das Regierungssystem. Man überließ dies dem Bundespräsidenten, der den Vorsitzenden der jeweiligen mandatsstärksten Partei mit der Regierungsbildung beauftragte. Gleich der Schweiz und einzelnen österreichischen Bundesländern wäre die konsequente Fortsetzung des Proporzes im Nationalrat auch die von seinem Vertrauen abhängige Regierung; das hätte eine in der Verfassung vorgeschriebene Konzentrations- oder Allparteienregierung zur Folge. Diese Regierungsform entspräche am besten dem Proportionalwahlsystem. Es erhebt sich nur die Frage, ob nicht die Bildung einer Regierung ein politisches Problem von der Art ist, daß dessen Lösung nicht von vornherein im Verfassungsrecht positivrechtlich vorgeschrieben werden kann. Nur in einer Notzeit, wie es die nach Beendigung des Zweiten Weltkrieges war, ist es zu einer derartigen Allparteienregierung gekommen. Für den Fall ihrer Bildung in einer normalen Zeit wäre eine grundlegende Änderung der parlamentarischen Kontrolle erforderlich.

Das Proportionalwahlsystem stellt zum Unterschied vom Mehrheitswahlsystem nicht so sehr die Einzelpersönlichkeit, sondern die Parteiorganisa-
tion in den Vordergrund. Außerdem führt es in einer parlamentarischen
Demokratie durch die besondere Nähe von Nationalratsmehrheit und
Regierung oft zu einer weitgehenden Identität beider, was sich in der
Ausübung der Funktionen des Parlaments ausdrückt.
Die im österreichischen Parlament beschlossenen Gesetze gehen zum
überwiegenden Teil auf Regierungsvorlagen und nicht auf Gesetzesinitiativen der Abgeordneten zurück. Obgleich durch die breite Streuung der
Abgeordneten ihre reiche Erfahrung für die Rechtsetzung von Bedeutung
wäre, fehlen Parlamentariern im österreichischen Parlament personell und
räumlich die entsprechenden Arbeitsmöglichkeiten, wie sie etwa im wissenschaftlichen Dienst des Deutschen Bundestages und in der Library of
Congress in Washington gegeben sind. Dazu kommt noch die Tatsache,
daß der Parteiführer der stärksten Partei fast immer auch Fraktions- und
Regierungschef ist. Von ihm und seiner Mannschaft, die bei Koalitionen
auch den oder die Koalitionspartner umfaßt, gehen die Gesetzesinitiativen
aus. So entsteht der Eindruck, daß das Parlament bloß ein Ratifikationsin-
strument in den Händen der Regierung ist.
Ähnlich ist die Lage in der Ausübung der parlamentarischen Kontrollrechte. In einer Zeit der Koalition erfolgt die Kontrolle, vor allem seit
1955, durch die Koalitionspartner untereinander in der Regierung selbst.
In den Zeiten der Alleinregierung ist die jeweilige Opposition zwar willens,
aber nicht fähig, ihr Kontrollrecht effektiv auszuüben, da mit Ausnahme
des Interpellationsrechtes alle übrigen Kontrollrechte, wie zum Beispiel
das Enqueterecht und Resolutionsrecht sowie das Recht, Prüfungs- und
Kontrollanträge beim Rechnungshof zu stellen, an die Mehrheit gebunden
sind, welche die Regierung bildet.
Diese aus der Zeit konstitutioneller Monarchie stammende Rechtslage
geht von einer heute nicht mehr gegebenen Gewaltenteilung aus: damals
standen der Herrscher und die von seinem Vertrauen getragene und von
ihm ernannte Regierung dem Parlament gegenüber; heute verläuft aber
die Gewaltenteilung nicht mehr zwischen Regierung und Parlament, sondern zwischen Regierung und Nationalratsmehrheit auf der einen, der
Opposition auf der anderen Seite. Dieser Tatsache tragen weder die Verfassung noch die parlamentarischen Geschäftsordnungen in Österreich
Rechnung.
Weitere Umstände stellen das Parlament als Mittelpunkt des Staates heute
in Frage. Genannt sei der Trend zur „Expertokratie". Mit der Zunahme
der Staatsaufgaben und der Sachzwänge ist nämlich die Entscheidung für
die Politiker schwieriger und damit die Notwendigkeit, Fachleute zu konsultieren, dringender geworden. Da die Auswahl der Experten wie auch
die Beurteilung ihrer Gutachten nicht nach Verfassungsnormen erfolgen
kann, obliegt es dem Politiker, in Eigenverantwortung die Fachleute aus-
zuwählen und deren Ratschläge zu beurteilen. In dem Maße, in dem ein
Politiker nicht imstande ist, sich selbständig ein Urteil über Fachgutachten

zu bilden, verbleibt die Entscheidungskompetenz zwar formell bei ihm,
dem gewählten und somit demokratisch legitimierten Repräsentanten, effektiv wird sie jedoch von dem mehr oder weniger anonym bleibenden
Experten ausgeübt.

Eine Regierung mit weitem Spielraum

Die Spannungen zwischen dem von konstitutionellem Denken geprägten
Verfassungsrecht und der von der Parteienstaatlichkeit gekennzeichneten
politischen Wirklichkeit der parlamentarischen Demokratie lassen sich
nicht nur im Hinblick auf das Parlament, sondern auch auf die Regierung
feststellen. Im Extremfall ist entweder das Parlament ein Vollzugsausschuß
der Regierung oder die Regierung umgekehrt ein Beauftragter des Parlaments. Das österreichische Verfassungsrecht suchte hier einen Mittelweg
zu gehen. Das Parlament beschließt die Gesetze, welche die Regierung
durchzuführen hat; die Regierung wird vom Bundespräsidenten ernannt,
muß aber vom Vertrauen des Nationalrates getragen sein, widrigenfalls
der Bundespräsident verpflichtet ist, sie zu entlassen. Dieses im österreichischen Verfassungsrecht vorgesehene Vertrauensprinzip hat es mit
sich gebracht, daß Nationalratsmehrheit und Regierung eine Einheit bilden.
Die Regierung ist das oberste Vollzugsorgan des Staates. Ihre Tätigkeit
ist vor allem im Verfassungsrecht und in den einfachen Gesetzen umrissen.
Insofern jedoch die meisten Gesetze auf Regierungsvorlagen zurückgehen,
die vom Nationalrat in der Regel nur unwesentlich abgeändert werden,
kann geradezu von einer Selbstbindung der Regierung gesprochen werden.
Da jedoch das österreichische Verfassungsrecht über den Rechts- und
Machtzweck hinaus keine Angaben über die Staatszielsetzungen macht,
bleibt es dem Nationalrat und der mit der politischen Zusammensetzung
der Regierung identischen Nationalratsmehrheit überlassen, aufgrund ihrer Partei-, Wahl- und Regierungsprogramme die Rechtsetzung und
Rechtsvollziehung durch Gesetze zu bestimmen. In dieser Weise ist Österreich, um mit Adolf Merkl zu sprechen, ein Rechtswegestaat. Welches
Wollen die Regierung und ihre Ressorts insbesondere politisch leitet, ist
allerdings nur annäherungsweise jedes Jahr aus einem einfachen Gesetz,
dem Budgetgesetz, zu entnehmen.
Dieses Handeln der Regierung ist theoretisch der Kontrolle nicht entzogen.
Bundesgesetze können über Antrag einer Landesregierung beim Verfassungsgerichtshof wegen des Verdachtes der Verfassungswidrigkeit aufgehoben werden, das Handeln der Regierungsmitglieder kann in bezug auf
seine Verfassungs- und Gesetzmäßigkeit vom Verfassungsgerichtshof als
Staatsgerichtshof überprüft, das politische Wollen der Regierung vom
Nationalrat und in bestimmter Weise auch vom Bundesrat und die finanzielle Seite der Ministerverantwortlichkeit durch den Rechnungshof kontrolliert werden. Diese Kontrollen sind aber zum überwiegenden Teil wir-

kungslos. Die politische Kontrolle ist mit Ausnahme des Fragerechtes an Mehrheitsbeschlüsse gebunden, zu welchen die jeweilige Regierungsmehrheit im Nationalrat kaum bereit ist. Die rechtliche Kontrolle erfolgt durch den Verfassungsgerichtshof, in dem zwar Juristen von Rang tätig zu sein haben, doch die Nominierung durch Bundesregierung, Nationalrat und Bundesrat erfolgt nach parteipolitischen Gesichtspunkten.

Da die Nationalratsmehrheit die Aufgabe hat – was Fraktionsmänner der Regierungsparteien im Nationalrat auch offen erklärt haben –, die von ihr gestellte Regierung zu unterstützen, und da die parlamentarische Minderheit über keine ausreichenden Kontrollrechte verfügt, sind von der Verfassung nominell gezogene Grenzen zwischen Regierung und Gesamtparlament belanglos. Die Verantwortung wird vielmehr effektiv von der Regierung und ,,ihrer" Parlamentsfraktion gegenüber der Allgemeinheit der Wähler ausgeübt. Das politische Geschehen bewegt sich in der parlamentarischen Demokratie des Parteienstaates vielmehr zwischen Mehrheitspartei und Opposition, die an die Wähler appellieren. Die Politik wird zu einer Form von Öffentlichkeitsarbeit; das zeigen die meisten Reden der Parlamentarier und der Regierungsmitglieder, die zum Großteil für die Allgemeinheit außerhalb des Parlaments bestimmt sind. Das parlamentarische Geschehen verliert das Dialoghafte und vermittelt den Eindruck der Aufeinanderfolge von Monologen. Auch die Regierung verantwortet sich ständig gegenüber der Allgemeinheit und benützt den Parlamentarismus dazu als Mittel. Das Fragerecht wird deshalb von der Mehrheitspartei gerne dazu herangezogen, um Regierungsmitgliedern die Möglichkeit zu einem ausführlichen Rechenschaftsbericht zu geben. In vielen Fällen erfahren auch die Parlamentarier erst über die Zeitungen von den Plänen der Regierung.

Der Parteienstaat nimmt durch seine Öffentlichkeitsbezogenheit einen zunehmend plebiszitären Charakter an, der sich auch in dem ständigen Bemühen um die Erkundung der Volksmeinung dokumentiert. So bemühen sich Regierung und Oppositionsparteien in gleicher Weise regelmäßig, durch Meinungsumfragen die Wählergunst zu enträtseln. Dabei darf nicht übersehen werden, wie sehr durch die Zielrichtung der Frage auch deren Beantwortung beeinflußt werden kann. Außerdem muß beachtet werden, daß alle Meinungsbefragungen nicht von demokratisch legitimierten Organen durchgeführt werden und die Zahl der Befragten weder qualitativ noch quantitativ einen Wahlgang ersetzen kann; dennoch spielen die Ergebnisse derartiger Meinungsumfragen eine immer größere Rolle. Damit stellt sich die Frage nach Möglichkeiten und Grenzen des Regierens im österreichischen Parteienstaat.

Das österreichische Verfassungsrecht hat der Regierung gegenüber einen weiten Spielraum gelassen. Es ist weder die Zahl der Regierungsmitglieder angegeben, noch wird die leitende Staatstätigkeit besonders umschrieben. Der Regierung obliegt dem Inhalt nach sowohl die Staatsleitung als auch die Gesetzesvollziehung, die beide unter dem Gebot der Verfassungsrechtsgrundsätze stehen.

Kennzeichnend für diese Art von Regierungstätigkeit ist die Eigenverant-
wortlichkeit der Regierungsorgane für ihr Handeln, nämlich die Ministerverantwortlichkeit. Keinem Regierungsmitglied, auch nicht dem Regierungschef, ist es erlaubt, in die Ressortführung eines Regierungskollegen
einzugreifen. Es ist eine Art Gleichrangigkeit gegeben, die sich besonders
auch darin äußert, das Bundeskanzler, Vizekanzler und Bundesminister
Gehälter in der gleichen Höhe beziehen.

Im Hinblick auf das für den Bestand der jeweiligen Bundesregierung erforderliche Vertrauen der Nationalratsmehrheit wird der Bundespräsident
im Regelfall den Parteivorsitzenden der im Nationalrat am stärksten vertretenen Partei berufen, obgleich er theoretisch jede Person, die zum
Nationalrat wählbar ist, mit der Regierungsbildung beauftragen kann. So
frei der Bundespräsident grundsätzlich bei der Wahl der zur Bildung der
Bundesregierung zu designierenden Person ist, sowenig hat er nach der
formellen Verfassung Einflußrecht auf die Zusammensetzung der Mini-
sterliste. Der designierte Bundeskanzler ist nach dem Verfassungsrecht
in der Auswahl der Regierungsmitglieder frei. Praktisch ist es so, daß der
Bundeskanzler fast immer Personen in seine Regierung beruft, die dem
Bundespräsidenten genehm sind und das Vertrauen der Nationalratsmehrheit besitzen, das heißt seiner Partei oder der des Koalitionspartners angehören. Auf diese Weise spiegelt sich der Parteienstaat auch in der Regierung wider, weshalb meist Kabinettsmitglieder entsprechende Parteifunk-
tionen innehaben. Das einzelne Regierungsmitglied ist daher unmittelbar
von seiner Partei abhängig. Die Ministerverantwortlichkeit wandelt sich
so zu einem parteipolitischen Erfüllungsauftrag.

Neben die Abhängigkeit des Regierungsmitglieds von seiner Partei und
ihren führenden Funktionären tritt bisweilen auch die von den Interessenverbänden, denen es angehört oder mit denen es zu tun hat. So waren
hohe Funktionäre der Gewerkschaft jeweils Leiter des Sozialressorts, der
Landwirtschaft des Agrarressorts, der Wirtschaft des Handelsministeriums
usw.

Organisierte Interessen und Sozialpartnerschaft

Das Wirken der Interessenverbände führt zu einer neuen Form der Demokratie im Mehrzweckestaat der Leistungsgesellschaft. Die Interessenverbände dienen der Repräsentation der organisierten Interessen der selbständig oder unselbständig Erwerbstätigen. Im Vergleich zu den mehr weltan-
schaulich und ideologisch orientierten politischen Parteien sind die Interessenvertretungen eher sachorientiert. In der politischen Wirklichkeit stellen sie eine neue Form der Gewaltenteilung dar. Sie vermögen unter
Umständen zur Versachlichung der politischen Diskussion beizutragen.
In Österreich hat nach der Märzrevolution von 1848 mit der Entwicklung
der politischen Parteien auch die der Interessenverbände begonnen, zunächst der Handelskammern und Landeskulturräte, später der Gewerk-

schaften und der Arbeiterkammern. Heute besitzt Österreich als Ergebnis einer jahrzehntelangen Entwicklung ein ausgedehntes System von Interessenvertretungen, die teils als juristische Personen des öffentlichen Rechts wirtschaftliche Selbstverwaltungskörper sind und als Kammern bezeichnet werden, teils aber als juristische Personen des privaten Rechts Vereine sind, wie zum Beispiel Gewerkschaftsbund und Industriellenvereinigung. Manche Bereiche der Arbeitgeber und Arbeitnehmer sind doppelt vertreten, nämlich durch juristische Personen des öffentlichen und privaten Rechts, wie zum Beispiel die Arbeiter und Angestellten durch den Gewerkschaftsbund *und* die Arbeiterkammern oder die Fabrikanten durch die Industriellenvereinigung *und* die Handelskammern.

Diese Interessenverbände repräsentieren naturgemäß divergierende Anliegen, doch haben sie seit dem Ende des Zweiten Weltkriegs größere Konflikte vermieden. Der Grund liegt in dem Entstehen der sogenannten Sozialpartnerschaft. Nach dieser sind die am Arbeitsmarkt vertretenen Interessenverbände bereit, die ihnen einfachgesetzlich eingeräumten Rechte auf freiwilliger Basis in bestimmten Fragen der Preis- und Lohnpolitik *gemeinsam* auszuüben. Diese Sozialpartnerschaft umfaßt heute die Bundeswirtschaftskammer, den österreichischen Gewerkschaftsbund, den österreichischen Arbeiterkammertag, die Vereinigung österreichischer Industrieller und die Präsidentenkonferenz der Landwirtschaftskammern. Sie wurde nach 1945 von Julius Raab auf Arbeitgeberseite und Johann Böhm auf Arbeitnehmerseite begründet. Sie fand ihren Ausdruck von 1947 bis 1951 in Lohn- und Preisabkommen, die in der Wirtschaftskommission beschlossen wurden. 1951 kam es zur Errichtung eines Wirtschaftsdirektoriums und 1957 zur Schaffung der Paritätischen Kommission für Preis- und Lohnfragen, der neben Vertretern der schon genannten Interessenverbände Bundeskanzler, Innen-, Handels- und Sozialminister angehören. 1963 beschloß die Paritätische Kommission die Schaffung eines Beirates für Wirtschafts- und Sozialfragen, der ein Unterausschuß und keine selbständige Einrichtung ist. Dieser Beirat besteht aus Experten, welche von den Mitgliedern der Paritätischen Kommission für die Vorbereitung wichtiger wirtschaftspolitischer Entscheidungen durch entsprechende wirtschaftswissenschaftliche Analysen nominiert werden.

Diese Sozialpartnerschaft bietet eine Beratungs- und Koordinationsmöglichkeit, die nicht durch Verfassung oder Gesetz, sondern freiwillig entstanden ist. Sie hat sich aber der verfassungsrechtlichen Ordnung Österreichs anzupassen. Sie ist so lange verfassungsgemäß, als sie weder die parlamentarische Staatswillensbildung noch die Ministerverantwortlichkeit zu ersetzen unternimmt und den Charakter einer – allerdings gesellschaftlich überaus gewichtigen – Entscheidungshilfe der Regierung behält. Ihr Verdienst ist es, daß Arbeiterkonflikte, wie Streiks und soziale Unruhen, nach Beendigung des Zweiten Weltkrieges vermieden wurden und kontinuierlich in Zusammenarbeit von Arbeitnehmer und Arbeitgeber der Wiederaufbau Österreichs und die wirtschaftliche Entfaltung des Landes Platz greifen konnten. Die Sozialpartnerschaft hat sich dauerhafter als die

Große Koalition (1945–1966) gezeigt und Beachtliches zur Stabilisierung der Wirtschafts- und Sozialordnung Österreichs beigetragen.

Oft ist dabei die Frage aufgetaucht, ob die Tätigkeit der Sozialpartner ein zwar nicht verfassungswidriger, aber doch verfassungspolitisch bedenklicher Faktor der österreichischen Innenpolitik sei. Die Frage ist zu verneinen. Die Interessenverbände sind Ausdruck des demokratischen Prinzips, stellen einen Faktor sachbezogener Politik dar und ermöglichen neben der Bundesstaatlichkeit eine neue Form der Gewaltenteilung. Der Wert ihrer Zusammenarbeit liegt in ihrer Freiwilligkeit, die bei einer verfassungsrechtlichen Institutionalisierung verlorengehen würde. In diesem Zusammenhang wird immer wieder auf die Möglichkeit hingewiesen, anstelle des in seiner Effektivität beschränkten Bundesrates, der österreichischen Länderkammer, einen Verbänderat zu schaffen. Dies ist – unabhängig vom föderalistischen Anliegen des Mitwirkens der Länder an der Bundesgesetzgebung – insofern schwierig, als die Verbände auch in ihrer Summe nicht mit dem Staatsvolk identisch sind; es gibt sehr viele berufsständisch Heimatlose, die keinem Interessenverband angehören und in dieser Weise daher auch nicht vertretbar sind; es wäre auch ein kaum lösbares Problem zu entscheiden, wie die Verbände nach dem Gewicht der von ihnen vertretenen Interessen und Mitglieder zahlenmäßig in einer eigenen Kammer repräsentiert sein sollten.

Verstaatlichung der Gesellschaft – Vergesellschaftung des Staates

Im heutigen Österreich sind, wie auch anderswo, zwei einander gegenläufige Tendenzen erkennbar: eine zur Verstaatlichung der Gesellschaft und eine zur Vergesellschaftung des Staates.

Eine Entwicklung zur Verstaatlichung der Gesellschaft ist deshalb festzustellen, weil sich der Staat im wachsenden Maße zur Erfüllung seiner über den Recht- und Machtzweck hinausgehenden Aufgaben der Interessenverbände bedient. Sie sind als Selbsthilfe- und Selbstschutzeinrichtungen der wirtschaftlichen und sozialen Interessen der Gesellschaft geschaffen worden, um diese dem Staat gegenüber zu vertreten. In dem Maße, in dem der Staat die Verbände zur Erfüllung seiner Staatszwecke heranzieht, laufen sie Gefahr, mehr für den Staat als für ihre Mitglieder dazusein. Diese Gefahr wird noch gesteigert, wenn das Volk in einem solchen Staat nicht mehr im entsprechenden Maße sein Mitbestimmungsrecht nutzen kann, sei es aufgrund mangelnder Demokratisierung des Wahlrechtes oder der Parteien selbst. Diese Verstaatlichung der Gesellschaft geht auf Kosten der Interessenvertretung des einzelnen und seiner Freiheit. Ein Beispiel dafür: Arbeitnehmervertreter verharmlosen infolge parteipolitischer Solidarität mit der Regierung eine Inflationsentwicklung im Staat.

Die gegenläufige Tendenz der Vergesellschaftung des Staates ergibt sich daraus, daß sich die Interessenverbände des Staates bemächtigen und diesen in Interessensphären aufteilen. Interessenvertreter beanspruchen dann die Parlamentssitze und Regierungsstellen. Eine derartige Tendenz läßt die Autorität des Staates verlorengehen und den Staat zu einem Clearinghaus der Gruppeninteressen werden. So zeigen sich im Parteien- und Verbändestaat Österreich Ansätze von Entwicklungen, die dazu führen, daß der einzelne sich seinen Repräsentanten in Staat und Gesellschaft immer mehr entfremdet fühlt. Wie sehr diese Gefahr heute besteht, zeigt das mangelnde Interesse der Bevölkerung an Parteiarbeit, Verbändetätigkeit und Staatsaufgaben. Dieses Unbehagen drückt sich in dem sonst in einer demokratischen Republik nur schwer verständlichen Ruf nach Demokratisierung des öffentlichen Lebens, besonders der Parteien, aus.

Vorschläge für Verbesserungen

Will daher der Parteienstaat nicht zu einer neuen Form des Lehensstaates mit Funktionärspyramide entarten, bedarf es einer verbesserten Transparenz des politischen und staatlichen Lebens im Sinne einer sachgerechten, nämlich auf das jeweilige Gebiet der Staatstätigkeit bezogenen Demokratisierung. Dazu gehört in skizzenhafter Anführung die Demokratisierung der Parteien inclusive der Durchführung von Vorwahlen der Parteimitglieder zur Vorbereitung der Kandidatenlisten, wodurch der persönlichkeitsfeindliche Aspekt des Verhältniswahlsystems ausgeglichen werden könnte.

Dazu wäre in Österreich die verfassungsrechtliche Verankerung der politischen Parteien und damit die Regelung ihrer Rechtsstellung, ihrer Pflichten und ihrer Finanzierung wünschenswert und auch zu überprüfen, wie weit das heute geltende Vereinsrecht für die Tätigkeit der sogenannten freien, also nicht auf Zwangsmitgliederschaft beruhenden Interessenverbände ausreicht. Die Tätigkeit der Parteien im Parlament wäre den heutigen Erfordernissen der parlamentarischen Demokratie durch Beseitigung der aus der Zeit der konstitutionellen Monarchie stammenden Relikte anzupassen. Notwendig ist ferner eine Verbesserung der Arbeitsmöglichkeiten der Parlamentarier in räumlicher und personeller Hinsicht und die Einführung von Minderheitenrechten für die politische, rechtliche und finanzielle Kontrolle der Regierung durch das Parlament. Kommt es nicht zu diesen Verbesserungen der parlamentarischen Kontrollrechte, so fällt das Parlament noch mehr als bisher als Faktor der öffentlichen Meinungsbildung aus. Diese für eine Demokratie bedeutungsvolle Aufgabe wird andernfalls von außerparlamentarischen Faktoren wahrgenommen, die nur schwer zu kontrollieren sind, etwa von den Massenmedien. Dabei sei aber auch erwähnt, welch beachtenswerten Beitrag in Österreich die Presse, das Fernsehen und der Hörfunk zur Meinungsbildung leisten, obgleich seit langem ein umfassendes Medienkonzept fehlt. Es müßte sich überdies die Erkenntnis durchsetzen, daß auch in der parlamentarischen Demokratie des Mehrparteienstaates mit seinem rivalisierenden Kampf um die Macht auf kulturellem, wirtschaftlichem und sozialem Gebiet eine längerfristige

Politik notwendig ist. Dieses Erfordernis verlangt aber eine längere Legislaturperiode des Nationalrates und, dadurch bedingt, eine längere Funktionsperiode der Regierung. Kann doch heute erkannt werden, daß bei einer vierjährigen Gesetzgebungsperiode des Nationalrates nur zwei, höchstens drei Jahre Gelegenheit für die praktische Arbeit bleibt, da man eine Zeit der Einführung und die des beginnenden Wahlkampfes mit etwaiger vorzeitiger Auflösung abziehen muß. Diese Verlängerung der Legislaturperiode des Nationalrates sollte mit einem angemessenen Ausbau plebiszitärer Verfassungseinrichtungen kombiniert werden.

Plebiszitäre Verfassungseinrichtungen, wie Volksbegehren und Volksabstimmung, können und sollen die Willensbildung der Abgeordneten in der parlamentarischen Demokratie nicht ersetzen, jedoch deren freies Mandat ergänzen. Auf diese Weise wäre es auch während einer parlamentarischen Legislaturperiode möglich, in bestimmter Weise Einblick in die öffentliche Meinungsbildung zu erhalten, wobei freilich zu bedenken gilt, daß ein Volksbegehren nicht ein Begehren *des* Volkes, sondern *aus* dem Volke darstellt. Das Volksbegehren an die Stelle der parlamentarischen Willensbildung zu setzen, hieße, die Demokratie zu jakobinisieren. Umgekehrt wird die Einrichtung des Volksbegehrens zu einem Parteibegehren pervertiert, wenn – wie im österreichischen Volksbegehrensgesetz von 1963 auch nach seiner Novellierung vorgesehen – nicht nur den Wahlberechtigten, sondern auch den Abgeordneten selbst das Recht zur Initiative eines Volksbegehrens eingeräumt wird. Welchen Sinn soll eine derartige Initiative zu einem Volksbegehren haben, das ja bloß eine Empfehlung an den Gesetzgeber ist, wenn dieselbe Zahl von acht Abgeordneten für eine Gesetzesinitiative ausreicht?

Es kommt heute darauf an, ein sinnvolles Nebeneinander von plebiszitären und repräsentativ-demokratischen Verfassungselementen zu finden, so daß einerseits die verfassungsmäßige Staatswillensbildung nicht gefährdet und andererseits eine wirksame öffentliche Meinungsbildung möglich ist. Insofern ist die Demokratie eine anstrengende politische Ordnung. Sie verlangt ein ständiges Bedenken und Überprüfen der Beziehungen des einzelnen, der Gesellschaft und des Staates untereinander, wenn weder der einzelne seine Selbständigkeit noch der Staat seine Autorität verlieren soll. Die Parteien und Verbände sind heute Mittler zwischen dem einzelnen und dem Staat; ihre Aufgabe ist auch die Weiterentwicklung der staatlichen Ordnung, damit die parlamentarische Demokratie nicht zu einem Normengehäuse erstarrt, sondern ein System lebendiger politischer Willensbildung bleibt. Nur so ist zu verhindern, daß in der parlamentarischen Demokratie das Recht zwar formal vom Volke ausgeht, seinem Inhalt nach aber an ihm vorbeigeht.

ANTON PELINKA

Auflösung und Rekonstruktion des Staates am Beispiel Österreich

Besonderheiten der Verfassungsstruktur

Österreich ist eine parlamentarische Republik. Dem Konzept parlamentarischer Regierungssysteme entsprechend ist die Regierung der direkt gewählten Kammer des Parlaments, dem Nationalrat, politisch verantwortlich. Die Folgeerscheinungen dieser Bindung der Exekutive an die Legislative sind auch in Österreich zu beobachten – Fusion der Gewalten mit tendenziellem Übergewicht der vollziehenden Gewalt[1].

Diese Normalität des österreichischen Parlamentarismus wird durch die Besonderheit der Exekutive ergänzt: Ähnlich der Verfassung der Weimarer Republik und ähnlich der Verfassung der fünften französischen Republik steht neben der parlamentarischen Regierung ein direkt vom Volk gewählter Bundespräsident, dessen Kompetenzen die Ernennung und Entlassung der Bundesregierung miteinschließen. Diese Bipolarität der Exekutive – das Nebeneinander von direkt demokratisch legitimiertem Bundespräsidenten und indirekt demokratisch legitimierter Bundesregierung[2] – bedeutet eine doppelte Abhängigkeit der Bundesregierung, die sowohl das Vertrauen der Mehrheit des Nationalrates als auch das Vertrauen des Bundespräsidenten benötigt.

Der mit dem erklärten Ziel einer Stärkung der Exekutive gegenüber der Legislative, des vom Staat repräsentierten „Gesamtinteresses" gegenüber den von den Parteien getragenen „Partialinteressen" 1929 der parlamentarischen Verfassung aufgepfropfte „starke Bundespräsident" ist aber weitgehend bloß ein verfassungstheoretisches Problem. In der Verfassungspraxis übt der Bundespräsident in Österreich einen Rollenverzicht; er tritt hinter der Bundesregierung, insbesondere hinter dem Bundeskanzler, zurück und stellt dadurch die Normalität des Parlamentarismus wieder her: den Primat der mit der Parlamentsmehrheit identischen Regierung.

Zu dieser Normalität des Parlamentarismus ist auch der Vorrang der Exekutive in der Gesetzgebung zu zählen: die überwiegende Zahl der vom Parlament verabschiedeten Gesetze geht auf Initiativen der Regierung zurück, deren Vorlagen im Parlament zumeist nicht oder nur unwesentlich verändert werden. Über diese Normalität des Machtungleichgewichts zwischen Regierung und Parlament geht jedoch die Verschmelzung dieser beiden Institutionen hinaus: der Verbeamtungsprozeß des Parlamentarismus ist in Österreich besonders weit fortgeschritten (vgl. Tabelle 1).

Tabelle 1:
Beamte im österreichischen Nationalrat, Stichtag 1.1.1973 (Bundes-, Landes-, Gemeinde-, Kammer- und Sozialversicherungsbeamte, einschließlich Lehrer und pensionierter Beamter) [3]

SPÖ (n = 93)	43	48,4%
ÖVP (n = 80)	31	38,8%
FPÖ (n = 10)	3	33,3%
Nationalrat (n = 183)	77	42,1%

Dieser Einzug der Vertreter der Exekutive in die Legislative wird dadurch gefördert, daß in Österreich öffentlich-rechtlich Bedienstete bei ihrer Wahl in den Nationalrat unter Weiterzahlung ihrer vollen Bezüge vom Dienst freigestellt werden, daß also Beamte im Parlament Berufspolitiker sind, die dennoch eine andere Einkommensquelle voll nützen können. Die durch diese personelle Verflechtung indizierte Verschmelzung von Exekutive und Legislative muß noch im Zusammenhang mit der Position Beamter im weiteren Sinn gesehen werden, mit dem Einzug hauptamtlicher Funktionäre der Parteien und der freien, privatrechtlichen Verbände (vgl. Tabelle 2).

Tabelle 2:
Hauptamtliche Funktionäre der Parteien und der freien Verbände (Gewerkschaften, Genossenschaften, kirchliche Verbände, Kriegsopferverbände), Stichtag 1.1.1973

SPÖ (n = 93)	24	25,8%
ÖVP (n = 80)	7	8,8%
FPÖ (n = 10)	1	10,0%
Nationalrat (n = 183)	32	17,5%

Da ein Abgeordneter sowohl Beamter (der Österreichischen Bundesbahn) als auch hauptamtlicher Verbandsfunktionär (der Eisenbahnergewerkschaft) ist, sind 108 Abgeordnete des Nationalrates Beamte im weitesten

Sinn – 59 Prozent der Parlamentarier sind in ihrem Hauptberuf von den Institutionen der Exekutive oder der Parteien und freien Verbände direkt abhängig. Dieser außerordentlich hohe Bürokratisierungsgrad weist bereits auf das Kriterium, in dem alle Besonderheiten des österreichischen politischen Systems zusammengefaßt werden können: auf die außergewöhnlich weit fortgeschrittene Integration des politischen Systems, auf die weitgehende Miteinbeziehung aller Teilbereiche in die zentralen Steuerungsinstanzen, in den Staat.

Das Parteiensystem

Die außerordentliche Integration kommt auf der Ebene der Parteien in der weit fortgeschrittenen Konzentration des Parteiensystems, in der extremen Organisationsdichte der Parteien und in der bis zur Identität gehenden Verschränkung von Parteien und Verbänden zum Ausdruck.

Österreich besitzt von allen politischen Systemen, in denen regelmäßig kompetitive Wahlen nach dem (nicht konzentrationsfördernden) Verhältniswahlsystem durchgeführt werden, das konzentrierteste Parteiensystem. Im langjährigen Durchschnitt wählen etwa neun von zehn Wählern bei Nationalratswahlen eine der beiden Großparteien, wobei dieser gemeinsame Anteil von SPÖ und ÖVP in den letzten 25 Jahren eine zunehmende Tendenz aufweist. Eine vergleichbare Konzentration des Parteiensystems weisen außer Österreich nur Mehrparteiensysteme auf, in denen ein (konzentrationsförderndes) Mehrheitswahlsystem besteht[4].

Die Konzentration des Parteiensystems kann insofern als Indikator für eine weit fortgeschrittene Integration angesehen werden, als keine der beiden Großparteien nach 1945 eine lange Periode hindurch von der Regierungsgewalt ausgeschlossen war: die Koalitionsregierungen zwischen 1945 und 1966, an der ÖVP und SPÖ (bis 1947 auch die KPÖ) beteiligt waren, wurden von einer Alleinregierung der ÖVP abgelöst, die bereits 1970 einer Alleinregierung der SPÖ Platz machte. Die österreichischen Wähler identifizieren sich somit in hohem Maße mit Parteien, die ihrem Wesen nach „natürliche Regierungsparteien" sind, die (in der Zweiten Republik) niemals längere Zeit hindurch von der zentralen Staatslenkung entfernt waren und deren Selbstverständnis ebendeshalb von einer weitgehenden Deckungsgleichheit der eigenen (Partei-)Interessen mit den Interessen des Staates ausgeht.

Das österreichische Parteiensystem weist auch von allen Mehrparteiensystemen, über deren Struktur Daten zugänglich sind, die größte Organisationsdichte auf. Die beiden Großparteien sind Mitgliederparteien, deren Sympathisanten in einem – im internationalen Vergleich – ungewöhnlichen Umfang formell an ihre Partei gebunden sind. Diese Besonderheit gilt weniger für die SPÖ, deren Organisationsdichte von etwa einem Drittel für eine Partei der 2. Sozialistischen Internationale zwar überdurchschnittlich, aber keineswegs extrem ist. Diese Besonderheit gilt jedoch vor allem für die ÖVP, deren Organisationsdichte mit keiner anderen Partei ähnlicher ideologischer Ausrichtung (CDU/CSU, UDR, Democrazia Cristiana, Konservative Partei Großbritanniens) auch nur annähernd verglichen werden kann (vgl. Tabelle 3).

Tabelle 3:
Organisationsdichte der Parteien, Bezugsjahr 1971 (Wählerzahl bei Nationalratswahl) bzw. 1972 (Mitgliederzahl), absolute Zahlen in Tausend [5]

	Wählerzahl	Mitgliederzahl	Organisations-dichte
SPÖ	2280	698	30,6%
ÖVP	1965	838	42,6%
FPÖ	248	30	12,1%

Faßt man den Begriff „Parteimitglied" extensiv auf und subsumiert man darunter auch die Mitglieder der verschiedenen, für die politische Kultur Österreichs wichtigen Vorfeldorganisationen, so beträgt die Zahl der Parteimitglieder in Österreich insgesamt etwa 2 Millionen. Gemessen an der Zahl der Wähler bedeutet dies, daß etwa 40 Prozent aller Österreicher eine formelle, nach außen im allgemeinen erkennbare und deklarierte Bindung an eine politische Partei oder an eine (wirtschaftliche, kulturelle usw.) Vorfeldorganisation einer Partei besitzen.

Die ungewöhnlich dichte Bindung der einzelnen Staatsbürger an die politischen Parteien findet eine die Integration ebenfalls fördernde Ergänzung durch die enge Bindung der Parteien an die Verbände. Die vier größten der wirtschaftlichen Interessengruppen in Österreich, die durchweg dem Typus des „grundlegenden Verbandes"[6] entsprechen, sind in parteipolitische Fraktionen gegliedert, wobei jeweils eine Partei die (absolute) Mehrheitsfraktion und die andere Partei die Minderheitsfraktion stellt (vgl. Tabelle 4).

Tabelle 4:
Verflechtung von Parteien und Verbänden, Bezugsjahr 1974 (Ergebnisse der Kammerwahlen bzw. Delegiertenstand am Bundeskongreß des ÖGB)

	SPÖ	ÖVP	FPÖ	KPÖ	andere	
Handelskammern	10%	85%	—	—	5%	100%
Landwirtschafts-kammern	10%	84%	2%	—	4%	100%
Arbeiterkammern	63%	29%	5%	2%	1%	100%
Österr. Gewerk-schaftsbund	75%	17%	—	7%	1%	100%

Das bis zur Identität gehende Naheverhältnis der Parteien zu den Verbänden verhindert eine Aktualisierung der latenten Konkurrenz zwischen den beiden auf eine Massenbasis abgestellten Organisationsformen der soziopolitischen Infrastruktur[7]. Eine solche Konkurrenz zwischen Parteien und Verbänden wäre stabilitätsbedrohend, weil desintegrierend.

Das Verbändesystem

Auf der Ebene der Verbände sind die vielfältigen Formen der Beteiligung an Staatsfunktionen Anzeichen für die fortgeschrittene Integration des gesamten politischen Systems. Die Verbände, ihrem theoretischen Selbstverständnis nach Vertreter von vor allem ökonomisch definierten Sonderinteressen, sind in den Staat hineingewachsen. Die Beteiligung der Verbände läßt sich auf allen Sektoren staatlicher Tätigkeit feststellen, in der Legislative ebenso wie in der Exekutive wie auch – vermittelt durch die beiden anderen Staatsfunktionen – in der Judikative.

Die enge Verflechtung von Parteien und Verbänden führt dazu, daß Funktionäre der Verbände über die Parteien in Verfassungsorgane einrücken. So beträgt der Anteil der haupt- oder nebenamtlichen Verbandsfunktionäre im österreichischen Nationalrat regelmäßig mehr als 50 Prozent – die Mehrzahl der österreichischen Parlamentarier vertritt nicht nur eine Partei, sondern gleichzeitig auch eine ökonomische Interessengruppe (vgl. Tabelle 5).

Tabelle 5:
Haupt- oder nebenamtliche Funktionäre wirtschaftlicher Verbände im österreichischen Nationalrat, Stichtag 1. 1. 1973[8]

	Arbeitnehmerverbände		Agrarverbände		Arbeitgeberverbände		Wirtschaftl. Verbände insgesamt	
SPÖ (n = 93)	45	48,8%	3	3,2%	1	1,1%	49	52,7%
ÖVP (n = 80)	11	13,8%	18	22,5%	14	17,5%	43	53,8%
FPÖ (n = 10)	0	0	0	0	2	20,0%	2	20,0%
Nat.rat (n = 183)	56	30,6%	21	11,5%	17	9,3%	94	51,4%

Die Position der Verbände im parlamentarischen Entscheidungsprozeß muß im Zusammenhang mit ihrer Bedeutung im vorparlamentarischen Raum gesehen werden. Die Stellungnahme der Verbände zu Gesetzgebungsvorhaben der Regierung wird formell durch ein Begutachtungsverfahren eingeholt. Dadurch ist eine doppelte Einflußmöglichkeit der Verbände auf die Gesetzgebung gegeben – noch bevor eine Materie ins

Parlament kommt, nehmen die ökonomischen Interessengruppen in ihrer Eigenschaft als Verbände Einfluß; und wenn dann eine Materie im Parlament ist, nehmen eben diese Interessengruppen nochmals Einfluß auf dem Umweg über die ihnen verbundenen Parlamentarier. In den Angelegenheiten, die diesen Interessengruppen wesentlich sind, also in der Wirtschafts-, Finanz- und Sozialpolitik, ist daher auch eine eigenständige Rolle des Parlaments am wenigsten zu beobachten. Das Parlament hat hier, mehr noch als in anderen Bereichen, nur die Funktion des Staatsnotars, der getroffene Entscheidungen formell mit Gesetzescharakter ausstattet. Die Verbände sind auch in der Bundesregierung präsent. Das Bundesministerium für soziale Verwaltung wird seit 1945 von Funktionären des ÖGB geleitet: bis 1966 und wiederum ab 1970 war der Sozialminister immer ein führender Repräsentant der sozialistischen Gewerkschaftsfraktion, zwischen 1966 und 1970 eine Vertreterin der Fraktion christlicher Gewerkschafter. Das Handelsministerium wie auch das Finanzministerium wurden bis 1970 immer von Politikern geleitet, die nicht nur das besondere Vertrauen der Handelskammern und der Vereinigung österreichischer Industrieller besaßen, sondern die zumeist unmittelbar aus dem Funktionärskreis dieser Verbände kamen. Ähnliches gilt für das Landwirtschaftsministerium: solange die ÖVP dieses Ministerium besetzte, bis 1970, konnte von einer faktischen Identität zwischen Ministerium, ÖVP-Bauernbund und Landwirtschaftskammern gesprochen werden.

Die Präsenz der Verbände in Parlament und Regierung bedeutet, daß den Verbänden grundsätzlich zu allen staatlichen Positionen der Zugang offen ist. Da aufgrund der hohen Verstaatlichungsquote auch weite, traditionell nicht als politisch eingestufte Bereiche direkt vom Staat her gesteuert werden – so die Großbanken wie auch der Großteil der Grundindustrie –, sind die Verbände überall dort präsent, wo staatlicher Einfluß ist. Der Staat ist für die Verbände ein Vehikel zur Durchdringung der gesamten Gesellschaft. Durch die Vermittlung des Staates gibt es in Österreich kaum größere gesellschaftliche Teilbereiche, in denen die Verbände (wie auch die mit ihnen verschränkten Parteien) nicht präsent wären, in denen ihr Einfluß nicht spürbar wäre.

Die Institutionalisierung der Sozialpartnerschaft

Die Verbände begnügen sich aber nicht mit dieser umfassenden Präsenz in den Verfassungsorganen und in den dadurch vermittelten Einflußsphären. Die Verbände haben sich darüber hinaus einen eigenen Entscheidungsmechanismus geschaffen, der auf ihre spezifischen Interessen zugeschnitten ist und der von anderen Einflüssen auch freigehalten werden kann: den sozialpartnerschaftlichen Mechanismus, der in Gestalt der Paritätischen Kommission für Lohn- und Preisfragen institutionalisiert ist. Die 1957 durch eine Vereinbarung zwischen der Bundeswirtschaftskammer, der Dachorganisation der Handelskammern, und dem ÖGB gegrün-

dete Paritätische Kommission ist extrakonstitutionell. Sie ist ein wirt-
schafts- und sozialpolitisches Steuerungsorgan, das in der Verfassung nicht
vorgesehen ist. Die Effektivität der Kommission beruht nicht auf einer
(verfassungsrechtlich gar nicht gegebenen) Sanktionsmöglichkeit, sie
gründet vielmehr in der intensiven Integration: Die vier beteiligten Verbände – ÖGB, Arbeiterkammertag, Präsidentenkonferenz der Landwirtschaftskammern, Bundeskammer der gewerblichen Wirtschaft – decken
das gesamte Spektrum politisch relevanter ökonomischer Interessen ab,
sie gewähren eine Teilnahme aller gesellschaftlichen Großgruppen an der
wirtschafts- und sozialpolitischen Kompromißfindung, die das Wesen des
sozialpartnerschaftlichen Entscheidungsprozesses in der Paritätischen
Kommission ist.

Die Paritätische Kommission wirkt deshalb so integrierend, weil sie zum
Kompromiß zwingt. Sowohl die Entscheidungen der beiden für Lohnerhö-
hungs- bzw. Preiserhöhungsanträge zuständigen Unterausschüsse als auch
die Entscheidungen der als zweite und letzte Instanz fungierenden Vollversammlung der Paritätischen Kommission können nur einstimmig getroffen
werden, jeder Verband besitzt ein absolutes Vetorecht. Die Summe der
Entscheidungen der Paritätischen Kommission ist somit der gemeinsame
Nenner der gesellschaftspolitischen Zielkataloge der beteiligten Verbände.

Dieser Zusammenhang verleiht der Paritätischen Kommission den Charakter eines Garanten des gesellschaftlichen Status quo. Gleichgültig, ob
man das hinter dem Einstimmigkeitsprinzip verborgene Equilibrium entsprechend einer altliberalen Terminologie als Gleichgewicht zwischen den
Produktionsfaktoren Kapital und Arbeit einstuft oder ob man entsprechend einer marxistischen Terminologie von einem ,,Gleichgewicht der
Klassenkräfte" spricht[9] – die Kooperation der Verbände in dem von ihnen
selbst geschaffenen Rahmen ist ein überaus effektives Mittel, durch eine
Beteiligung möglichst aller Interessen ein soziales System im Gleichgewicht
zu halten.

Obwohl die Institutionalisierung der Sozialpartnerschaft eine Verlagerung
von Entscheidungskapazität bedeutet, die auf Kosten der Verfassungsorgane (Parlament, Regierung) geht, wäre die Einstufung der Paritätischen
Kommission als ,,Nebenregierung", die den konstitutionellen Organen in
einer Art von Konkurrenzkampf die Rolle streitig macht, eine Simplifizie-
rung. Denn die dichte Verflechtung von Verfassungsorganen, Parteien und
Verbänden führt dazu, daß es letztlich dieselben Akteure sind, die auf
der Ebene der Sozialpartnerschaft de facto Entscheidungen treffen und
eben diese Entscheidungen dann auf der Ebene des Parlamentarismus de
iure absichern. Diese Identität der Akteure, die mit ein Geheimnis für
die Stabilität und Wirksamkeit der österreichischen Sozialpartnerschaft
ist, kommt formell dadurch zum Ausdruck, daß auch die Regierung an
der Paritätischen Kommission beteiligt ist – freilich besitzen die Regie-
rungsvertreter seit dem Ende der Koalition, seit 1966, kein Stimmrecht
mehr, um auch nur den Anschein eines Ungleichgewichts zu vermeiden.

Die Identität der Akteure wird noch deutlicher, wenn man die informelle Struktur der Sozialpartnerschaft in die Betrachtung miteinbezieht. Zwischen die Unterausschüsse und die formell unter dem Vorsitz des (nicht stimmberechtigten) Bundeskanzlers tagende Vollversammlung der Paritätischen Kommission schiebt sich, als eigentliches Leitungsorgan der österreichischen Sozialpartnerschaft, die informelle ,,Präsidentenvorbesprechung", an der die Präsidenten der vier die Paritätische Kommission tragenden Großverbände beteiligt sind. Dieses Gremium der Präsidenten steckt den Rahmen des wirtschafts- und sozialpolitisch Möglichen, den Rahmen der Kompromisse ab. Und dieses Gremium kann aufgrund seiner Zusammensetzung keine ,,Neben-" oder gar ,,Gegenregierung" sein. Die persönlichen Verflechtungen machen dies deutlich: so ist der Präsident des Österreichichischen Gewerkschaftsbundes gleichzeitig Mitglied des Parteivorstandes der (regierenden) Sozialistischen Partei und Präsident des österreichischen Nationalrates; er vereint also führende Funktionen sowohl auf der Ebene der Verfassungsorgane als auch auf der Ebene des Parteiensystems, als auch auf der Ebene des Verbändesystems in seiner Person. Das gilt auch analog für den Präsidenten der Bundeswirtschaftskammer, der gleichzeitig Obmann des Wirtschaftsbundes der (oppositionellen) Österreichischen Volkspartei, Bundesobmann-Stellvertreter der ÖVP und Mitglied des Nationalrates ist (Stand von 1975). Diese Identität der Akteure verhindert eine stabilitätsbedrohende, potentiell desintegrierende Konkurrenzsituation zwischen Staat, Parlament und Regierung auf der einen, Verbänden und Sozialpartnerschaft auf der anderen Seite. Die Sozialpartnerschaft und ihre Institutionen bieten vielmehr den Elitegruppen, die schon die Verfassungsorgane besetzt halten, eine zusätzliche Wirkungsmöglichkeit. Es gibt nicht zwei Gruppen von Akteuren in der österreichischen Politik – es gibt vielmehr zwei Bühnen, auf denen ein und dieselbe Gruppe von Akteuren wirkt. Die zweite dieser Bühnen, die Sozialpartnerschaft, ist deshalb notwendig, weil sie – im Gegensatz zur ersten Bühne, dem Parlament – nicht öffentlich ist und auch gegenüber dem Wählerwillen weitgehend autonom ist: Parlamentsmehrheiten wechseln, Regierungen kommen und gehen – die Sozialpartnerschaft ist davon unabhängig. Die Sozialpartnerschaft ist die Krönung aller Bestrebungen, die auf Integration und Stabilität gerichtet sind.

Die Massenmedien

Die Integration des politischen Systems findet auch ihren Niederschlag bei den Massenmedien. Zu den österreichischen Besonderheiten zählt hier freilich nicht die Monopolstellung der staatlichen Rundfunk- und Fernsehanstalt ORF, deren Konstruktion sich nicht grundsätzlich von der anderer west- und mitteleuropäischer Anstalten unterscheidet. Zu den Besonderheiten zählt jedoch die hohe Pressekonzentration und die starke Abhängigkeit der Presse von den Parteien und Verbänden.

Tabelle 6:
Konzentration des Presseeigentums [10]; Prozentsatz der Gesamtauflage der Presse, die kontrolliert wird von den

Europa	4 größten Eigentümer-einheiten	8 größten Eigentümer-einheiten	20 größten Eigentümer-einheiten
Irland	81,37	100,00	100,00
Österreich	52,26	70,88	96,81
Belgien	49,03	69,46	93,57
Großbritannien	65,72	76,51	88,62
Dänemark	49,69	64,28	83,97
Niederlande	39,09	54,72	81,90
Italien	29,95	46,83	74,97
Frankreich	30,30	45,70	73,12
BRD	41,66	50,17	62,04
Spanien	29,03	42,96	54,89

Von den zehn untersuchten europäischen Ländern mit grundsätzlich privatwirtschaftlich organisiertem Pressesystem weist Österreich hinter Irland, gemeinsam mit Großbritannien (je nach Berechnungsgrundlage), die fortgeschrittenste Pressekonzentration auf. Die überdurchschnittliche Pressekonzentration wird durch ein für ein europäisches Mehrparteiensystem einmaliges Naheverhältnis zu den Parteien und mehr noch zu den Verbänden ergänzt. Während die Bedeutung der Parteipresse zwar noch immer größer ist als in allen anderen europäischen Mehrparteiensystemen, gleichwohl aber zurückgeht, hat die Verbandpresse als neuer Typus auf dem Pressemarkt sich völlig durchgesetzt: ohne als Organe eines Verbandes deklariert zu sein, beherrschen zwei in unterschiedlicher Weise mit Verbänden verbundene Zeitungen mehr als die Hälfte der gedruckten Gesamtauflage der österreichischen Tageszeitungen.
Diese beiden Zeitungen – die „Neue Kronen-Zeitung", die dem Gewerkschaftsbund nahesteht, und der „Kurier", der der Industriellenvereinigung und der Bundeswirtschaftskammer verbunden ist – haben nach einer längeren Periode heftiger Kämpfe um den Pressemarkt 1974 zu einer Phase der Zusammenarbeit gefunden, deren Entwicklung auch noch weiter gehen kann; sowohl eine wechselseitige Eigentumsverflechtung als auch die Bildung einer einzigen, übermächtigen Zeitung wurden bereits ernsthaft diskutiert. Der Einstieg der Verbände in den Pressemarkt hat jedenfalls sozialpartnerschaftliche Kooperationsmuster auch in diesem Bereich zumindest teilweise an die Stelle der Konkurrenz um Marktanteile treten lassen.
Die Besonderheiten der österreichischen Presse sind nicht nur Ergebnis der weit fortgeschrittenen Integration des gesamten politischen Systems,

sie wirken auch integrationsfördernd auf das politische System zurück. Ein konzentriertes Pressewesen, in dem die stärksten Organe direkt oder indirekt mit den Verbänden und Parteien verbunden sind, ist als Kontrollinstrument gegenüber einem politischen System, in dem dieselben Verbände und Parteien dominieren, relativ wenig effektiv. Ein solches Pressewesen arbeitet jedenfalls zugunsten der Aufrechterhaltung der bestehenden politischen Verhältnisse, es ist stabilitätsfördernd.

Besonderheiten der sozio-ökonomischen Infrastruktur

Die sozio-ökonomische Infrastruktur Österreichs weist zwei zentrale Gegebenheiten auf, von denen die eine – die aus dem Kleinstaatcharakter und der allgemeinen ökonomischen Verspätung Österreichs resultierende Abhängigkeit von ausländischem Kapital – die Regierbarkeit des Landes im Sinne einer zentralen Steuerung durch den Staat erschwert, während die andere – die bedeutende Rolle des Staates als Eigentümer – die Regierbarkeit erleichtert.

Tabelle 7:
Gewichtung der Umsatzleistungen der 50 größten Unternehmen in Österreich, Stand 1971 [11] (Angaben in Prozent)

Eigentümer	Umsatz	Export	Beschäftigte
Bund, Länder (direkt)	17,2	12,3	11,8
Verstaatlichte Industrie	37,6	34,6	40,4
Verstaatlichte Banken	15,4	23,0	18,5
Genossenschaften	2,5	0,3	0,4
Inländisches Privatkapital	11,4	18,1	12,0
Ausländisches Kapital	15,9	11,7	16,9
	100,0	100,0	100,0

Vergleichbare europäische Länder, die ebenfalls ein durch das Mehrparteiensystem charakterisiertes politisches sowie ein durch die Marktwirtschaft charakterisiertes wirtschaftliches System besitzen, werden durch den Faktor „inländisches Privatkapital" durchweg stärker geprägt als Österreich. Die Autonomie der österreichischen Wirtschaft ist besonders gering anzusetzen: sie ist einerseits in hohem Maße direkt durch den Staat lenkbar, und sie ist andererseits in ebenfalls relativ hohem Maße ausländischen Einflüssen ausgesetzt.
Die Lenkbarkeit durch den Staat darf freilich nicht als einseitige Abhängigkeit gesehen werden. Die Beteiligung der Verbände an allen Formen staatlicher Tätigkeit bedeutet auch die Beteiligung der Interessengruppen, die zum Beispiel das inländische Privatkapital vertreten. Nicht einseitige

Abhängigkeit, sondern intensive wechselseitige Durchdringung ist das Ergebnis der hohen Verstaatlichungsquote und der umfassenden Präsenz der Verbände im Staat. Die Grenzen zwischen Politik (nach traditionellem Verständnis verdichtet im Staat) und Wirtschaft (verdichtet im Privatkapital) sind dadurch faktisch aufgehoben. Der Staat tritt der Wirtschaft weder als starker noch als schwacher Staat gegenüber – er verfließt mit der Wirtschaft. Die für das politische System charakteristische Integration aller Kräftegruppen prägt damit auch das wirtschaftliche System, die Stabilität des einen wirkt auf die Stabilität des anderen Systems zurück.

Diese Amalgamierung von Wirtschaft und Politik wird freilich durch die Auslandsabhängigkeit relativiert. Die auf diesem Weg einströmenden Steuerungen entziehen sich weitgehend den aus dem politischen System kommenden Gegensteuerungen. Die gegenüber dem Auslandskapital existente Grenze zwischen Wirtschaft und Politik verringert die Lenkbarkeit der österreichischen Wirtschaft durch den österreichischen Staat.

**Aussagen zur demokratischen Qualität:
Österreich als Konkordanzdemokratie**

Das Kennzeichen des österreichischen politischen Systems – fortgeschrittene Integration im politischen System wie auch des politischen Systems mit anderen gesellschaftlichen Teilbereichen – ist auch das Kennzeichen der Konkordanzdemokratie („consociational democracy")[12]. Die Konkurrenzdemokratie und die für diese charakteristischen Merkmale – Konkurrenzkampf der Elitegruppen um staatliche Machtpositionen, hohe Ablösbarkeit der verschiedenen staatlichen Machtträger, ungebrochene Beziehung zwischen Individuum und Staat – machen einem anderen Demokratietypus mit anderen Merkmalen Platz: kartellartige Absprachen zwischen den Elitegruppen über die Verteilung der staatlichen Machtpositionen, geringe Ablösbarkeit staatlicher Machtträger als Folge einer allgemeinen Bürokratisierung der Politik, Mediatisierung der Beziehung zwischen Individuum und Staat durch Gruppierungen der sozio-politischen Infrastruktur, die Parteien und Verbände.

Diese Transformation der Konkurrenzdemokratie zur Konkordanzdemokratie drückt das allmähliche Hinüberwachsen einer liberal konzipierten Gesellschaft in eine pluralistische Gesellschaft aus. Die liberale Autonomie des Individuums wird ergänzt und relativiert durch die dem Pluralismus entsprechende Autonomie der Gruppen und Assoziationen[13]. Österreich ist in diesem Entwicklungsprozeß, der alle liberaldemokratisch-liberalkapitalistischen Staaten ergriffen hat, ein Vorreiter. Am Beispiel Österreichs lassen sich Ergebnisse beobachten, die sich anderswo erst ansatzweise abzeichnen.

Der Typus der Konkordanzdemokratie ist als Modell, von seinen theoretischen Ansprüchen her, dem Typus der Konkurrenzdemokratie unterlegen, die demokratische Qualität der Konkordanzdemokratie ist geringer als

die der Konkurrenzdemokratie. Der Grundgedanke der Konkordanzdemokratie, die Integration aller gesellschaftlichen Gruppen und die Stabilität der gesamten Gesellschaft, hat nur wenig mit dem Demokratiepostulat
zu tun, das auf den Abbau der Distanz zwischen „oben" und „unten",
zwischen Herrschern und Beherrschten, gerichtet ist und letztlich auf die
Utopie der Machtgleichheit zielt. Diesem Demokratiepostulat entspricht
eher der Grundgedanke der Konkurrenzdemokratie – daß alle an der
Machtausübung Interessierten diese Macht nur durch die Zustimmung der
Machtunterworfenen ausüben dürfen, eine Zustimmung, die jederzeit zu-
rückgenommen werden kann.

Die *Wirklichkeit* der Konkordanzdemokratie ist jedoch der Wirklichkeit
der Konkurrenzdemokratie *nicht* unterlegen. Die Konkurrenzdemokratie
war und ist mit bestimmten Fiktionen verknüpft: mit der Fiktion der Trennung von Staat und Gesellschaft, mit der Fiktion der Trennung von Politik
und Wirtschaft. Die Konsequenz war die Ausklammerung aller nichtstaat-
lichen Machtformen aus dem demokratischen Legitimationsmechanismus,
die Hinnahme auch krasser sozialer Ungleichheiten. Die Konkordanzdemokratie geht von diesen Fiktionen ab: Staat und Gesellschaft werden
durch die Parteien und mehr noch durch die Verbände miteinander verknüpft, die Verdichtung individueller Interessen zu Interessengruppen
schafft zumindest die Möglichkeit einer politischen Steuerung in den traditionell als unpolitisch fingierten Bereichen.

Das *Janusgesicht der Konkordanzdemokratie* wird in Österreich deutlich
sichtbar. Die Beteiligung grundsätzlich aller Gruppen an grundsätzlich allen gesellschaftlichen Entscheidungen verhindert die Verfestigung von
Opposition zur Fundamentalopposition – keine Gruppe fühlt sich von
vornherein ausgeschlossen, keine Gruppe lehnt daher den Staat, seine Verfassung und die wichtigsten politischen „Spielregeln" ab. Der vollständige
Mißerfolg aller Parteien an den Rändern des politischen Spektrums, das
stabile Wählerverhalten und der vielfältig ausgewiesene, die Grenzen der
politischen Lager übergreifende Konsens der Elitegruppen unterstreichen
die breite Zustimmung, die der Staat und die im Namen des Staates Agierenden beim demokratischen Souverän finden. Die so bewirkte Integration
hat aber auch eine Verschärfung der Arbeitsteilung zwischen „oben" und
„unten", zwischen den kartellartig kooperierenden Elitegruppen und der
sie legitimierenden Basis zur Folge. Die Bürokratisierung aller politischen
Prozesse, die Reduzierung des Risikos aller politischen Funktionäre, die
Apathie einer zufriedengestellten, nicht aber beteiligten Basis sind
Phänomene, die in Österreich überdeutlich werden.

Aussagen zur staatlichen Qualität:
Stärke und Schwäche des Staates

Die Demokratie ist in Österreich von zugleich hoher und geringer Qualität – je nachdem, ob man die grundsätzliche Zustimmung oder die tatsäch-

liche Partizipation zum Maßstab nimmt. Der Staat ist in Österreich zugleich schwach und stark – je nachdem, ob man die Eigenständigkeit des Staates gegenüber den Gruppen oder die Steuerbarkeit der Gesellschaft durch die Staatsorgane zum Maßstab nimmt.

Der Staat ist in Österreich schwach. Nirgendwo tritt er den Gruppen als souveränes und autonomes Herrschaftssubjekt gegenüber. Überall ist er vielmehr ein Instrument eben dieser Gruppen. Nirgendwo ist der Staat Inhalt, überall ist er bloß Form, bloß Gehäuse, in dem die Repräsentanten der Gruppen wohnen, im Parlament wie in der Regierung. Nirgendwo ist der Staat Vertreter eines „objektiven Gesamtinteresses", überall bringt er nur die Summe der Gruppeninteressen zum Ausdruck. Insofern existiert der Staat überhaupt nicht als eigenständige Größe in Österreich.

Der Staat ist in Österreich stark. Es gibt keine politisch relevanten Kräfte in Österreich, die den Staat ablehnen, die eine Politik gegen die Einrichtungen des Staates betreiben. Die Institutionen des Staates greifen tief in das gesellschaftliche Geschehen, sie regeln direkt oder indirekt wirtschaftliche wie kulturelle Bereiche. Es gibt kein Subsystem in der österreichischen Gesellschaft, das sich gegenüber dem Staat vollständig abschirmen kann, dessen Autonomie gegenüber dem Staat vollkommen ist. Der Staat ist in Österreich stark, weil er alle gesellschaftlichen Großgruppen integriert hat und in diesen Großgruppen aufgegangen ist. Er ist stark, weil er nichts ist als die Summe dieser überall miteinbezogenen Großgruppen. Der österreichische Staat bezahlt seine Stärke mit dem Verlust auch nur des Anscheins einer eigenständigen, über den Gruppen stehenden, diese souverän lenkenden Rolle. Nicht der Staat als selbständige Größe ist stark – er ist stark als effektives Instrument in den Händen der dicht organisierten und dicht verschränkten Organisationen, die ihre Stärke zu der des Staates machen. Die Stärke dieser Organisationen beruht auf ihrer Repräsentativität; darauf, daß keine gesellschaftliche Großgruppe sich im Staat nicht vertreten fühlt.

Die deutsche Diskussion um den Staat ist vielfach geprägt von der Furcht, der Pluralismus der Gruppen könnte den politischen Zusammenhalt, den Konsens gefährden und zur Gruppenanarchie führen. Das österreichische Beispiel zeigt das Gegenteil. Der hochentwickelte Gruppenpluralismus hat zwar zur vollständigen Besetzung des Staates durch die Parteien und Verbände geführt. Der Zusammenhalt dieser Gruppen im Staat ist aber in einem Ausmaß verfestigt und die Kartellierung des Staates durch die Gruppen derartig stabil, daß Mangel an Konsens kein aktuelles Problem darstellt. Das österreichische Beispiel zeigt vielmehr, daß der Gruppenpluralismus zu einer anderen Gefahr führen kann: zu einem Zuwenig an Konflikt, an offener Auseinandersetzung, an Konkurrenz[14].

Die Diskussion um den Staat ist noch immer geprägt von der Illusion, der Staat müsse als soziales Phänomen besonderer Qualität der Gesellschaft und ihren Gruppen ordnend gegenübertreten. Jede Abweichung von diesem Bild wird als „Verlust von Staatlichkeit" beklagt, dem gegenüber eine Verdichtung der Staatsmacht gefordert wird. Das österreichische Beispiel zeigt, daß diese Verdichtung der Staatsmacht erreicht werden kann – freilich nur unter Verzicht auf die Fiktion von einem über die Gesellschaft erhobenen Staat. *Die Verdichtung einer eigenständigen, in sich selbst legitimierten Staatsmacht ist Illusion. Die Verdichtung einer abgeleiteten, von den gesellschaftlichen Gruppen vermittelten Staatsmacht ist die aktuelle Chance, einen starken Staat zu schaffen.*

Anmerkungen

[1] K. Loewenstein: Verfassungslehre, Tübingen 1969, S. 31–49. Das Phänomen der Fusion der Gewalten hat zuerst W. Bagehot behandelt: The English Constitution, London 1963 ([1]1867).

[2] W. Kaltefleiter: Die Funktionen des Staatsoberhauptes in der parlamentarischen Demokratie, Köln 1970, S. 129–197.

[3] Diese und die anderen, auf den Nationalrat bezogenen Daten sind dem offiziellen Verzeichnis „Nationalrat und Bundesrat der Republik Österreich 1973" entnommen.

[4] J. Blondel: An Introduction to Comparative Government, London 1969, S. 153 f.

[5] Die Grundlagen der angegebenen Mitgliederzahlen sind bei SPÖ und ÖVP offizielle, bei der FPÖ inoffizielle Angaben. Bei der ÖVP wurden nur die Mitglieder der drei Bünde (Österreichischer Arbeiter- und Angestelltenbund, Österreichischer Bauernbund, Österreichischer Wirtschaftsbund) berücksichtigt, nicht jedoch die Mitglieder der Österreichischen Frauenbewegung und der Jungen Volkspartei, um so die zahlreichen Doppelmitgliedschaften auszuschalten. Einschließlich der Frauenbewegung und der Jungen Volkspartei betrug die Mitgliedszahl der ÖVP am 1. 1. 1972 967738.

[5] St. Ehrlich: Die Macht der Minderheit. Die Einflußgruppen in der politischen Struktur des Kapitalismus, Wien 1966, S. 39 f.

[7] M. Duverger: Party Politics and Pressure Groups, Sunbury-on-Thames 1972.

[8] Berücksichtigt sind Funktionäre des ÖGB und seiner Fraktionen, der Einzelgewerkschaften, der Arbeiterkammern, der Betriebsräte, der Konsumgenossenschaften, der Sozialversicherungen unter „Arbeitnehmerverbände"; der Landwirtschafts- und Landarbeiterkammern, der Bezirksbauernkammern und der Bauernkrankenkasse unter „Agrarverbände"; der Handels- und Ärztekammern und der Industriellenvereinigung unter „Arbeitgeberverbände".

[9] Den Begriff des „Gleichgewichts der Klassenkräfte" hat O. Bauer geprägt: Die österreichische Revolution, Wien 1923.

[10] Nach H. H. Fabris: Das österreichische Mediensystem. In: H. Fischer (Hrsg.): Das politische System Österreichs, Wien 1974, S. 513.

[11] Nach M. Drennig: Vermögensverteilung in Österreich – ihre politische Relevanz. In: Fischer, a. a. O. S. 481.

[12] A. Lijphart: Typologies of Democratic Systems. In: Comparative Political Studies 1 (1968/69). Dazu auch allgemein A. Pelinka: Dynamische Demokratie. Zur konkreten Utopie gesellschaftlicher Gleichheit, Stuttgart 1974.

[13] F. Nuscheler – W. Steffani (Hrsg.): Pluralismus. Konzeptionen und Kontroversen, München 1972.

[14] E. Fraenkel: Deutschland und die westlichen Demokratien, Stuttgart 1964, vor allem S. 40–47.

Staat, Parteien und Marktwirtschaft

Gespräch mit Kurt Biedenkopf,
dem Generalsekretär der CDU

Das Gespräch mit Prof. Dr. Kurt Biedenkopf führte *Adelbert Reif*
(München).

*Sie haben vor geraumer Zeit die Sprache der Parteien kritisiert und u. a.
der SPD zum Vorwurf gemacht, daß in einem großen Teil ihrer für die
Öffentlichkeit bestimmten Informationsmaterialien wie auch in zahlreichen Reden von SPD-Politikern abfällige und diskriminierende Bemerkungen über Politiker der Unionsparteien und die Unionspolitik im allgemeinen enthalten sind. Ähnliches läßt sich aber – wenn man die
Äußerungen gewisser Unionspolitiker und einer bestimmten Presse zum
Maßstab nimmt – auch auf der „anderen Seite" feststellen: dort wird
ein Radikalismus und Extremismus nicht nur suggeriert, sondern bewußt
forciert...*

Ich bin über diese Entwicklung nicht glücklich. Wenn Sie die Entwicklung
der politischen Sprache in den letzten vier, fünf Jahren analysieren, so
werden Sie feststellen, daß nach der Übernahme der Regierung durch die
Sozialdemokraten Männer wie Herbert Wehner systematisch damit begonnen haben, den Wechsel zur politischen Alternative CDU sprachlich
auszuschließen, indem sie Sprachbarrieren gegen die Kommunikation der
CDU mit der Bevölkerung zu errichten versuchten. Zum Extrem getrieben
wurde diese Methode mit der Behauptung, die CDU plane einen „kalten
Staatsstreich". Das sind Vokabeln, die ein Mann wie Herbert Wehner,
der ja über eine politische Vergangenheit verfügt, nicht so ohne weiteres
benutzen dürfte; er benutzt sie auch nicht unbedacht, sondern in voller
Kenntnis dessen, was sie aussagen. Wenn einer Partei, die über fast 50

Prozent der Wählerzustimmung verfügt, von der Regierung oder einem
tragenden Mann der Regierung der Vorwurf eines „kalten Staatsstreiches"
gemacht wird, dann ist das nicht mehr und nicht weniger als die Behauptung, die CDU plane eine „zweite Machtübernahme". Ein solcher politischer Verdacht ist von uns gegenüber der SPD bisher nie geäußert worden.
Das würden wir auch nicht tun. Im Gegenteil: gerade Helmut Kohl hat
erst kürzlich wieder darauf hingewiesen, daß der Wechsel von der Opposition zur Regierung und zurück zur Opposition ein *unverzichtbares* Element
der Demokratie ist. Die Einsicht in diese Tatsache kann ich in der Sprache
der sozialdemokratischen Führungspolitiker nicht finden. Das ist ein *quali-
tativer,* nicht ein *quantitativer* Unterschied.

> *Herr Professor Biedenkopf, in einer verläßlichen politologischen Studie
> wurde vor kurzem mitgeteilt, daß für 45 Prozent aller Parteimitglieder
> die politischen Probleme so undurchschaubar sind, daß sie nach eigenen
> Angaben „überhaupt nicht verstehen, was da wirklich vor sich geht".
> Und nur ein knappes Drittel der Parteimitglieder wünscht ein program-
> matisches Verhalten der Parteien*.*
> *Ich halte das für ein außerordentlich gefährliches Symptom für den Fort-
> bestand unserer Demokratie. Denn wie sollen Menschen, denen es an
> politischem Überblick, an Einsicht in konkrete politische Zusammen-
> hänge fehlt, im demokratischen Sinne politisch wirken können? Wie be-
> werten Sie die Transparenz der von den Parteien in der Bundesrepublik
> Deutschland betriebenen Politik?*

Sie haben mit Ihrer Formulierung „eine verläßliche politisch-wissenschaft-
liche Studie" gewissermaßen die Möglichkeit abgeschnitten, den Inhalt
solcher Studien in Zweifel zu ziehen...

> *Es handelt sich um eine umfassende Untersuchung...*

Das mag schon sein, aber das macht sie nicht unbedingt richtig. Das Wählerverhalten sowohl in der Wahl von 1972 als auch in allen darauffolgenden
Wahlen ist ein *eindeutiger* Gegenbeweis. Wenn die Wähler *kein* Vertrauen
zu den Strukturen und Aussagen der drei großen politischen Parteien hätten, dann hätten sie gerade in den Kommunalwahlen die Möglichkeit gehabt, aus dem Spektrum der vorhandenen politischen Parteien auszubre-
chen und zu den Wählergemeinschaften zu wechseln. Sie haben aber genau
das Gegenteil getan. Sie haben den Wählergemeinschaften den Rücken
gekehrt. Das zeigt doch, daß die Wähler in der Bundesrepublik sich im
Rahmen des Parteienspektrums gut repräsentiert fühlen. Das ist, meine
ich, ein viel bedeutsameres Indiz für die Fähigkeit der Parteien, ihre Politik
den Wählern anschaulich darzustellen, als die Studie, die Sie zitieren.

---

* J. Dittberner – R. Ebbinghausen (Hrsg.): Parteiensystem in der Legitimations-
krise. Studien und Materialien zur Soziologie der Parteien in der Bundesrepublik
Deutschland, Opladen 1973.

Aber die Abstimmung bei einer Wahl über die von den Parteien betriebene
Politik ist doch etwas ganz anderes als die vorgegebenen oder tatsächli-
chen Möglichkeiten zur politischen Wirksamkeit innerhalb einer Partei ...
Aber wie kommt es dann, daß alle drei Parteien, vor allen Dingen die
CDU und in einem etwas geringeren Maße auch die FDP, einen enormen
Mitgliederzustrom haben? Die Leute entscheiden sich doch nicht dafür,
Mitglied in einer Partei zu werden, weil sie die Partei nicht verstehen,
sondern sie entscheiden sich zur Mitgliedschaft, weil sie aufgrund ihrer
bisherigen Beobachtungen eine Chance sehen, *aktiv* politisch mitzuarbei-
ten und sich zu identifizieren. Wenn Sie die Anträge zu den Parteitagen
der CDU analysieren, können Sie das sehr präzise feststellen. Wir haben
auf dem Hamburger Parteitag zu vier gesellschaftspolitischen Themen über
2000 Anträge gehabt. Diese Anträge sind aus Kreisverbänden, aus Lan-
desverbänden, aus Vereinigungen gekommen; sie sind also von Parteimit-
gliedern erarbeitet worden. Es kann überhaupt keine Rede davon sein,
daß die Tausende und Zehntausende von Mitgliedern, die da mitwirkten,
die Haltung zur politischen Partei einnehmen, wie sie von der Studie, die
Sie zitierten, festgestellt wird. Ich habe oft den Verdacht, daß solche polito-
logischen Untersuchungen von einem Idealzustand der Politik ausgehen,
der selbst in den Bereichen, wo die Wissenschaftler wirken, also in durch
ein überdurchschnittlich hohes Begabungs- und Erkenntnisniveau gekennzeichneten Bereichen, *nicht* verwirklichbar ist, geschweige denn in der
breiten Bevölkerung, und daß mit der Annahme eines so hohen Maßstabes
ein Zerrbild der Wirklichkeit produziert wird. Das macht sich im Sinne
einer Katastrophenlobby, im Sinne einer Negativdarstellung des Ist-
Zustandes natürlich gut; es laufen einem sozusagen die Schauer über den
Rücken. Aber das ist völlig *unkonstruktiv*, um nicht zu sagen *destruktiv*.
Ich bin der Meinung, daß wir noch nie zuvor in der deutschen Geschichte
eine Situation gehabt haben, in der sich die Bevölkerung in einer vergleichbar starken Art und Weise *positiv* zu politischen Parteien als Ort der politischen Willensbildung bekannt hat wie gerade jetzt. Daß die Verhältnisse
trotzdem verbesserungswürdig sind, steht außer Zweifel. Aber daß die
Kommunikation zwischen den Männern und Frauen, die die Willensbildung in den Parteien betreiben, und der Bevölkerung zu keinem früheren
Zeitpunkt so dicht war, ist ebenfalls sicher. Dafür sorgen schon die Massenmedien, die Zeitungen, der Rundfunk und das Fernsehen, die die Bevölkerung praktisch täglich über den Prozeß der politischen Willensbildung informieren.

Wenn wir hier von der Notwendigkeit der Transparenz im parteipoliti-
schen und staatlichen Bereich sprechen, so möchte ich Ihnen gern unter
direkter Bezugnahme auf Ihre Vorstellungen von einer ,,neuen Ord-
nungspolitik" die Frage stellen, wie denn die Transparenz auf dem Sektor
der inneren Sicherheit dieses Staates aussehen soll.
Wir wissen heute, daß einzelne und Gruppen von Polizei- und Staatsorga-
nen in den USA in Verbrechen verwickelt sind, die vom einfachen Dieb-

stahl über Rauschgifthandel, Vergewaltigungen bis hin zum vorsätzlichen
Mord im Dienst reichen. Das sind keine besonderen Ausnahmen, sondern
Fälle der täglichen Praxis; darüber gibt es Untersuchungen, Studien,
Berichte, die ich Ihnen zitieren kann. Wir wissen ebenso, daß die Krimi-
nalität der Polizeikräfte in der Bundesrepublik ständig zunimmt. Und
sowohl in den USA wie in der Bundesrepublik – selbstverständlich auch
in anderen Ländern – werden jedoch die kriminellen Delikte der Polizei
vor der Öffentlichkeit verheimlicht, bestritten oder vertuscht. Meistens
gelangt dann die Wahrheit mittels spektakulärer Presseveröffentlichungen
ans Tageslicht.
Welche Vorstellungen, welche Pläne haben Sie, hat Ihre Partei, um im
Sinne einer konsequenteren Demokratisierung unserer Gesellschaft mehr
Transparenz und damit mehr Gerechtigkeit, mehr Sicherheit für den ein-
zelnen Staatsbürger nicht nur zu fordern, sondern auch durchzusetzen?
Offen gestanden: ich verstehe Ihre Frage nicht. Zunächst einmal erscheint
mir der Vergleich zwischen der Bundesrepublik und den Vereinigten Staaten höchst *zweifelhaft* – gerade was das organisierte Verbrechen angeht.
Wir haben doch in der Bundesrepublik überhaupt keine sozialen Spannungen, Tatbestände oder Bereiche, die sich mit denen in den USA vergleichen
ließen. Denken Sie an die Slums in New York, an den Harlem District –
so etwas gibt es bei uns nicht. In diesen Bereichen finden jedoch 75 Prozent
des Verbrechens in New York statt.
Die Radikalität der sozialen Frage in den amerikanischen Großstädten
führt natürlich auch zu einer entsprechenden Radikalität der polizeilichen
Maßnahmen. Daß es bei uns solche Fälle auch gibt, das kann man nicht
bestreiten; solange Polizisten Menschen sind, wird es das immer geben.
Aber ich sehe eigentlich keine Notwendigkeit für intensive politische Maßnahmen zur Steigerung der Transparenz in diesem Bereich; dafür haben
wir eine freie Presse, dafür haben wir eine gesamtgesellschaftliche und
politische Situation, in der der einzelne seine Meinung ohne Angst vor
Repressalien zum Ausdruck bringen kann; dafür haben wir Gerichte und
Staatsanwälte. Wenn die Menschen die Institutionen, die man geschaffen
hat, um sie zu schützen, *nicht* nutzen, gleichgültig, aus welchen Gründen,
so nützt die beste Gesetzgebung nichts. Man müßte hier viel detaillierter
fragen, man müßte einzelnen Fällen nachgehen, in denen Polizisten ihre
Kompetenzen überschritten haben, in denen sie in Rauschgiftschmuggel
oder ähnliche Dinge verwickelt waren. Man müßte feststellen: Ist der
Grund struktureller Art oder sogenanntes menschliches Versagen? Wenn
der Grund menschliches Versagen ist, dann können Sie wenig dagegen
unternehmen, jedenfalls nicht im Sinne eines *politischen* Programms, wie
Sie dies in Ihrer Frage formulieren. Dann müßten Sie ein politisches Programm entwerfen mit der primären Forderung: Die Menschen *müssen* besser werden. Damit möchte ich das Problem in keiner Weise verniedlichen,
nur glaube ich, daß Sie die Antwort auf einer *falschen* Ebene suchen.
Wir haben gerade in der Bundesrepublik unsere demokratische Ordnung,
den Ausbau der Menschenrechte, unsere soziale Ordnung so weit getrie-

ben, daß es eine Reihe sehr ernst zu nehmender Kritiker gibt, die genau das Gegenteil von dem für richtig halten, was Sie fordern. Diese Kritiker sagen, daß die Demokratisierung und Transparenz in unserem Lande *viel zu weit* getrieben worden ist, so weit nämlich, daß sie kein Mensch mehr verantwortungsbewußt handhaben kann. Denn mit Transparenz ist es ja nicht getan; es muß Menschen geben, welche die durch die Transparenz vermittelte Information auch in Handlung umsetzen können. Und keiner von uns, die wir hier am Tisch sitzen, ist überhaupt noch in der Lage, die angebotene Informationsfülle zu verarbeiten, geschweige denn in Handlung umzusetzen. Das heißt, wir sind in einem hohen Maße auf eine *arbeitsteilige* Inanspruchnahme dieser Informationsfülle angewiesen. Insofern kann ich nur sagen: *Alle* Medien, also Presse, Rundfunk, Fernsehen, die gesamte öffentliche Meinung, die politischen Gruppierungen überall im Lande *müssen* mit der ihnen zur Verfügung stehenden Information das tun, was Sie hier ansprechen. Dazu bedarf es keines neuen politischen Programms, sondern nur der *Nutzung* aller der Möglichkeiten, die in unserer Demokratie *bereits vorhanden* sind.

Herr Professor Biedenkopf, nach Artikel 15 des Grundgesetzes der Bundesrepublik Deutschland ist eine weitgehende Umgestaltung der Wirtschaft denkbar, und zwar mittels Überführung der Produktionsmittel in Gemeineigentum oder in gemeinwirtschaftliche Formen.
Welche Position nimmt Ihre Partei gegenüber diesem Artikel des Grundgesetzes ein?

Es ist *nicht* zutreffend, daß nach Artikel 15 des Grundgesetzes eine weitgehende Umgestaltung der Wirtschaft möglich ist. Die Verstaatlichung wird vielmehr von ganz bestimmten Voraussetzungen abhängig gemacht:
daß sie dem Allgemeinwohl dienen muß, was in jedem einzelnen Fall nachgewiesen werden muß,
daß sie mit einer angemessenen Entschädigung verbunden sein muß. Der Grundsatz der angemessenen Entschädigung ist bereits eine sehr wesentliche Beschränkung des Instruments der Verstaatlichung. Im übrigen müssen diejenigen, die verstaatlichen wollen, zunächst einmal den Beweis dafür antreten, daß durch die Verstaatlichung wirklich eine Verbesserung der Lebenslage der Betroffenen erreicht wird. Dieser Beweis ist – von ganz wenigen Einzelfällen abgesehen – bisher noch nie geführt worden und wird wahrscheinlich auch nicht gelingen. Die Arbeitnehmer, die von solchen Prozessen in erster Linie betroffen sind, haben dafür ein sehr viel besseres Gespür als diejenigen, die diese Forderungen erheben. Die Arbeiter und Angestellten wissen nämlich ganz genau, daß sie von einem Unternehmer, der, wenn auch in einem begrenzten Umfang, für Fehlleistungen selbst das Risiko tragen muß, wahrscheinlich langfristig besser bedient werden als von Bürokraten, die völlig ohne Rücksicht auf das, was sie anrichten, eine lebenslängliche Sicherheit haben, also kein unternehmerisches Risiko tragen. Vergleicht man den Erfolg privater und staatlicher Unternehmen in der Bundesrepublik, die wirklich vom Staat und der Bürokratie geführt

werden, dann spricht auch dieser Erfolgsvergleich nicht gerade dafür, daß die Verstaatlichung dem Allgemeinwohl dient. Der Artikel 15 des Grundgesetzes ist eine wichtige Bestimmung, weil sie näher präzisiert, *was* möglicherweise Folge der Allgemeinwohlpflichtigkeit und damit der Sozialpflichtigkeit von Eigentum sein *kann,* aber es ist ganz bestimmt die Ausnahmevorschrift, nicht die Regel.

Auf einer Tagung Ihrer Partei erklärten Sie Anfang Mai 1974, eine Beseitigung der sozialen Marktwirtschaft würde zu einer Eliminierung der Voraussetzungen für die politische Freiheit führen.
Wenig später sagten Sie in einem Interview für die Europa- und Überseeprogramme der ,,Deutschen Welle'', die Marktwirtschaft sei kein naturrechtliches Prinzip. Was gestern im Sinne der konkreten, das heißt der praktischen, Ausformung von Grundsätzen recht gewesen sei, müsse deshalb heute nicht unbedingt richtig sein. Entscheidend sei vielmehr, ,,daß wir eine Wirtschaftsordnung haben, in der wir das Machtproblem mit freiheitlichen Mitteln lösen''.
Ich wäre Ihnen dankbar, wenn Sie Ihre Auffassung etwas näher erläutern würden, zumal hier ein gewisser Widerspruch zwischen beiden Äußerungen zu bestehen scheint...

Ich habe mich in der einen Aussage zu der Frage geäußert, *ob* ein Zusammenhang zwischen der freiheitlichen Wirtschaftsverfassung Marktwirtschaft und der politischen Verfassung besteht, und diesen Zusammenhang *bejaht,* während ich in dem Interview, das Sie ansprechen, auf die Frage eingegangen bin, ob die konkrete Ausformung der Marktwirtschaft ein für allemal feststeht.
Ganz offensichtlich muß die zweite Frage *verneint* werden. Nehmen wir ein praktisches Beispiel: Vergleicht man die politische Bewertung des Eigentums an Produktionsmitteln Anfang und Mitte der *sechziger Jahre* etwa im Rahmen der Aktienrechtsreform damit, wie es *heute* politisch bewertet wird, dann kann man wesentliche Unterschiede ausmachen. Heute ist die Sozialpflichtigkeit des Eigentums als Gedanke ganz anders, und zwar *qualitativ* anders, anerkannt. Die Garantie der freien Marktwirtschaft bedeutet *nicht,* daß die konkrete Ausformung der Aktiengesellschaft oder GmbH, der Fusionskontrolle, des Warenzeichens oder des Patents nicht geändert werden könnte; geändert gerade, um die marktwirtschaftliche Ordnung zu erhalten. Wenn ich feststelle, daß eine bestimmte Institution, sagen wir die Aktiengesellschaft, wegen ihrer wertneutralen oder ordnungspolitisch neutralen Handhabung von einem Baustein der Marktwirtschaft zu einer Gefährdung der Marktwirtschaft wird, dann muß diese Institution verändert werden, das heißt, es *müssen* die konkreten Institutionen dem Wandel der Zeit, den veränderten Bedingungen, den veränderten Prioritäten oder den veränderten Einsichten in die Wertverwirklichung *angepaßt* werden. Doch das Prinzip bleibt erhalten. Das Prinzip der marktwirtschaftlichen Ordnung besagt: Dezentralisation der Planungs- und Entscheidungshaushalte in der Volkswirtschaft, Koordinierung

der autonomen Planungs- und Entscheidungsträger durch Wettbewerbs-
prozesse, Gewährleistung der Autonomie dieser Planungs- und Entscheidungsträger, gleichgültig, ob es sich nun um Persönlichkeitsentfaltung,
Berufsfreiheit, Konsumfreiheit oder Unternehmensfreiheit handelt; die
Einbindung der Planungs- und Entscheidungsträger in das Allgemeinwohl
bei gleichzeitiger verfassungsrechtlicher Sicherung ihrer Autonomie. Die
Dezentralisation, die ja eine *politische* Entscheidung ist und *nicht* ein
ökonomisches Problem, wird gewissermaßen *unwiderruflich* gemacht.
Nehmen wir an, daß heute in der Bundesrepublik eine *planwirtschaftliche
Ordnung* eingeführt werden soll, vergleichbar etwa mit der in der Tsche-
choslowakei, dann ist das *nur* möglich, wenn eine Reihe von Grundrechten,
zum Beispiel das Grundrecht der freien Berufswahl und Berufsausübung,
außer Kraft gesetzt wird, weil es nicht jedem Bürger überlassen bleiben
kann, *was* für ein Gewerbe er betreiben will, wenn die Ressourcen *plan-
wirtschaftlich* verteilt werden sollen. Ebenso ist es unmöglich, einerseits
Investitionen zu *planen* und es dann andererseits den Arbeitnehmern an-
heimzustellen, *ob* sie nun in der Investition A *oder* in der Investition B
arbeiten wollen. Folglich muß man bei staatlicher Investititionsplanung
die Arbeitnehmer zwingen, bei A *oder* B zu arbeiten. Das braucht nicht
einmal durch Befehle zu geschehen. Es läßt sich ganz einfach dadurch
erreichen, daß den Menschen keine anderen Arbeitsmöglichkeiten ange-
boten werden.
Die planwirtschaftliche Organisation, wie sie sich in den Ländern des
Sozialismus verwirklicht hat, ist mit der politischen Verfassung unseres
Landes *unvereinbar*. Der Hauptgrund aber, warum ich die erste Aussage
gemacht habe, ist dieser: beide, sowohl die *wirtschaftliche* als auch die
politische Verfassung, haben den einzelnen Bürger zum Adressaten. Wenn
der Bürger *wirtschaftlich verplant* ist, wenn ihm wirtschaftlich die Entschei-
dungsfreiheit weitgehend genommen ist durch Einbindung in soziale
Systeme, durch für ihn vorgenommene Konsumwahl, durch Beeinträch-
tigung seiner Arbeitsplatzentscheidung, dann verliert er die Möglichkeit,
den Staat, der ihn *wirtschaftlich* beherrscht, *politisch* zu kontrollieren. Dieser Zusammenhang ist das Entscheidende! Wenn die Bürger nicht mehr
vor wirtschaftlichen Nachteilen oder Repressalien sicher sind, wenn sie
nicht im Besitz jener Freiheiten sind, die eine Kontrolle der politischen
Macht gewährleisten, *dann* funktioniert auch die *politische* Freiheit und
die *politische* Demokratie nicht mehr. Dieser Zusammenhang zwischen
einem auf die Spitze getriebenen Sozial- oder Wohlfahrtsstaatssystem und
der Abnahme der politischen Freiheit ist entscheidend für das Verhältnis
von Wirtschaftsverfassung und politischer Ordnung.

Wie beurteilen Sie unter diesem Aspekt die Funktion der Mitbestimmung?
Die Mitbestimmung ist ein kleiner Ausschnitt aus dem Bereich der Organisation der marktwirtschaftlichen Ordnung. Sie hat im Rahmen der Unter-
nehmensmitbestimmung die Funktion, die Arbeitnehmer an unternehme-
rischen Entscheidungen mit dem Ziel zu beteiligen, ihre speziellen

Interessen in diesen Entscheidungen mit zum Tragen zu bringen. Wird die Mitbestimmung so weit getrieben, daß sie die Dezentralisation der Planungs- und Entscheidungsprozesse und ihre Koordination durch Wettbewerb im Prinzip gefährdet, wird beispielsweise die Mitbestimmung zu einer Art Ersatzkartell, dann gefährdet sie die marktwirtschaftliche Ordnung. Deshalb haben wir immer gesagt: Die Mitbestimmung *muß* verwirklicht werden im Rahmen der marktwirtschaftlichen Ordnung, der Tarifautonomie, des Privateigentums an Produktionsmitteln. Zu diesem Ergebnis ist auch die Mitbestimmungskommission gelangt. Ohne ordnungspolitische Einbindung der Mitbestimmung, wie des Privateigentums oder der Tarifautonomie, ist eine freiheitliche Wirtschaftsverfassung nicht denkbar.

Dokumentation
Was heißt Staat?

Thomas Hobbes (1588–1679)

Ein sterblicher Gott, der den Kampf aller gegen alle beendet

Die Menschen, die von Natur aus Freiheit und Herrschaft über andere lieben, führten die Selbstbeschränkung, unter der sie, wie wir wissen, in Staaten leben, letztlich allein mit dem Ziel und der Absicht ein, dadurch für ihre Selbsterhaltung zu sorgen und ein zufriedeneres Leben zu führen – das heißt, dem elenden Kriegszustand zu entkommen, der aus den natürlichen Leidenschaften der Menschen notwendig folgt, dann nämlich, wenn es keine sichtbare Gewalt gibt, die sie im Zaume zu halten und durch Furcht vor Strafe an die Erfüllung ihrer Verträge und an die Beachtung der natürlichen Gesetze zu binden vermag.

Denn die natürlichen Gesetze, wie *Gerechtigkeit, Billigkeit, Bescheidenheit, Dankbarkeit,* kurz: das Gesetz, *andere so zu behandeln, wie wir selbst behandelt werden wollen,* sind an sich, ohne die Furcht vor einer Macht, die ihre Befolgung veranlaßt, unseren natürlichen Leidenschaften entgegengesetzt, die uns zu Parteilichkeit, Hochmut, Rachsucht und ähnlichem verleiten. Und Verträge ohne das Schwert sind bloße Worte und besitzen nicht die Kraft, einem Menschen auch nur die geringste Sicherheit zu bieten. Falls keine Zwangsgewalt errichtet worden oder diese für unsere Sicherheit nicht stark genug ist, wird und darf deshalb jedermann sich rechtmäßig zur Sicherung gegen alle anderen Menschen auf seine eigene Kraft und Geschicklichkeit verlassen – ungeachtet der natürlichen Gesetze (die jedermann dann eingehalten hat, wenn er willens ist, sie in den Fällen einzuhalten, wo er dies ungefährdet tun kann). Und überall dort, wo die Menschen in kleinen Familien zusammenlebten, war gegenseitiges Rauben

und Plündern ein Gewerbe und weit davon entfernt, als naturrechtswidrig
angesehen zu werden: je größer die Beute, die sie machten, desto größer
die Ehre. Und die Menschen beachteten hierbei keine anderen Gesetze
als die der Ehre, das heißt, Grausamkeiten waren dadurch zu vermeiden,
daß man den Leuten das Leben und die Wirtschaftsgeräte ließ. Und wie
damals kleine Familien, so vergrößern jetzt Städte und Königreiche, die
nichts anderes als größere Familien sind, aus Gründen der eigenen Sicherheit ihren Herrschaftsbereich bei jeder angeblichen Gefahr und aus Furcht
vor einem Angriff oder der Unterstützung, die den Angreifern zuteil werden könnte, und bemühen sich nach Kräften, ihre Nachbarn mit offener
Gewalt und Hinterlist zu unterwerfen oder zu schwächen – mit Recht,
da es keine andere Sicherheitsgarantie gibt. Und in späteren Zeiten gedenkt man ihrer deswegen in Verehrung.
Auch der Zusammenschluß einer kleinen Anzahl von Menschen gibt ihnen
diese Sicherheit nicht, denn bei kleinen Zahlen verleihen kleine Zunahmen
auf der einen oder der anderen Seite eine so große Übermacht, daß sie
genügt, zum Sieg zu führen, und deshalb zu einem Angriff ermutigt. Die
Menge, die zu einer verläßlichen Sicherheit ausreicht, ergibt sich nicht
aus einer bestimmten Zahl, sondern aus einem Vergleich mit dem gefürch-
teten Feind, und sie reicht dann aus, wenn die Überzahl des Feindes nicht
so offensichtlich und ausschlaggebend ist, daß von vornherein der Ausgang
des Krieges feststeht und ihn deshalb zu einem Versuch ermuntert.
Und eine Menge mag noch so groß sein: Wenn die Handlungen der einzelnen von ihren besonderen Urteilen und Neigungen geleitet werden, so
können sie von ihnen weder Verteidigung noch Schutz gegen einen gemeinsamen Feind noch gegen Übergriffe, die sie sich gegenseitig zufügen,
erwarten. Denn da ihre Meinungen über die beste Ausnützung und
Anwendung ihrer Stärke auseinandergehen, helfen sie sich nicht, sondern
hindern sich gegenseitig und reduzieren ihre Stärke, indem sie sich gegenseitig bekämpfen, auf ein Nichts. Dadurch werden sie nicht nur leicht durch
eine sehr kleine Zahl von Menschen, die sich einig sind, unterworfen, sondern sie führen auch ohne gemeinsamen Feind wegen ihrer Einzelinteres-
sen gegeneinander Krieg.
Denn könnten wir annehmen, eine große Menge von Menschen stimmte
ohne eine allgemeine, sie alle im Zaum haltende Macht miteinander in
der Beachtung von Gerechtigkeit und allen anderen natürlichen Gesetzen
überein, so könnten wir ebensogut annehmen, die ganze Menschheit ver-
hielte sich so, und dann gäbe es überhaupt keine bürgerliche Regierung
oder einen Staat, noch wären sie nötig, denn es herrschte Frieden ohne
Unterwerfung.
Die Sicherheit, von der die Menschen wünschen, sie möge ihr Leben lang
andauern, ist auch nicht gewährleistet, wenn diese nach dem Ermessen
eines einzelnen für eine begrenzte Zeit, zum Beispiel in einer Schlacht
oder in einem Krieg, regiert oder gelenkt werden. Denn selbst wenn sie
durch ihre einmütige Anstrengung einen Sieg über einen auswärtigen Feind
erringen, so müssen sie danach doch notwendig sich wegen ihrer unter-

schiedlichen Interessen entzweien und wieder in einen Krieg untereinander zurückfallen, wenn sie nämlich entweder keinen gemeinsamen Feind haben oder aber jemand von der einen Partei als Feind und von der anderen als Freund angesehen wird.

Es ist richtig, daß gewisse Lebewesen, wie Bienen und Ameisen, gesellig zusammenleben, weshalb sie von *Aristoteles* zu den politischen Lebewesen gerechnet werden, und daß sie doch keine andere Führung haben als ihre eigenen Urteile und Neigungen, auch keine Sprache, wodurch der eine dem anderen zu erkennen geben könnte, was seiner Meinung nach dem Gemeinwohl zuträglich ist. Und deshalb möchten manche vielleicht wissen, weshalb sich die Menschheit nicht ebenso verhalten kann. Darauf gebe ich zur Antwort:

Erstens. Die Menschen liegen in einem ständigen Wettkampf um Ehre und Würde, diese Lebewesen aber nicht; folglich entstehen zwischen den Menschen aus diesem Grund Neid und Haß und letztlich Krieg, zwischen diesen Lebewesen aber nicht*.

Zweitens: Bei diesen Lebewesen unterscheidet sich das Gemeinwohl nicht vom Privatwohl, und da sie von Natur aus ihr privates Wohl anstreben, fördern sie dadurch das Gemeinwohl. Der Mensch dagegen, der es liebt, sich mit anderen Menschen zu vergleichen, kann nur an Außerordentlichem Geschmack finden.

Drittens. Da diese Lebewesen nicht wie die Menschen über Vernunft verfügen, sehen sie keine Mängel in der Verwaltung ihrer allgemeinen Angelegenheiten und meinen auch nicht, solche zu sehen, während es bei den Menschen sehr viele gibt, die sich für klüger und zur Regierung der Öffentlichkeit fähiger halten als der Rest. Und diese Leute streben nach Reformen und Neuerungen, die einen auf diesem, die anderen auf jenem Weg und stürzen die Öffentlichkeit dadurch in Wirren und Bürgerkrieg.

Viertens. Obwohl diese Tiere in gewissem Maße die Stimme benützen können, um sich gegenseitig ihre Wünsche und andere Gemütsbewegungen zu erkennen zu geben, so fehlt ihnen doch die Wortkunst, durch die es einige Menschen verstehen, anderen gut als böse und böse als gut hinzustellen und die offensichtliche Größe eines Guts oder Übels zu vergrößern oder zu verringern. Dadurch machen sie die Menschen unzufrieden und stören ihren Frieden, wie es ihnen paßt.

Fünftens. Unvernünftige Lebewesen können nicht zwischen *Beleidigung* und *Verletzung* unterscheiden. Deshalb sind sie mit ihren Artgenossen nicht verfeindet, solange sie ungestört sind, während der Mensch dann am unleidlichsten ist, wenn er am meisten Muße hat. Denn dann liebt er es, seine Weisheit zu zeigen und die Handlungen derer, die den Staat regieren, zu kritisieren.

Letztlich. Die Übereinstimmung dieser Lebewesen ist natürlich, die der Menschen beruht nur auf Vertrag, der künstlich ist. Und deshalb ist es

---

* In der lateinischen Fassung Satzende einschränkend formuliert: ... unter jenen aber höchst selten.

kein Wunder, daß außer dem Vertrag noch etwas erforderlich ist, um ihre Übereinstimmung beständig und dauerhaft zu machen, nämlich eine allgemeine Gewalt, die sie im Zaum halten und ihre Handlungen auf das Gemeinwohl hinlenken soll.

Der alleinige Weg zur Errichtung einer solchen allgemeinen Gewalt, die in der Lage ist, die Menschen vor dem Angriff Fremder und vor gegenseitigen Übergriffen zu schützen und ihnen dadurch eine solche Sicherheit zu verschaffen, daß sie sich durch eigenen Fleiß und von den Früchten der Erde ernähren und zufrieden leben können, liegt in der Übertragung ihrer gesamten Macht und Stärke auf einen Menschen oder eine Versammlung von Menschen, die ihre Einzelwillen durch Stimmenmehrheit auf einen Willen reduzieren können. Das heißt soviel wie einen Menschen oder eine Versammlung von Menschen bestimmen, die deren Person verkörpern sollen, und bedeutet, daß jedermann alles als eigen anerkennt, was derjenige, der auf diese Weise seine Person verkörpert, in Dingen des allgemeinen Friedens und der allgemeinen Sicherheit tun oder veranlassen wird, und sich selbst als Autor alles dessen bekennt und dabei den eigenen Willen und das eigene Urteil seinem Willen und Urteil unterwirft. Dies ist mehr als Zustimmung oder Übereinstimmung: Es ist eine wirkliche Einheit aller in ein und derselben Person, die durch Vertrag eines jeden mit jedem zustande kam, als hätte jeder zu jedem gesagt: *Ich autorisiere diesen Menschen oder diese Versammlung von Menschen und übertrage ihnen mein Recht, mich zu regieren, unter der Bedingung, daß du ihnen ebenso dein Recht überträgst und alle ihre Handlungen autorisierst.* Ist dies geschehen, so nennt man diese zu einer Person vereinte Menge *Staat,* auf lateinisch *civitas.* Dies ist die Erzeugung jenes großen *Leviathan* oder, besser, um es ehrerbietiger auszudrücken, jenes *sterblichen Gottes,* dem wir unter dem *unsterblichen Gott* unseren Frieden und Schutz verdanken. Denn durch diese ihm von jedem einzelnen im Staate verliehene Autorität steht ihm so viel Macht und Stärke zur Verfügung, die auf ihn übertragen worden sind, daß er durch den dadurch erzeugten Schrecken in die Lage versetzt wird, den Willen aller auf den innerstaatlichen Frieden und auf gegenseitige Hilfe gegen auswärtige Feinde hinzulenken. Hierin liegt das Wesen des Staates, der, um eine Definition zu geben, *eine Person* ist, *bei der sich jeder einzelne einer großen Menge durch gegenseitigen Vertrag eines jeden mit jedem zum Autor ihrer Handlungen gemacht hat, zu dem Zweck, daß sie die Stärke und Hilfsmittel aller so, wie sie es für zweckmäßig hält, für den Frieden und die gemeinsame Verteidigung einsetzt.*

Wer diese Person verkörpert, wird *Souverän* genannt und besitzt, wie man sagt, *höchste Gewalt,* und jeder andere daneben ist sein *Untertan.*

Diese höchste Gewalt wird auf zwei Wegen erlangt: Der eine besteht in der natürlichen Kraft, wenn z.B. jemand seine Kinder dazu bringt, sich zusammen mit ihren Kindern seiner Regierung zu unterwerfen, da er sie vernichten kann, wenn sie es ablehnen, oder wenn jemand seine Feinde seinem Willen dadurch unterwirft, daß er ihnen unter dieser Bedingung das Leben schenkt. Der andere ist gegeben, wenn Menschen miteinander übereinkommen, sich willentlich einem Menschen oder einer Versammlung von Menschen zu unterwerfen, im Vertrauen darauf, von ihnen gegen alle anderen geschützt zu werden. Der letzte Fall kann „politischer Staat" oder „Staat durch *Einsetzung*" genannt werden, und der erste „Staat durch *Aneignung*".

Leviathan oder Stoff, Form und Gewalt eines bürgerlichen und kirchlichen Staates, hrsg. und eingeleitet von Iring Fetscher, Neuwied – Berlin 1966, S. 131–135 (Teil II, Kap. 17).

Georg Wilhelm Friedrich Hegel (1770–1831)
Der Staat als die Wirklichkeit der sittlichen Idee

§. 257
Der Staat ist die Wirklichkeit der sittlichen Idee – der sittliche Geist, als der *offenbare*, sich selbst deutliche, substantielle Wille, der sich denkt und weiß und das, was er weiß und insofern er es weiß, vollführt. An der *Sitte* hat er seine unmittelbare und an dem *Selbstbewußtseyn* des Einzelnen, dem Wissen und Thätigkeit desselben seine vermittelte Existenz, so wie dieses durch die Gesinnung in ihm, als seinem Wesen, Zweck und Produkte seiner Thätigkeit, seine *substantielle Freiheit* hat.
Die *Penaten* sind die inneren, *unteren* Götter, der *Volksgeist* (Athene) das sich *wissende* und *wollende* Göttliche; die *Pietät* die Empfindung und in Empfindung sich benehmende Sittlichkeit – die *politische Tugend* das Wollen des an und für sich seyenden gedachten Zweckes.

§. 258
Der Staat ist als die Wirklichkeit des substantiellen *Willens,* die er in dem zu seiner Allgemeinheit erhobenen besonderen *Selbstbewußtseyn* hat, das an und für sich *Vernünftige.* Diese substantielle Einheit ist absoluter unbewegter Selbstzweck, in welchem die Freiheit zu ihrem höchsten Recht kommt, so wie dieser Endzweck das höchste Recht gegen die Einzelnen hat, deren *höchste Pflicht* es ist, Mitglieder des Staats zu seyn.
Wenn der Staat mit der bürgerlichen Gesellschaft verwechselt und seine Bestimmung in die Sicherheit und den Schutz des Eigenthums und der persönlichen Freiheit gesetzt wird, so ist *das Interesse der Einzelnen als solcher* der letzte Zweck, zu welchem sie vereinigt sind, und es folgt hieraus ebenso, daß es etwas Beliebiges ist, Mitglied des Staates zu seyn. – Er hat aber ein ganz anderes Verhältniß zum Individuum; indem er objektiver Geist ist, so hat das Individuum selbst nur Objektivität, Wahrheit und Sittlichkeit, als es ein Glied desselben ist. *Die Vereinigung* als solche ist selbst der wahrhafte Inhalt und Zweck, und die Bestimmung der Individuen ist, ein allgemeines Leben zu führen; ihre weitere besondere Befriedigung, Thätigkeit, Weise des Verhaltens hat dieß Substantielle und Allgemeingültige zu seinem Ausgangspunkte und Resultate. – Die Vernünftigkeit besteht, abstrakt betrachtet, überhaupt in der sich durchdringenden Einheit

der Allgemeinheit und der Einzelnheit, und hier konkret dem Inhalte nach in der Einheit der objektiven Freiheit, d. i. des allgemeinen substantiellen Willens und der subjektiven Freiheit als des individuellen Wissens und seines besondere Zwecke suchenden Willens – und deswegen der Form nach in einem nach *gedachten, d. h. allgemeinen* Gesetzen und Grundsätzen sich bestimmenden Handeln. – Diese Idee ist das an und für sich ewige und nothwendige Seyn des Geistes. – Welches nun aber der *historische* Ursprung des Staates überhaupt, oder vielmehr jedes besondern Staates, seiner Rechte und Bestimmungen sey oder gewesen sey, ob er zuerst aus patriarchalischen Verhältnissen, aus Furcht oder Zutrauen, aus der Korporation u. s. f. hervorgegangen, und wie sich das, worauf sich solche Rechte gründen, im Bewußtseyn als göttliches, positives Recht oder Vertrag, Gewohnheit und sofort gefaßt und befestigt habe, geht die Idee des Staates selbst nicht an, sondern ist in Rücksicht auf das wissenschaftliche Erkennen, von dem hier allein die Rede ist, als die Erscheinung eine historische Sache; in Rücksicht auf die Autorität eines wirklichen Staates, insofern sie sich auf Gründe einläßt, sind diese aus den Formen des in ihm gültigen Rechts genommen. – Die philosophische Betrachtung hat es nur mit dem Inwendigen von Allem diesem, dem *gedachten Begriffe* zu thun. In Ansehung des Aufsuchens dieses Begriffes hat *Rousseau* das Verdienst gehabt, ein Princip, das nicht nur seiner Form nach (wie etwa der Socialitätstrieb, die göttliche Autorität), sondern dem Inhalte nach *Gedanke* ist, und zwar das *Denken* selbst ist, nämlich den *Willen* als Princip des Staats aufgestellt zu haben. Allein indem er den Willen nur in bestimmter Form des *einzelnen* Willens (wie nachher auch Fichte) und den allgemeinen Willen, nicht als das an und für sich Vernünftige des Willens, sondern nur als das *Gemeinschaftliche,* das aus diesem einzelnen Willen *als bewußtem* hervorgehe, faßte: so wird die Vereinigung der Einzelnen im Staat zu einem *Vertrag,* der somit ihre Willkür, Meinung und beliebige, ausdrückliche Einwilligung zur Grundlage hat, und es folgen die weiteren bloß verständigen, das an und für sich seyende Göttliche und dessen absolute Autorität und Majestät zerstörenden Konsequenzen. Zur Gewalt gediehen, haben diese Abstraktionen deswegen wohl einer Seits das, seit wir vom Menschengeschlechte wissen, erste ungeheure Schauspiel hervorgebracht, die Verfassung eines großen wirklichen Staates mit Umsturz alles Bestehenden und Gegebenen, nun ganz von Vorne und vom *Gedanken* anzufangen, und ihr bloß das *vermeinte Vernünftige* zur Basis geben zu *wollen,* anderer Seits, weil es nur ideenlose Abstraktionen sind, haben sie den Versuch zur fürchterlichsten und grellsten Begebenheit gemacht. – Gegen das Princip des einzelnen Willens ist an den Grundbegriff zu erinnern, daß der objektive Wille das an sich in seinem *Begriffe* Vernünftige ist, ob es vom Einzelnen erkannt und von ihrem Belieben gewollt werde oder nicht; – daß das Entgegengesetzte, das Wissen und Wollen, die Subjektivität der Freiheit, die in jenem Princip *allein* festgehalten ist, nur das *eine,* darum einseitige Moment der *Idee des vernünftigen* Willens enthält, der dieß nur dadurch ist, daß er ebenso *an sich,* als er *für sich* ist. – Das andere Gegentheil von dem Gedanken, den Staat in der Erkenntniß als ein für sich Vernünftiges zu fassen, ist, die *Aeußerlichkeit* der Erscheinung, der Zufälligkeit der Not, der Schutzbedürftigkeit, der Stärke, des Reichthums u. s. f. nicht als Momente der historischen Entwickelung, sondern für die *Substanz* des Staates zu nehmen. Es ist hier gleichfalls die Einzelnheit der Individuen, welche das Princip des Erkennens ausmacht, jedoch nicht einmal der *Gedanke* dieser Einzelnheit, sondern im Gegentheil die empirischen Einzelnheiten nach ihren zufälligen Eigenschaften, Kraft und Schwäche, Reichthum und Armuth u. s. f. Solcher Einfall, das an und für sich *Unendliche* und *Vernünftige* im Staat zu übersehen und den *Gedanken* aus dem Auffassen seiner innern Natur zu *verbannen,* ist wohl nie so unvermischt aufgetreten, als in Herrn von *Hallers Restauration der Staatswissenschaft**, – *unvermischt,* denn in allen Versuchen, das Wesen des Staats zu fassen, wenn auch die Principien noch so einseitig oder oberflächlich sind, führt diese Absicht selbst, den Staat zu *begreifen,* Gedanken, allgemeine Bestimmungen mit sich; hier aber ist mit Bewußtseyn auf den vernünftigen Inhalt, der der Staat ist, und auf die Form des Gedankens nicht nur Verzicht gethan, sondern es wird gegen das Eine und gegen das Andere mit leidenschaftlicher Hitze gestürmt. Einen Theil der, wie Hr. v. Haller versichert, ausgebreiteten Wirkung seiner Grundsätze verdankt diese *Restauration* wohl dem Umstande, daß er in der Darstellung *aller Gedanken* sich abzuthun gewußt, und das Ganze so aus Einem Stücke gedankenlos zu halten gewußt hat, denn auf diese Weise fällt die Verwirrung und Störung hinweg, welche den Eindruck einer Darstellung schwächt, in der unter das Zufällige Anmahnung an das Substantielle, unter das bloß Empirische und Aeußerliche eine Erinnerung an das Allgemeine und Vernünftige gemischt, und so in der Sphäre des Dürftigen und Gehaltlosen an das Höhere, Unendliche erinnert wird. – *Konsequent* ist darum diese Darstellung gleichfalls, denn indem statt des Substantiellen die Sphäre des Zufälligen als das Wesen des Staats genommen wird, so besteht die Konsequenz bei solchem Inhalt eben in der völligen Inkonsequenz einer Gedankenlosigkeit, die sich ohne Rücksicht fortlaufen läßt und sich in dem Gegentheil dessen, was sie so eben gebilligt, ebenso gut zu Hause findet.

Zusatz. Der Staat an und für sich ist das sittliche Ganze, die Verwirklichung der Freiheit, und es ist absoluter Zweck der Vernunft, daß die Freiheit wirklich sey. Der Staat ist der Geist, der in der Welt steht und sich in derselben mit *Bewußtseyn* realisiert, während er sich in der Natur nur als das Andere seiner, als schlafender Geist verwirklicht. Nur als im Bewußtseyn vorhanden, sich selbst als existirender Gegenstand wissend, ist er der Staat. Bei der Freiheit muß man nicht von der Einzelnheit, vom einzelnen Selbstbewußtseyn ausgehen, sondern nur vom Wesen des Selbstbewußtseyns, denn der Mensch mag es wissen oder nicht, dieß Wesen realisirt

---

* C. L. v. Haller (1768–1854), Restauration der Staats-Wissenschaft oder Theorie des natürlich-geselligen Zustands; der Chimäre des künstlich-bürgerlichen entgegengesetzt, Bd. 1–6, Winterthur 1816–1834.

sich als selbständige Gewalt, in der die einzelnen Individuen nur Momente sind: es ist der Gang Gottes in der Welt, daß der Staat ist: sein Grund ist die Gewalt der sich als Wille verwirklichenden Vernunft. Bei der Idee des Staats muß man nicht besondere Staaten vor Augen haben, nicht besondere Institutionen, man muß vielmehr die Idee, diesen wirklichen Gott, für sich betrachten. Jeder Staat, man mag ihn auch nach den Grundsätzen, die man hat für schlecht erklären, man mag diese oder jene Mangelhaftigkeit daran erkennen, hat immer, wenn er namentlich zu den ausgebildeten unserer Zeit gehört, die wesentlichen Momente seiner Existenz in sich. Weil es aber leichter ist, Mängel aufzufinden, als das Affirmative zu begreifen, verfällt man leicht in den Fehler, über einzelne Seiten den inwendigen Organismus des Staates selbst zu vergessen. Der Staat ist kein Kunstwerk, er steht in der Welt, somit in der Sphäre der Willkür, des Zufalls und des Irrthums, übles Benehmen kann ihn nach vielen Seiten defiguriren. Aber der häßlichste Mensch, der Verbrecher, ein Kranker und Krüppel ist immer noch ein lebender Mensch: das Affirmative, das Leben, besteht trotz des Mangels, und um dieses Affirmative ist es hier zu thun...

§. 260
Der Staat ist die Wirklichkeit der konkreten Freiheit; die *konkrete Freiheit* aber besteht darin, daß die persönliche Einzelnheit und deren besondere Interessen sowohl ihre vollständige *Entwickelung* und die *Anerkennung ihres Rechts* für sich (im Systeme der Familie und der bürgerlichen Gesellschaft) haben, als sie durch sich selbst in das Interesse des Allgemeinen Theils *übergehen*, theils mit Wissen und Willen dasselbe und zwar als ihren eigenen *substantiellen Geist* anerkennen und für dasselbe als ihren *Endzweck thätig* sind, so daß weder das Allgemeine ohne das besondere Interesse, Wissen und Wollen gelte und vollbracht werde, noch daß die Individuen bloß für das letztere als Privatpersonen leben, und nicht zugleich in und für das Allgemeine wollen und eine dieses Zwecks bewußte Wirksamkeit haben. Das Princip der modernen Staaten hat diese ungeheure Stärke und Tiefe, das Princip der Subjektivität sich zum *selbständigen Extreme* der persönlichen Besonderheit vollenden zu lassen, und zugleich es in die *substantielle Einheit zurückzuführen* und so in ihm selbst diese zu erhalten.

Zusatz. Die Idee des Staats in neuer Zeit hat die Eigenthümlichkeit, daß der Staat die Verwirklichung der Freiheit nicht nach subjektivem Belieben, sondern nach dem Begriffe des Willens, d.h. nach seiner Allgemeinheit und Göttlichkeit ist. Die unvollkommenen Staaten sind die, in denen die Idee des Staats noch eingehüllt ist, und wo die besonderen Bestimmungen derselben nicht zu freier Selbständigkeit gekommen sind. In den Staaten des klassischen Alterthums findet sich allerdings schon die Allgemeinheit vor, aber die Partikularität war noch nicht losgebunden und freigelassen, und zur Allgemeinheit, d.h. zum allgemeinen Zweck des Ganzen zurückgeführt. Das Wesen des neuen Staates ist, daß das Allgemeine verbunden sey mit der vollen Freiheit der Besonderheit und dem Wohlergehen der

Individuen, daß also das Interesse der Familie und bürgerlichen Gesellschaft sich zum Staate zusammennehmen muß, daß aber die Allgemeinheit des Zwecks nicht ohne das eigene Wissen und Wollen der Besonderheit, die ihr Recht behalten muß, fortschreiten kann. Das Allgemeine muß also bethätigt seyn, aber die Subjektivität auf der anderen Seite ganz und lebendig entwickelt werden. Nur dadurch, daß beide Momente in ihrer Stärke bestehen, ist der Staat als ein gegliederter und wahrhaft organisirter anzusehen.

Grundlinien der Philosophie des Rechts oder Naturrecht und Staatswissenschaft im Grundriss. In: Studienausgabe in 3 Bänden, ausgewählt, eingeleitet und mit Anmerkungen versehen von K. Löwith und M. Riedel, Bd. 2. Fischer Bücherei Bd. 877, Frankfurt a. M. 1968, S. 237–244 (gekürzt).

Karl Marx (1818–1883), Friedrich Engels (1820–1895)
Der Staat als Organisation der herrschenden Klasse
... aus diesem Widerspruch des besondern und gemeinschaftlichen Interesses nimmt das gemeinschaftliche Interesse als *Staat* eine selbständige Gestaltung, getrennt von den wirklichen Einzel- und Gesamtinteressen, an und zugleich als illusorische Gemeinschaftlichkeit, aber stets auf der realen Basis der in jedem Familien- und Stamm-Konglomerat vorhandenen Bänder, wie Fleisch und Blut, Sprache, Teilung der Arbeit im größeren Maßstabe und sonstiger Interessen – und besonders ... der durch die Teilung der Arbeit bereits bedingten Klassen, die in jedem derartigen Menschenhaufen sich absondern und von denen eine alle andern beherrscht. Hieraus folgt, daß alle Kämpfe innerhalb des Staats, der Kampf zwischen Demokratie, Aristokratie und Monarchie, der Kampf um das Wahlrecht etc. etc., nichts als die illusorischen Formen sind, in denen die wirklichen Kämpfe der verschiedenen Klassen untereinander geführt werden ... Eben weil die Individuen *nur* ihr besonderes, für sie nicht mit ihrem gemeinschaftlichen Interesse zusammenfallendes suchen, überhaupt das Allgemeine als illusorische Form der Gemeinschaftlichkeit, wird dies als ein ihnen „fremdes" und von ihnen „unabhängiges", als ein selbst wieder besonderes und eigentümliches „Allgemein"-Interesse geltend gemacht, oder sie selbst müssen sich in diesem Zwiespalt bewegen, wie in der Demokratie. Andrerseits macht denn auch der *praktische* Kampf dieser beständig *wirklich* den gemeinschaftlichen und illusorischen gemeinschaftlichen Interessen entgegentretenden Sonderinteressen die *praktische* Dazwischenkunft und Zügelung durch das illusorische „Allgemein"-Interesse als Staat nötig. Die soziale Macht, das heißt die vervielfachte Produktionskraft, die durch das in der Teilung der Arbeit bedingte Zusammenwirken der verschiedenen Individuen entsteht, erscheint diesen Individuen, weil das Zusammenwirken selbst nicht freiwillig, sondern naturwüchsig ist, nicht als ihre eigne, vereinte Macht, sondern als eine fremde, außer ihnen stehende Gewalt, von der sie nicht wissen, woher und wohin, die sie also nicht mehr beherrschen können, die im Gegenteil nun eine eigentümliche,

vom Wollen und Lauf der Menschen unabhängige, ja dieses Wollen und
Laufen erst dirigierende Reihenfolge von Phasen durchläuft...
Diesem modernen Privateigentum entspricht der moderne Staat, der durch
die Steuern allmählich von den Privateigentümern an sich gekauft, durch
das Staatsschuldenwesen ihnen vollständig verfallen und dessen Existenz
in dem Steigen und Fallen der Staatspapiere auf der Börse gänzlich von
dem kommerziellen Kredit abhängig geworden ist, den ihm die Privatei-
gentümer, die Bourgeois, geben... Durch die Emanzipation des Privateigentums vom Gemeinwesen ist der Staat zu einer besonderen Existenz
neben und außer der bürgerlichen Gesellschaft geworden; er ist aber weiter
nichts als die Form der Organisation, welche sich die Bourgeois sowohl
nach außen als nach innen hin zur gegenseitigen Garantie ihres Eigentums
und ihrer Interessen notwendig geben... Das vollendetste Beispiel des
modernen Staates ist Nordamerika. Die neueren französischen, englischen
und amerikanischen Schriftsteller sprechen sich alle dahin aus, daß der
Staat nur um des Privateigentums willen existiere, so daß dies auch in
das gewöhnliche Bewußtsein übergegangen ist. Da der Staat die Form ist,
in welcher die Individuen einer herrschenden Klasse ihre gemeinsamen
Interessen geltend machen und die ganze bürgerliche Gesellschaft einer
Epoche sich zusammenfaßt, so folgt, daß alle gemeinsamen Institutionen
durch den Staat vermittelt werden, eine politische Form erhalten.

Die deutsche Ideologie (1845/1846). In: Marx-Engels Werke, Berlin (Ost) 1956ff.,
Bd. 3, S. 33f., 62.

Friedrich Nietzsche (1844–1900)
Staat heißt das kälteste aller Ungeheuer
Irgendwo giebt es noch Völker und Heerden, doch nicht bei uns, meine
Brüder: da giebt es Staaten.
Staat? Was ist das? Wohlan! Jetzt thut mir die Ohren auf, denn jetzt sage
ich euch mein Wort vom Tode der Völker.
Staat heisst das kälteste aller kalten Ungeheuer. Kalt lügt es auch; und
diese Lüge kriecht aus seinem Munde: „Ich, der Staat, bin das Volk."
Lüge ist's! Schaffende waren es, die schufen die Völker und hängten einen
Glauben und eine Liebe über sie hin: also dienten sie dem Leben.
Vernichter sind es, die stellen Fallen auf für Viele und heissen sie Staat:
sie hängen ein Schwert und hundert Begierden über sie hin.
Wo es noch Volk giebt, da versteht es den Staat nicht und hasst ihn als
bösen Blick und Sünde an Sitten und Rechten.
Dieses Zeichen gebe ich euch: jedes Volk spricht seine Zunge des Guten
und Bösen: die versteht der Nachbar nicht. Seine Sprache erfand es sich
in Sitten und Rechten.
Aber der Staat lügt in allen Zungen des Guten und Bösen; und was er
auch redet, er lügt – und was er auch hat, gestohlen hat er's.
Falsch ist Alles an ihm; mit gestohlenen Zähnen beisst er, der Bissige.
Falsch sind selbst seine Eingeweide.

Sprachverwirrung des Guten und Bösen: dieses Zeichen gebe ich euch als Zeichen des Staates. Wahrlich, den Willen zum Tode deutet dieses Zeichen! Wahrlich, es winkt den Predigern des Todes!

Viel zu Viele werden geboren: für die Überflüssigen ward der Staat erfunden!

Seht mir doch, wie er sie an sich lockt, die Viel-zu-Vielen! Wie er sie schlingt und kaut und wiederkäut!

„Auf der Erde ist nichts Grösseres als ich: der ordnende Finger bin ich Gottes" – also brüllt das Unthier. Und nicht nur Langgeohrte und Kurzgeäugte sinken auf die Kniee!

Ach, auch in euch, ihr grossen Seelen, raunt er seine düstern Lügen! Ach, er erräth die reichen Herzen, die gerne sich verschwenden!

Ja, auch euch erräth er, ihr Besieger des alten Gottes! Müde wurdet ihr im Kampfe, und nun dient eure Müdigkeit noch dem neuen Götzen!

Helden und Ehrenhafte möchte er um sich aufstellen, der neue Götze! Gerne sonnt er sich im Sonnenschein guter Gewissen, – das kalte Unthier!

Alles will er *euch* geben, wenn *ihr* ihn anbetet, der neue Götze: also kauft er sich den Glanz eurer Tugend und den Blick eurer stolzen Augen.

Ködern will er mit euch die Viel-zu-Vielen! Ja, ein Höllenkunststück ward da erfunden, ein Pferd des Todes, klirrend im Putz göttlicher Ehren!

Ja, ein Sterben für Viele ward da erfunden, das sich selber als Leben preist: wahrlich, ein Herzensdienst allen Predigern des Todes!

Staat nenne ich's, wo Alle Gifttrinker sind, Gute und Schlimme: Staat, wo Alle sich selber verlieren, Gute und Schlimme: Staat, wo der langsame Selbstmord Aller – „das Leben" heisst.

Seht mir doch diese Überflüssigen! Sie stehlen sich die Werke der Erfinder und die Schätze der Weisen: Bildung nennen sie ihren Diebstahl – und Alles wird ihnen zu Krankheit und Ungemach!

Seht mir doch diese Überflüssigen! Krank sind sie immer, sie erbrechen ihre Galle und nennen es Zeitung. Sie verschlingen einander und können sich nicht einmal verdauen.

Seht mir doch diese Überflüssigen! Reichthümer erwerben sie und werden ärmer damit. Macht wollen sie und zuerst das Brecheisen der Macht, viel Geld, – diese Unvermögenden!

Seht sie klettern, diese geschwinden Affen! Sie klettern über einander hinweg und zerren sich also in den Schlamm und die Tiefe.

Hin zum Throne wollen sie Alle: ihr Wahnsinn ist es, – als ob das Glück auf dem Throne sässe! Oft sitzt der Schlamm auf dem Thron – und oft auch der Thron auf dem Schlamme.

Wahnsinnige sind sie mir Alle und kletternde Affen und Überheisse. Übel riecht mir ihr Götze, das kalte Unthier: übel riechen sie mir alle zusammen, diese Götzendiener.

Meine Brüder, wollt ihr denn ersticken im Dunste ihrer Mäuler und Begierden! Lieber zerbrecht doch die Fenster und springt in's Freie!

Geht doch dem schlechten Geruche aus dem Wege! Geht fort von der Götzendienerei der Überflüssigen!

Geht doch dem schlechten Geruche aus dem Wege! Geht fort von dem Dampfe dieser Menschenopfer!

Frei steht grossen Seelen auch jetzt noch die Erde. Leer sind noch viele Sitze für Einsame und Zweisame, um die der Geruch stiller Meere weht. Frei steht noch grossen Seelen ein freies Leben. Wahrlich, wer wenig besitzt, wird um so weniger besessen: gelobt sei die kleine Armuth!

Dort, wo der Staat aufhört, da beginnt erst der Mensch, der nicht überflüssig ist: da beginnt das Lied des Nothwendigen, die einmalige und unersetzliche Weise.

Dort, wo der Staat *aufhört*, – so seht mir doch hin, meine Brüder! Seht ihr ihn nicht, den Regenbogen und die Brücken des Übermenschen? – Also sprach Zarathustra.

Also sprach Zarathustra. Ein Buch für Alle und Keinen. In: Werke. Kritische Gesamtausgabe, hrsg. von Giorgio Colli und Mazzino Montinari, sechste Abteilung, erster Band, Berlin 1968, S. 57–60 (Kapitel „Vom neuen Götzen").

Max Weber (1864–1920)
Der rationale Staat und die Unentrinnbarkeit der Bürokratie

Vom Standpunkt der soziologischen Betrachtung ist ein „politischer" Verband und insbesondere ein „Staat" nicht aus dem Inhalt dessen zu definieren, was er tut. Es gibt fast keine Aufgabe, die nicht ein politischer Verband hier und da in die Hand genommen hätte, andererseits auch keine, von der man sagen könnte, daß sie jederzeit, vollends: daß sie immer ausschließlich denjenigen Verbänden, die man als politische, heute: als Staaten, bezeichnet oder welche geschichtlich die Vorfahren des modernen Staates waren, eigen gewesen wäre. Man kann vielmehr den modernen Staat soziologisch letztlich nur definieren aus einem spezifischen *Mittel*, das ihm, wie jedem politischen Verband, eignet: das der physischen Gewaltsamkeit. „Jeder Staat wird auf Gewalt gegründet", sagte seinerzeit Trotzkij in Brest-Litowsk. Das ist in der Tat richtig. Wenn nur soziale Gebilde beständen, denen die Gewaltsamkeit als Mittel unbekannt wäre, würde der Begriff „Staat" fortgefallen sein: dann wäre eingetreten, was man in diesem besonderen Sinn des Wortes als „Anarchie" bezeichnen würde. Gewaltsamkeit ist natürlich nicht etwa das normale oder einzige Mittel des Staates – davon ist keine Rede –, wohl aber: das ihm spezifische... In der Vergangenheit haben die verschiedensten Verbände – von der Sippe angefangen – physische Gewaltsamkeit als ganz normales Mittel gekannt. Heute dagegen werden wir sagen müssen: Staat ist diejenige menschliche Gemeinschaft, welche innerhalb eines bestimmten Gebietes – dies: das „Gebiet", gehört zum Merkmal – das Monopol legitimer physischer Gewaltsamkeit für sich (mit Erfolg) beansprucht. Denn das der Gegenwart Spezifische ist, daß man allen anderen Verbänden oder Einzelpersonen das Recht zur physischen Gewaltsamkeit nur so weit zuschreibt, als der Staat sie von ihrer Seite zuläßt: er gilt als alleinige Quelle des „Rechts" auf Gewaltsamkeit.

„Politik" würde für uns also heißen: Streben nach Machtanteil oder nach Beeinflussung der Machtverteilung, sei es zwischen Staaten, sei es innerhalb eines Staates zwischen den Menschengruppen, die er umschließt. Das entspricht im wesentlichen auch dem Sprachgebrauch. Wenn man von einer Frage sagt: sie sei eine „politische" Frage, von einem Minister oder Beamten: er sei ein „politischer" Beamter, von einem Entschluß: er sei „politisch" bedingt, so ist damit immer gemeint: Machtverteilungs-, Machterhaltungs- oder Machtverschiebungsinteressen sind maßgebend für die Antwort auf jene Frage oder bedingen diesen Entschluß oder bestimmen die Tätigkeitssphäre des betreffenden Beamten. Wer Politik treibt, erstrebt Macht: Macht entweder als Mittel im Dienst anderer Ziele – idealer oder egoistischer –, oder Macht „um ihrer selbst willen": um das Prestigegefühl, das sie gibt, zu genießen.

Der Staat ist, ebenso wie die ihm geschichtlich vorausgehenden politischen Verbände, ein auf das Mittel der legitimen (das heißt: als legitim angesehen) Gewaltsamkeit gestütztes *Herrschafts*verhältnis von Menschen über Menschen. Damit er bestehe, müssen sich also die beherrschten Menschen der beanspruchten Autorität der jeweils herrschenden fügen. Wann und warum sie das tun, läßt sich nur verstehen, wenn man die inneren Rechtfertigungsgründe und die äußeren Mittel kennt, auf welche sich eine Herrschaft stützt.

Es gibt der inneren Rechtfertigungen, also: der *Legitimitäts*gründe einer Herrschaft – um mit ihnen zu beginnen –, im Prinzip drei. Einmal die Autorität des „ewig Gestrigen": der durch unvordenkliche Geltung und gewohnheitsmäßige Einstellung auf ihre Innehaltung geheiligten *Sitte:* „traditionale" Herrschaft, wie sie der Patriarch und der Patrimonialfürst alten Schlages übten. Dann die Autorität der außeralltäglichen persönlichen *Gnadengabe* (Charisma): die ganz persönliche Hingabe und das persönliche Vertrauen zu Offenbarungen, Heldentum oder anderen Führereigenschaften eines Einzelnen: „charismatische" Herrschaft, wie sie der Prophet oder – auf dem Gebiet des Politischen – der gekorene Kriegsfürst oder der plebiszitäre Herrscher, der große Demagoge und politische Parteiführer ausüben. Endlich: Herrschaft kraft „Legalität", kraft des Glaubens an die Geltung legaler *Satzung* und der durch rational geschaffene Regeln begründeten sachlichen „Kompetenz", also der Einstellung auf Gehorsam in der Erfüllung satzungsmäßiger Pflichten: eine Herrschaft, wie sie der moderne „Staatsdiener" und alle jene Träger von Macht ausüben, die ihm in dieser Hinsicht ähneln. – Es versteht sich, daß in der Realität höchst massive Motive der Furcht und der Hoffnung – Furcht vor der Rache magischer Mächte oder des Machthabers, Hoffnung auf jenseitigen oder diesseitigen Lohn – und daneben Interessen verschiedenster Art die Fügsamkeit bedingen. Davon sogleich. Aber wenn man nach den „Legitimitäts"gründen dieser Fügsamkeit fragt, dann allerdings stößt man auf diese drei „reinen" Typen. Und diese Legitimitätsvorstellungen und ihre innere Begründung sind für die Struktur der Herrschaft von sehr erheblicher Bedeutung. Die reinen Typen finden sich freilich in der Wirklichkeit

selten. Aber es soll hier auf die höchst verwickelten Abwandlungen, Über-
gänge und Kombinationen dieser reinen Typen nicht eingegangen werden:
das gehört zu den Problemen der „allgemeinen Staatslehre".

Uns interessiert hier vor allem der zweite von jenen Typen: die Herrschaft
kraft Hingabe der Gehorchenden an das rein persönliche „Charisma" des
„Führers". Hier wurzelt der Gedanke des Berufs in seiner höchsten Aus-
prägung. Die Hingabe an das Charisma des Propheten oder des Führers
im Kriege oder des ganz großen Demagogen in der Ekklesia oder im Parlament bedeutet, daß er persönlich als der innerlich „berufene" Leiter der
Menschen gilt, daß diese sich ihm nicht kraft Sitte oder Satzung fügen,
sondern weil sie an ihn glauben. Er selbst zwar lebt seiner Sache, „trachtet
nach seinem Werk", wenn er mehr ist als ein enger und eitler Empor-
kömmling des Augenblicks. Seiner Person und ihren Qualitäten aber gilt
die Hingabe seines Anhanges: der Jüngerschaft, der Gefolgschaft, der ganz
persönlichen Parteigängerschaft. In den beiden in der Vergangenheit wichtigsten Figuren: des Magiers und Propheten einerseits, des gekorenen
Kriegsfürsten, Bandenführers, Kondottiere andererseits, ist das Führertum
in allen Gebieten und historischen Epochen aufgetreten. Dem Okzident
eigentümlich ist aber: das *politische* Führertum in der Gestalt zuerst des
freien „Demagogen", der auf dem Boden des nur dem Abendland, vor
allem der mittelländischen Kultur, eigenen Stadtstaates, und dann des parlamentarischen „Parteiführers", der auf dem Boden des ebenfalls nur im
Abendland bodenständigen Verfassungsstaates gewachsen ist.

Diese Politiker kraft „Berufes" in des Wortes eigentlichster Bedeutung
sind nun aber nirgends die allein maßgebenden Figuren im Getriebe des
politischen Machtkampfes. Höchst entscheidend ist vielmehr die Art der
Hilfsmittel, die ihnen zur Verfügung stehen. Die Frage: Wie fangen die
politisch herrschenden Gewalten es an, sich in ihrer Herrschaft zu behaupten?, gilt für jede Art von politischer Herrschaft in allen ihren Formen:
für die traditionale ebenso wie für die legale und die charismatische.

Jeder Herrschaftsbetrieb, welcher kontinuierliche Verwaltung erheischt,
braucht einerseits die Einstellung menschlichen Handelns auf den Gehorsam gegenüber jenen Herren, welche Träger der legitimen Gewalt zu sein
beanspruchen; und andererseits, vermittelst dieses Gehorsams, die Verfügung über diejenigen Sachgüter, welche gegebenenfalls zur Durchführung
der physischen Gewaltanwendung erforderlich sind: den personalen Verwaltungsstab und die sachlichen Verwaltungsmittel.

Der Verwaltungsstab, der den politischen Herrschaftsbetrieb wie jeden
anderen Betrieb in seiner äußeren Erscheinung darstellt, ist nun nicht nur
durch jene Legitimitätsvorstellung, von der eben die Rede war, an den
Gehorsam gegenüber dem Gewalthaber gekettet, sondern durch zwei Mittel, welche an das persönliche Interesse appellieren: materielles Entgelt
und soziale Ehre. Lehen der Vasallen, Pfründen der Patrimonialbeamten,
Gehalt der modernen Staatsdiener – Ritterehre, ständische Privilegien,
Beamtenehre – bilden den Lohn, und die Angst, sie zu verlieren, die letzte
entscheidende Grundlage für die Solidarität des Verwaltungsstabes mit

dem Gewalthaber. Auch für die charismatische Führerherrschaft gilt das: Kriegsehre und Beute für die kriegerische, die „spoils": Ausbeutung der Beherrschten durch Ämtermonopol, politisch bedingte Profite und Eitelkeitsprämien für die demagogische Gefolgschaft.

Zur Aufrechterhaltung jeder gewaltsamen Herrschaft bedarf es zudem gewisser materieller äußerer Sachgüter, ganz wie bei einem wirtschaftlichen Betrieb. Alle Staatsordnungen lassen sich danach gliedern, ob sie auf dem Prinzip beruhen, daß jener Stab von Menschen – Beamte oder wer sie sonst sein mögen, auf deren Gehorsam der Gewalthaber muß rechnen können – im eigenen Besitz der Verwaltungsmittel, mögen sie bestehen in Geld, Gebäuden, Kriegsmaterial, Wagenparks, Pferden oder was sonst immer, sich befindet, oder ob der Verwaltungsstab von den Verwaltungsmitteln „getrennt" ist, im gleichen Sinn, wie heute der Angestellte und Proletarier innerhalb des kapitalistischen Betriebes „getrennt" ist von den sachlichen Produktionsmitteln. Ob also der Gewalthaber die Verwaltung in eigener von ihm organisierter Regie hat und durch persönliche Diener oder angestellte Beamte oder persönliche Günstlinge und Vertraute verwalten läßt, welche nicht Eigentümer: Besitzer zu eigenem Recht, der sachlichen Betriebsmittel sind, sondern vom Herrn darin dirigiert werden, oder ob das Gegenteil der Fall ist. Der Unterschied geht durch alle Verwaltungsorganisationen der Vergangenheit hindurch ...

In der Verwaltung von *Massen*verbänden bildet stets das festangestellte Beamtentum mit spezialisierter Einschulung den Kern des Apparates, und seine „Disziplin" ist absolute Vorbedingung des Erfolges. Und zwar mit zunehmender Größe des Verbandes, zunehmender Kompliziertheit seiner Aufgaben und – vor allem – zunehmender Machtbedingtheit seiner Existenz (sei es, daß es sich um Machtkämpfe auf dem Markt, auf dem Wahlkampfplatz oder auf dem Schlachtfeld handelt) in zunehmendem Maße ...

Wie die Italiener und nach ihnen die Engländer die moderne kapitalistische Wirtschaftsorganisation, so haben die Byzantiner, nach ihnen die Italiener, dann die Territorialstaaten des absolutistischen Zeitalters, die französische revolutionäre Zentralisation und schließlich, alle anderen übertreffend, die Deutschen die rationale, arbeitsteilige, fachmäßige bürokratische Organisation aller menschlichen Herrschaftsverbände, von der Fabrik bis zum Heer und Staat, virtuosenhaft entwickelt und sich nur in der Technik der Parteiorganisation von anderen Nationen, insbesondere den Amerikanern, vorläufig und teilweise übertreffen lassen. Der Weltkrieg (1914–1918) aber bedeutete vor allem den Siegeszug dieser Lebensform über die ganze Welt. Er war ohnehin im Gange. Universitäten, technische und Handelshochschulen, Gewerbeschulen, Militärakademien, Fachschulen aller sonst denkbaren Art (Journalistenschulen): – das Fachexamen als Voraussetzung aller lohnenden und dabei vor allem „gesicherten" privaten und öffentlichen Amtsstellungen, – das Examensdiplom als Grundlage aller Ansprüche auf soziale Geltung (Konnubium und soziales Kommerzium mit den zur „Gesellschaft" sich rechnenden Kreisen), – das „standesgemäße", sichere, pensionsfähige Gehalt, wenn möglich: die Auf-

besserung und das Avancement nach der Anciennität: – dies war bekanntlich schon vorher die eigentliche, von dem Frequenzinteresse der Hoch-
schulen gemeinsam mit der Pfründensucht ihrer Zöglinge getragene
„Forderung des Tages", im Staat wie außerhalb des Staates. Hier ist nur
die Konsequenz für das politische Leben zu behandeln. Denn dieser nüchterne Tatbestand der universellen Bürokratisierung verbirgt sich in Wahrheit auch hinter dem, was euphemistisch der „Sozialismus der Zukunft"
genannt wird, hinter dem Schlagwort von der „Organisation", der „Genos-
senschaftswirtschaft" und überhaupt hinter allen ähnlichen Redewendun-
gen der Gegenwart. Stets bedeuten sie (auch wenn sie das gerade Gegenteil
erstreben) im Resultat: die Schaffung von Bürokratie. Gewiß ist die Bürokratie bei weitem nicht die einzige moderne Organisationsform, so wie
die Fabrik bei weitem nicht die einzige gewerbliche Betriebsform ist. Aber
beide sind diejenigen, welche dem gegenwärtigen Zeitalter und der absehbaren Zukunft den Stempel aufdrücken ...
Die Bürokratie ist gegenüber anderen geschichtlichen Trägern der modernen rationalen Lebensordnung ausgezeichnet durch ihre weit größere
Unentrinnbarkeit. Es ist kein geschichtliches Beispiel dafür bekannt, daß
sie da, wo sie einmal zur völligen Alleinherrschaft gelangt war – in China,
Ägypten, in nicht so konsequenter Form im spätrömischen Reich und in
Byzanz –, wieder verschwunden wäre, außer mit dem völligen Untergang
der ganzen Kultur, die sie trug. Und doch waren dies noch relativ höchst
irrationale Formen der Bürokratie: „Patrimonialbürokratien". Die moderne Bürokratie zeichnet sich vor allen diesen älteren Beispielen durch
eine Eigenschaft aus, welche ihre Unentrinnbarkeit ganz wesentlich end-
gültiger verankert als die jener anderen: die rationale fachliche Spezialisierung und Einschulung. Der alte chinesische Mandarin war kein Fachbeam-
ter, sondern im Gegenteil: ein literarisch-humanistisch gebildeter
Gentleman. Der ägyptische, spätrömische, byzantinische Beamte war wesentlich mehr Bürokrat in unserem Sinn. Aber die Staatsaufgaben, welche
in seiner Hand lagen, waren gegenüber den modernen unendlich einfach
und bescheiden, sein Verhalten teils traditionalistisch gebunden, teils patriarchal, also irrational, orientiert. Er war ein reiner Empiriker, wie der
Gewerbetreibende der Vergangenheit. Der moderne Beamte ist entsprechend der rationalen Technik des modernen Lebens stetig und unvermeidlich zunehmend fachgeschult und spezialisiert. Alle Bürokratien der Erde
gehen diesen Weg. Der alte amerikanische Parteipatronagebeamte zum
Beispiel war zwar ein fachlicher „Kenner" des Wahlkampfplatzes und der
ihm entsprechenden „Praxis", aber in keiner Art ein spezialistisch gebildeter Fachmann. Darauf, nicht auf der Demokratie als solcher, beruhte die
dortige Korruption, die dem universitätsgebildeten Fachbeamten des jetzt
erst* sich dort entwickelnden „civil service" ebenso fremd ist wie der modernen englischen Bürokratie, welche zunehmend an die Stelle des „self-
government" durch Honoratioren („Gentlemen") tritt. Wo aber der mo-

---

* Geschrieben im Jahre 1917.

derne eingeschulte Fachbeamte einmal herrscht, ist seine Gewalt schlechthin unzerbrechlich, weil die ganze Organisation der elementarsten Lebensversorgung alsdann auf seine Leistung zugeschnitten ist. Theoretisch wohl denkbar wäre eine immer weitergehende Ausschaltung des Privatkapitalismus – wennschon sie wahrlich keine solche Kleinigkeit ist, wie manche, die ihn nicht kennen, träumen. Aber gesetzt, sie gelänge einmal: so würde sie praktisch keineswegs ein Zerbrechen des stählernen Gehäuses der modernen gewerblichen Arbeit bedeuten, vielmehr: daß nun auch die Leitung der verstaatlichten oder in irgendeine ,,Gemeinwirtschaft'' übernommenen Betriebe bürokratisch würde. Die Lebensformen der Angestellten und Arbeiter in der preußischen staatlichen Bergwerks- und Eisenbahnverwaltung sind durchaus nicht irgendwie fühlbar andere als die in den großen privatkapitalistischen Betrieben. Unfreier jedoch sind sie, weil jeder Machtkampf gegen eine staatliche Bürokratie aussichtslos ist und weil keine prinzipiell gegen sie und ihre Macht interessierte Instanz angerufen werden kann, wie dies gegenüber der Privatwirtschaft möglich ist. Das wäre der ganze Unterschied. Die staatliche Bürokratie herrschte, wenn der Privatkapitalismus ausgeschaltet wäre, allein. Die jetzt neben und, wenigstens der Möglichkeit nach, gegeneinander arbeitenden, sich also immerhin einigermaßen gegenseitig im Schach haltenden privaten und öffentlichen Bürokratien wären in eine einzige Hierarchie zusammengeschmolzen. Etwa wie in Ägypten im Altertum, nur in ganz unvergleichlich rationalerer und deshalb: unentrinnbarerer Form.
Eine leblose Maschine ist geronnener Geist. Nur daß sie dies ist, gibt ihr die Macht, die Menschen in ihren Dienst zu zwingen und den Alltag ihres Arbeitslebens so beherrschend zu bestimmen, wie es tatsächlich in der Fabrik der Fall ist. Geronnener Geist ist auch jene lebende Maschine, welche die bürokratische Organisation mit ihrer Spezialisierung der geschulten Facharbeit, ihrer Abgrenzung der Kompetenzen, ihren Reglements und hierarchisch abgestuften Gehorsamsverhältnissen darstellt. Im Verein mit der toten Maschine ist sie an der Arbeit, das Gehäuse jener Hörigkeit der Zukunft herzustellen, in welche vielleicht dereinst die Menschen sich, wie die Fellachen im altägyptischen Staat, ohnmächtig zu fügen gezwungen sein werden, wenn ihnen eine rein technisch gute und das heißt: eine rationale Beamten-Verwaltung und -Versorgung der letzte und einzige Wert ist, der über die Art der Leitung ihrer Angelegenheiten entscheiden soll. Denn das leistet die Bürokratie ganz unvergleichlich viel besser als jegliche andere Struktur der Herrschaft. Und dieses Gehäuse, welches unsere ahnungslosen Literaten preisen, ergänzt durch die Fesselung jedes Einzelnen an den Betrieb (Anfänge dazu: in den sogenannten ,,Wohlfahrtseinrichtungen''), an die Klasse (durch zunehmende Festigkeit der Besitzgliederung) und vielleicht einmal künftig an den Beruf (durch ,,leiturgische'' staatliche Bedarfsdeckung, das heißt: Belastung berufsgegliederter Verbände mit Staatsaufgaben), würde nur um so unzerbrechlicher, wenn dann etwa auf sozialem Gebiet, wie in den Fronstaaten der Vergangenheit, eine ,,ständische'' Organisation der Beherrschten der Bürokratie

angegliedert (und das heißt in Wahrheit: ihr untergeordnet) würde. Eine „organische", das heißt eine orientalisch-ägyptische Gesellschaftsgliederung, aber im Gegensatz zu dieser: so streng rational, wie eine Maschine es ist, würde dann heraufdämmern. Wer wollte leugnen, daß derartiges als eine Möglichkeit im Schoße der Zukunft liegt? Nehmen wir einmal an: gerade diese Möglichkeit wäre ein unentrinnbares Schicksal – wer möchte dann nicht lächeln über die Angst davor, daß die politische und soziale Entwicklung uns künftig *zuviel* „Individualismus" oder „Demokratie" oder dergleichen bescheren könnte und daß die „wahre Freiheit" erst aufleuchten werde, wenn die jetzige „Anarchie" unserer wirtschaftlichen Produktion und das „Parteigetriebe" unserer Parlamente beseitigt sein werden zugunsten „sozialer Ordnung" und „organischer Gliederung" – das heißt: des Pazifismus der sozialen Ohnmacht unter den Fittichen der einzigen ganz sicher unentfliehbaren Macht: der Bürokratie in Staat und Wirtschaft.

Angesichts der Grundtatsache des unaufhaltsamen Vormarsches der Bürokratisierung kann die Frage nach den künftigen politischen Organisationsformen überhaupt nur so gestellt werden:

1. Wie ist es angesichts dieser Übermacht der Tendenz zur Bürokratisierung überhaupt noch möglich, irgendwelche *Reste* einer in irgendeinem Sinn „individualistischen" Bewegungsfreiheit zu retten? Denn schließlich ist es eine gröbliche Selbsttäuschung, zu glauben, ohne diese Errungenschaften aus der Zeit der „Menschenrechte" vermöchten wir heute – auch der Konservativste unter uns – überhaupt* zu leben.

2. Wie kann, angesichts der steigenden Unentbehrlichkeit und der dadurch bedingten steigenden Machtstellung des uns hier interessierenden staatlichen Beamtentums, irgendwelche Gewähr dafür geboten werden, daß Mächte vorhanden sind, welche die ungeheure Übermacht dieser an Bedeutung stets wachsenden Schicht in *Schranken* halten und sie wirksam kontrollieren? Wie wird Demokratie auch nur in diesem beschränkten Sinn überhaupt möglich sein?

3. Eine dritte Frage, und zwar die wichtigste von allen, ergibt sich aus einer Betrachtung dessen, was die Bürokratie als solche *nicht* leistet. Leicht ist nämlich festzustellen, daß ihre Leistungsfähigkeit auf dem Gebiet des öffentlichen, staatlich-politischen Betriebes ganz ebenso wie innerhalb der Privatwirtschaft feste innere *Grenzen* hat. Der leitende Geist: der „Unternehmer" hier, der „Politiker" dort, ist etwas anderes als ein „Beamter". Nicht notwendig der Form, wohl aber der Sache nach. Auch der Unternehmer sitzt auf dem „Büro". Auch der Heerführer tut es. Der Heerführer ist ein Offizier und formell also nichts anderes als alle anderen Offiziere. Und ist der Generaldirektor eines großen Unternehmens ein angestellter Beamter einer Aktiengesellschaft, so ist auch er in seiner Rechtsstellung von anderen Beamten nicht prinzipiell unterschieden. Ebenso steht es auf dem Gebiet des staatlichen Lebens mit dem leitenden Politiker. Der leitende Minister ist formell ein Beamter mit pensionsfähigem Gehalt. Der

---

* Scil.: als Menschen (d. Hrsg.).

Umstand, daß nach allen Verfassungen der Erde er jederzeit entlassen werden und Entlassung fordern kann, unterscheidet seine Dienststellung äußerlich von derjenigen der meisten, aber nicht aller anderen Beamten. Weit auffälliger ist dagegen die Tatsache: daß für ihn – und für ihn allein – keinerlei *Fach*bildungsqualifikation vorgeschrieben ist wie für andere Beamte. Das deutet an, daß er eben doch dem *Sinn* seiner Stellung nach etwas ähnlich Verschiedenes von den anderen Beamten ist wie der Unternehmer und Generaldirektor innerhalb der Privatwirtschaft. Oder vielmehr richtiger: daß er etwas anderes sein *soll*. Und so ist es in der Tat. Wenn ein leitender Mann dem Geist seiner Leistung nach ein „Beamter" ist, sei es auch ein noch so tüchtiger: ein Mann also, der nach Reglement und Befehl pflichtgemäß und ehrenhaft seine Arbeit abzuleisten gewohnt ist, dann ist er weder an der Spitze eines Privatwirtschaftsbetriebes noch an der Spitze eines Staates zu brauchen.

Der Unterschied liegt nur zum Teil in der Art der erwarteten Leistung. Selbständigkeit des Entschlusses, organisatorische Fähigkeit kraft eigener Ideen wird im einzelnen massenhaft, sehr oft aber auch im großen von „Beamten" ebenso erwartet wie von „Leitern". Und gar die Vorstellung, daß der Beamte im subalternen Alltagswirken aufgehe, nur der Leiter die „interessanten", geistige Anforderungen stellenden Sonderleistungen zu vollbringen habe, ist abwegig und nur in einem Lande möglich, welches keinen Einblick in die Art der Führung seiner Geschäfte und die Leistungen seiner Beamtenschaft hat. Der Unterschied liegt in der Art der *Verantwortung* des einen und des anderen, und von da aus bestimmt sich allerdings weitgehend auch die Art der Anforderungen, die an die Eigenart beider gestellt werden. Ein Beamter, der einen nach seiner Ansicht verkehrten Befehl erhält, kann – und soll – Vorstellungen erheben. Beharrt die vorgesetzte Stelle bei ihrer Anweisung, so ist es nicht nur seine Pflicht, sondern seine Ehre, sie so auszuführen, als ob sie seiner eigensten Überzeugung entspräche, und dadurch zu zeigen, daß sein Amtspflichtgefühl über seiner Eigenwilligkeit steht. Ob die vorgesetzte Stelle eine „Behörde" oder eine „Körperschaft" oder „Versammlung" ist, von der er ein imperatives Mandat hat, ist gleichgültig. So will es der Geist des Amtes. Ein politischer Leiter, der so handeln würde, verdiente Verachtung. Er wird oft genötigt sein, Kompromisse zu schließen, das heißt: Unwichtigeres dem Wichtigeren zu opfern. Bringt er es aber nicht fertig, seinem Herrn (er sei der Monarch oder der Demos) zu sagen: Entweder ich erhalte jetzt diese Instruktion, oder ich gehe, so ist er ein „Kleber"… und kein Führer. „Über den Parteien", das heißt in Wahrheit: außerhalb des Kampfes um eigene Macht, soll der Beamte stehen. Kampf um eigene Macht und die aus dieser Macht folgende Eigenverantwortung für seine Sache ist das Lebenselement des Politikers wie des Unternehmers.

Wirtschaft und Gesellschaft. Grundriß der verstehenden Soziologie, hrsg. von Johannes Winckelmann, Köln – Berlin 1964, 2. Halbband, S. 1042–1045, 1058–1062. Die Rechte an diesem Werk liegen beim Verlag J. C. B. Mohr (Paul Siebeck), der auch diesen Teilabdruck freundlicherweise gestattet hat.

Kurzrezensionen

Ernst Forsthoff: Der Staat der Industriegesellschaft. Dargestellt am Beispiel der Bundesrepublik Deutschland.
Verlag C. H. Beck, München 1971, 169 S.

Ernst Forsthoff, der 1974 verstorbene Staatsrechtslehrer, einige Jahre lang auch Präsident des Verfassungsgerichtshofs der Republik Zypern, ist ein anerkannter Meister des deutschen Verwaltungsrechts. In seiner letzten größeren Veröffentlichung untersucht er das gewandelte Verhältnis zwischen Staat und Gesellschaft aufgrund einer anregenden Analyse der politischen Realität der Bundesrepublik. Forsthoff geht davon aus, daß der moderne freiheitstiftende Rechtsstaat mit der Unterscheidung von Staat und Gesellschaft steht und fällt. Bei diesem Dualismus handelt es sich nicht um „die Abschichtung zweier Sachbereiche", sondern, wie schon Hegel erkannt habe, um die „notwendige dialektische Zuordnung von zwei Modi mitmenschlichen Seins" (21). Die traditionelle Unterscheidung zwischen Staat und Gesellschaft sei im Laufe der letzten Jahrzehnte problematisch geworden: einerseits greift der Staat in immer mehr gesellschaftliche Bereiche ein, andererseits erlangen ursprünglich gesellschaftliche Kräfte – wie die Parteien und großen Verbände – juristisch und faktisch geradezu den Rang von staatlichen Gewalten, ja sogar von Verfassungsorganen (24). Forsthoff leugnet, daß die Ausdehnung der staatlichen Gerechtsame in den gesellschaftlichen Bereich hinein notwendigerweise eine Intensivierung von Staatlichkeit im emphatischen Sinne des Wortes zur Folge habe. Die Ausdehnung staatlicher Kompetenzen könne durchaus auch ein Symptom der Schwäche sein, dann nämlich, wenn der Staat bloß als „Nothelfer" in Situationen akzeptiert wird, welche die Gesellschaft mit eigenen Kräften nicht bewältigen kann. Forsthoff erblickt in einem starken, auch zu geistig-ethischer Selbstdarstellung fähigen Staat den Garanten der Freiheit des einzelnen gegenüber den gesellschaftlichen Mächten und insbesondere der tellurischen Gewalt des „technischen Prozesses".

Aber es geht nicht nur um die Freiheit, sondern um das schiere Überleben selbst, um eine Instanz, „die den technischen Prozeß nicht den immanenten Bedingungen seiner Fortbewegung überläßt, sondern ihm die Grenzen setzt, welche die Erfordernisse eines geordneten menschlichen Zusammenlebens gebieten" (46). Da ein wesentliches Moment der Technik ihre Affinität zur Macht ist (34), bedarf der ihr Schranken setzende Staat der gleichen, wenn nicht einer überlegenen Macht (46). Forsthoff zweifelt daran, daß der Staat der Bundesrepublik „eine reale, souveräne Macht" darstellt, die den Herausforderungen des technischen Prozesses gewachsen wäre. „Es bedarf eines Staates, dessen Selbstverständnis sich nicht darin erschöpft, ein perfekter Rechtsstaat zu sein" (46f.). Ein Staat, der „das Hissen der weißen Fahne zum Ritual erhoben" hat, in dem es leichter als in anderen Ländern möglich ist, „durch eine antistaatliche Attitüde den Anschein schriftstellerischer Bedeutsamkeit zu erwecken" (53), ist kein Staat für den Ernstfall. Staaten ohne Vorsorge für den Ernstfall sind jedoch dazu verurteilt, nicht Subjekt, sondern bloß Objekt der Weltpolitik zu sein.

Ein brillantes und klärendes Buch, das Anschaulichkeit und begriffliche Präzision auf glückliche Weise verbindet, weniger Lösungen als Fragestellungen, Diagnosen und Perspektiven bietet und die Quintessenz jahrzehntelanger Studien und Lehrtätigkeit darstellt. Viele der von Forsthoff angeschnittenen Fragen – Umweltschutz, Integrität des Individuums, Planung, Verbände, „konzertierte Aktion", Grundrechte usw. – zählen zu den immer wiederkehrenden Themen der Diskussion auch der interessierten Staatsbürger. Hier könnten sie eine Fülle wohlartikulierter Argumente gegen den Abbau unserer Institutionen, die Umfunktionierung der Verfassung durch ingeniöse Erfindung von „Verfassungsaufträgen" und die Herrschaftsideologie der Herrschaftsfreien finden.

Bertrand de Jouvenel: Über die Staatsgewalt. Die Naturgeschichte ihres Wachstums.
Rombach, Freiburg i. Br. 1972, 464 S.

Bertrand de Jouvenel, geboren 1903 in Paris, gehört zu den vielseitigsten, tiefgründigsten und meistdiskutierten Gestalten der politischen Wissenschaft unserer Zeit. Kaum einer kann sich mit ihm messen, was die Zahl seiner in viele Sprachen übersetzten Werke, die Breite des von ihm behandelten Ausschnitts sozialwissenschaftlicher Fragen, seine historische Bildung und, nicht zuletzt, die Brillanz seiner Diktion anbelangt.
In seinem bereits klassischen Buch „Über die Staatsgewalt", geschrieben während des Zweiten Weltkrieges im Schweizer Exil, liefert Bertrand de Jouvenel eine kritische Darstellung des Wachstums der staatlichen Macht, ihrer Ursprünge, ideologischen Rechtfertigungen und totalitären Konse-

quenzen. Erkenntnisleitendes Interesse dieses in der Tradition Montesquieus, Benjamin Constants und Tocquevilles stehenden liberalen Konservativen ist die Frage nach den institutionellen und moralischen Bedingungen der Möglichkeit von Freiheit. Jouvenel fragt nach diesen Voraussetzungen um so eindringlicher, als er ohne Illusionen der realen Möglichkeit ins Auge sieht, daß Freiheit in der Geschichte nicht die Regel, sondern die Ausnahme ist, daß der Menschheit eher ein Absterben der liberalen Prinzipien denn ein Absterben des Staates bevorsteht. Er weist nach, daß die Staatsgewalt geradezu notwendig zur Expansion neigt und aus allen revolutionären Erschütterungen nur noch stärker hervorgeht. Jouvenels Buch „Über die Staatsgewalt" hat seit seiner Entstehung nichts von seiner Aktualität eingebüßt. Es ist, wie die englische Historikerin C. V. Wedgewood schreibt, „ein Werk, in dem ein umfangreiches, auf Erfahrung, Beobachtung und Wissen gestütztes Material von einem selbständigen, scharfen und straff diszipliniernten Geist zu einer profunden Analyse verarbeitet worden ist. Das Ergebnis ist eine in der Konzeption kühne und in der Ausführung verblüffende Darstellung des Wachstumsprozesses, den die Macht innerhalb des Staates durchläuft."

Yehezkel Dror: Crazy States. A Counterconventional Strategic Problem.
Heath Lexington Books, Lexington (Massachusetts, USA) 1971, 118 S.

Yehezkel Dror, geboren 1928 in Wien, seit 1938 in Palästina lebend, lehrt an der Hebräischen Universität in Jerusalem politische Wissenschaften. Er ist überdies Berater der israelischen Regierung, Konsulent verschiedener internationaler Organisationen, Mitglied der RAND Corporation in Santa Monica (Kalifornien) und anderer bedeutender wissenschaftlich-strategischer Institutionen. 1972 erhielt Dror den Levi-Eshkol-Preis für die beste Studie über die ersten 25 Jahre israelischer Verwaltung. Er hat eine Reihe von grundlegenden Arbeiten über die Policy Sciences geschrieben, die sich sowohl an Theoretiker als auch an Praktiker der „machinery of government" wenden.
„Policy Sciences" ist *nicht* dasselbe wie Politikwissenschaft oder Politologie, sondern eine neue Meta-Disziplin und Integrationswissenschaft, zu deren maßgebenden Initiatoren Yehezkel Dror selbst gehört. Policy Sciences sind ein Versuch, die traditionellen Barrieren zwischen Politologie, Rechtswissenschaft, Soziologie, Nationalökonomie und Managementwissenschaften zu überwinden. Sowohl empirisch als auch normativ ausgerichtet, wollen sie mit diesem interdisziplinären Ansatz dazu beitragen, die großen sozialen Steuerungssysteme und politischen Entscheidungsprozesse auf nationaler und übernationaler Ebene systematisch zu verbessern.
In seinem kleinen Buch „Crazy States" erbringt der israelische Gelehrte einen faszinierenden Beweis für die Fruchtbarkeit seines policy-wissenschaftlichen Denkens. „Crazy States" bedeutet „verrückte Staaten", und der Autor ist auch mit dieser Übersetzung einverstanden, wobei allerdings

der Begriff „states" so weit gefaßt werden muß, daß er nicht nur Staaten im Sinne des Völkerrechts, sondern auch organisierte Bürgerkriegsparteien, politkriminelle Banden und fanatische Massenbewegungen umfaßt. Dror geht von der nur allzu begründeten Vermutung aus, daß „crazy states" in der Politik der absehbaren Zukunft eine immer wichtigere Rolle spielen werden. Das Verhalten dieser „verrückten Staaten" kann durch fünf Punkte charakterisiert werden: aggressive und „systemüberwindende" Ziele; starke persönliche und organisatorische Einsatzbereitschaft für solche Ziele; Neigung zu riskantem, auch Martyrium, Selbstvernichtung oder sonstige Katastrophen einkalkulierendem Handeln; im Extremfall völlige Vernachlässigung rationaler Kriterien bei der Wahl der Methoden und Taktiken; Bevorzugung eines radikalen, alle „normalen" ethisch-humanitären Hemmungen und Konventionen verletzenden Konfliktstils, der auch vor barbarischen und makabren Maßnahmen nicht zurückschreckt (Genozid; meuchelmörderische Liquidierung von als „Menschheitsfeinden" gebrandmarkten Eliten; Vergiftung von Wasser und Nahrungsmitteln; systematische Sabotage ziviler Einrichtungen; Terroranschläge auf Kindergärten, Schulen, Spitäler, Altersheime, Theater usw.).

Dror vermutet, daß derartige Erscheinungen die internationalen Beziehungen immer mehr belasten werden. Die bisherigen Fälle von Geiselnahmen, Flugzeugentführungen, Panikmache, Attentaten und politischen Erpressungen sind möglicherweise nur ein Vorspiel zu noch weit schlimmeren Formen von Weltbürgerkriegskriminalität. Durch heimliche Weiterverbreitung von Atomwaffen oder radioaktiven Substanzen, Übernahme biologischer Vernichtungsstrategien und den kalkulierten Einsatz von Sprengstoffen können auch Zwergstaaten oder unterstaatliche Banden zu enormen Destruktivitätspotentialen werden. Dror analysiert die verschiedensten Möglichkeiten, angefangen von den inzwischen fast schon banal gewordenen Akten eines subversiven Vandalismus und erpresserischen Torturen bis zu dem hypothetischen Fall einer verzweifelten, in die Enge getriebenen Gruppe, die im Besitz einer „Weltuntergangswaffe" ist und davon auch Gebrauch macht.

Dror entwirft verschiedene „Counter-craziness"-Strategien, die freilich nur bei einem radikalen Umdenken nicht nur in strategischer, sondern auch in ethischer und politisch-philosophischer Hinsicht wirksam werden können. Der israelische Gelehrte, der zugleich mit einem gründlichen Sinn für die langfristigen praktischen Notwendigkeiten politischer Entscheidungsplanung begabt ist, gelangt zu Schlußfolgerungen, die viele schockieren mögen. Wer nicht träumerisch darauf vertraut, daß nicht sein kann, was nicht sein darf, wird allerdings die bange Frage stellen, was eigentlich noch alles passieren muß, bis jener Schock zustande kommt, den zu belehren das Anliegen von Yehezkel Drors bedeutendem Buch ist. Die deutsche Ausgabe wird im Seewald-Verlag, Stuttgart, erscheinen.

Rüdiger Altmann: Späte Nachricht vom Staat. Politische Essays.
Seewald, Stuttgart 1968, 80 S.

Rüdiger Altmann, Jahrgang 1922, ein Schüler Carl Schmitts, hat als Theoretiker der „formierten Gesellschaft" Ludwig Erhards vor zehn Jahren
eine ganze Flut von Gegenliteratur ausgelöst. Der Band enthält neben
dem Essay über die formierte Gesellschaft noch folgende: „Der Kompromiß", „Der Feind und der Friede" und „Späte Nachricht vom Staat".
Altmann rafft in diesen vier Arbeiten die bundesrepublikanische Entwicklung von der Verabschiedung des Grundgesetzes bis zur Großen Koalition
und der beginnenden Kulturrevolution zusammen. Sie stellt sich ihm dar
als die Geschichte einer progressiven Totalisierung nicht des Staates, sondern der Gesellschaft (49). Der als Antwort auf die weltrevolutionäre Drohung nach dem Ende des Zweiten Weltkriegs etablierte bürgerlich-demo-
kratische Staat habe nicht nur die Autonomie der gesellschaftlichen
Gruppen legalisiert, sondern diese auch zu Teilhabern seiner eigenen
Legalität gemacht. Diesem Trend zur „legalisierten Gesellschaft" entspricht ein tiefgreifender Funktionswandel der Grundrechte: „Sie garantieren nicht nur das Recht des Individuums auf seine Freiheit vom Staat,
sondern auch das Recht der Gruppen auf Teilhabe am Staat" (50f.). Iro-
nisch vermutet Altmann, „daß der Pluralismus seinen Weg von der Egalität
über die Parität zur Gleichschaltung geht – aus eigener Kraft" (51). Die
Hypertrophie der Macht der Verbände sei jedoch nicht gleichbedeutend
mit einer Zunahme der Loyalität der Organisierten. Mehr als je sind deshalb die großen Verbände gezwungen, die Bedürfnisse ihrer Mitglieder
zu manipulieren. Das Dreieck, von dem bedeutende Energien zur Manipu-
lation ausgehen, bildet sich aus der öffentlichen Daseinsvorsorge, dem
wirtschaftlichen Prozeß und dem wissenschaftlichen Fortschritt (56f.).
Einerseits ist Autorität nach wie vor „eine der wichtigsten Funktionsgaran-
tien der Gesellschaft" (58), doch in dem Maße, in dem die soziale Manipu-
lierbarkeit zunimmt, verringere sich der Autoritätsbedarf, vor allem aber
die Bereitschaft zu ethisch-politischem Engagement. Diese Spannung
zehre an einer Substanz, auf die die Gesellschaft angewiesen bleibt, ohne
daß sie jene reproduzieren könne. Die technisch-ökonomische Dynamik
berge viele Elemente des Katastrophischen in sich: „Das innerstaatliche
Niveau der Demokratie und der Zerfall der Weltpolitik entsprechen sich
doch in vielfältiger Weise. Mit Sozialtechniken und Globalsteuerungen ...
kann die manipulierte Gesellschaft dieser Gefahr nicht begegnen, wenn
sie dabei ihren Willen zur Geschichte verliert" (59). Der Wille zur
Geschichte aber sei der Wille, den permanenten Zerfall aufzuhalten. Aus
diesem Willen, der *vis conservandi,* seien die Staaten geschaffen, die
Staatsideen geboren worden: „der Staat als Bewahrer des Fortschritts,
als aufhaltende Kraft" (59).
Ein eifriger Kritiker warf 1970 Altmann vor, er liefere mit solchen Gedan-
kengängen „einen stringenten Herrschaftsspiegel, den nicht zuletzt die
Faschisten schon anerkannt und massenwirksam realisiert haben". Inzwi-

schen liest sich manches anders. Altmanns teilweise fast aphoristisch ge-
schriebenes Bändchen bietet kein System und keine Doktrin. Doch es
befreit, ähnlich wie die Lektüre Ortega y Gassets, auf eigenartige Weise
den Leser, der die Wirklichkeit der Politik zu verstehen versucht. Es wirkt
befreiend, allein schon durch seinen Tonfall und Stil, durch die Art, in
der hier Probleme angegriffen werden.

*Edgar Bodenheimer: Power, Law and Society. A Study of the Will to Power
and the Will to Law.*
Crane Russak, New York 1973, 202 S.

Bodenheimer geht auf die allenthalben anzutreffende Rechtsverdrossen-
heit und den um sich greifenden Rechtsnihilismus in der westlichen Welt
ein. Er findet den Ursprung all dessen nicht bei zeitgenössischen Autoren,
sondern bei Nietzsche. Nietzsches aphoristisches und nur schwer systematisch faßbares Denken gibt gewissermaßen den negativen, kontrastreichen
Hintergrund für die Darstellung der *anthropologischen Wurzeln des Rechts*
ab (1–62). Dem Willen zur Macht setzt Bodenheimer den „Willen zum
Recht" gegenüber (23). Er folgt hier einer Unterscheidung des frühen
Nietzsche selbst – nämlich der Unterscheidung zwischen dem Apollinischen und dem Dionysischen, zwischen dem Streben nach Klarheit, Har-
monie und Ordnung, nach rationaler Beherrschung der Welt im Maß einerseits und der orgiastisch-ekstatischen Lebensverwirklichung in rausch-
hafter Hingabe an das Werden andererseits. Bodenheimer ruft nicht ver-
zweifelt nach einem „Übermenschen", sondern fordert auf zur Erneuerung
des apollinischen Prinzips: da der Mensch seine Instinktsicherheit verloren
hat, haben an die Stelle der instinkte *Institutionen* zu treten, und als Rechts-
wissenschaftler wendet er sich der Institution „Recht", zu. Recht ist für
Bodenheimer zutiefst Prozeß und Dynamik: Gesetzgebung, Billigkeit
(equity), richterliche Rechtsfortbildung und das Rechtsleben sind seine
Momente (72ff.). Den Abschluß des Buches widmet Bodenheimer nochmals der geschichtswirksamsten These Nietzsches vom Willen zur Macht
und der daraus folgenden Forderung nach dem Übermenschen, der an
keine „Sklabenmoral" gebunden ist. Er zeichnet den Weg von den antiken
Gesellschaften bis zur heutigen Zvilisation (127ff.). Diese Entwicklung
lasse den Schluß zu, daß der Mensch in der Lage sei, die Sklavenmoral
einer auf krasser Diskriminierung basierenden Gesellschaft zu überwinden, ohne eine „Herrenmoral eines Übermenschen" zu benötigen:
durch konstante Rechtsfortbildung und -setzung.
Sowohl in der Originalität des philosophiegeschichtlichen Ansatzes wie
auch in der breiten historischen Argumentation liegen die Vorzüge dieses
für Philosophen, Soziologen, Historiker, Juristen, Politikwissenschaftler
und Politiker überaus anregenden Buches.

Weiterführende
neuere Literatur

Adler, Max: Die Staatsauffassung des Marxismus. Ein Beitrag zur Unterscheidung von soziologischer und juristischer Methode. Unveränderter
Nachdruck der Ausgabe Wien 1922. Wissenschaftliche Buchgesellschaft, Darmstadt 1964, 316 S.

Altenstetter, Christa: Der Föderalismus in Österreich. Quelle & Meyer,
Heidelberg 1968, 160 S.

Altmann, Rüdiger: Späte Nachricht vom Staat. Politische Essays. Seewald,
Stuttgart 1968, 78 S.

Arndt, Helmut: Wirtschaftliche Macht. Tatsachen und Theorien. C. H.
Beck, München 1974, 210 S. (Becksche Schwarze Reihe 119).

Aron, Raymond: Über die Freiheiten. Essay. S. Fischer, Frankfurt a. M.
1968, 152 S. (Orig.: Essai sur les libertés, Paris 1965).

Bahner, Dietrich: Das Fatale am „Mitbestimmungs"-Entwurf. In: Zeitbühne, Jg. 3, H. 11 (November 1974), S. 46–50.

Baier, Horst: Auf dem Wege zum autoritären Wohlfahrtssozialismus. In:
Frankfurter Allgemeine Zeitung, Nr. 73, 27. März 1974, S. 10.

Bastid, Paul, Norberto Bobbio u. a.: L'idée de Légitimité. Institut International de Philosophie Politique: Annales de Philosophie Politique, tome
7, Paris 1967, 223 S.

Bell, Daniel, Irving Kristol (Hrsg.): Kapitalismus heute. Herder & Herder,
Frankfurt a. M. – New York 1974, 256 S. (Orig.: Capitalism today, New
York – London 1970).

Benda, Ernst: Industrielle Herrschaft und sozialer Staat. Wirtschafts-
macht von Großunternehmen als gesellschaftspolitisches Problem. Vandenhoeck & Ruprecht, Göttingen 1966, 622 S.

Berlin, Isaiah: Four Essays on Liberty. Oxford University Press, London 1969, LXIV, 213 S.

Bettermann, Karl August: Grenzen der Grundrechte. Walter de Gruyter, Berlin 1968, 29 S. (Schriftenreihe der Juristischen Gesellschaft e. V., Berlin).

Beyme, Klaus v.: Interessengruppen in der Demokratie. Piper, München 1969, 234 S.

Biedenkopf, Kurt: Fortschritt in Freiheit. Piper, München 1974, 238 S.

Böckenförde, Ernst-Wolfgang: Die Entstehung des Staates als Vorgang der Säkularisation. In: Sergius Buve, Arnold Gehlen, Pascual Jordan, Carl Schmitt u. a.: Säkularisation und Utopie. Ebracher Studien. Ernst Forsthoff zum 65. Geburtstag. Kohlhammer, Stuttgart 1967, S. 75 bis 94.

Böttcher, Reinhard: Die politische Treupflicht der Beamten und Soldaten und die Grundrechte der Kommunikation. Duncker & Humblot, Berlin 1967, 179 S.

Burwitz, Wulf Dieter: Mitbestimmung und Grundgesetz. In: Zeitbühne, Jg. 3, H. 10 (Oktober 1974), S. 32–39.

Butt, Ronald: The Power of Parliament. Constable, London 1967, X, 468 S.

Chaimowicz, Thomas: Demokratie – totalitär. In: Zeitbühne, Jg. 3, H. 7 (Juli 1974), S. 39–43.

Cleveland, Harlan: The Future Executive. Harper & Row, New York – Evanston – San Francisco – London 1972, 144 S.

O'Connor, James: Die Finanzkrise des Staates. Suhrkamp, Frankfurt a. M. 1974. 395 S. (Orig.: The Fiscal Crisis of the State, 1973).

Constant, Benjamin: Über die Gewalt. Vom Geist der Eroberung und von der Anmaßung der Macht. Aus dem Französischen übertragen und hrsg. von Hans Zbinden. Reclam, Stuttgart ²1963, 180 S. (Universal-Bibliothek Nr. 7618–20).

Dabin, Jean: Der Staat oder Untersuchungen über das Politische. Aus dem Französischen von Hans Naumann. Luchterhand, Neuwied – Berlin 1964, 289 S. (Org.: L'État ou la Politique. Essai de Définition) (Politica 6).

Dahl, Robert A.: Pluralist Democracy in the United States. Conflict and Consent. Rand McNally, Chicago 1967, XX, 471 S.

Dahlmann, Friedrich Christoph: Die Politik. Einleitung von Manfred Riedel. Suhrkamp, Frankfurt a. M. 1968, 305 S.

Dahrendorf, Ralf: Gesellschaft und Demokratie in Deutschland. Piper, München 1965, 516 S.

Deutsch, Karl W.: Politische Kybernetik. Modelle und Perspektiven. Rombach, Freiburg i. Br. 1969, 368 S. (Orig.: The Nerves of Government. Models of Political Communication and Control, New York 1966).

Doeker, Günther (Hrsg.): Vergleichende Analyse politischer Systeme. Comparative Politics. Rombach, Freiburg i. Br. 1971, 470 S.

Dregger, Alfred: Systemveränderung. Brauchen wir eine andere Republik? Seewald, Stuttgart 1972, 61 S.

Dror, Yehezkel: Public Policymaking Reexamined. Chandler Publishing Company, San Francisco 1968, 370 S., 2 Tab., 8 Diagr., 4 Einschl.-Taf., Anh.

Dror, Yehezkel: Prolegomenas to Policy Sciences. In: Policy Sciences. An International Journal. American Elsevier, New York, Bd. 1, Nr. 1 (1970), S. 135–150.

Dror, Yehezkel: Systems Analysis and National Modernization Decisions. In: Academy of Management Journal, Jg. 13, Nr. 12 (Juni 1970), S. 139–152.

Dror, Yehezkel: Crazy States. A Counterconventional Strategic Problem. Heath Lexington Books, Lexington (Massachusetts, USA) 1971, 118 S. (dt. Übersetzung vom Seewald-Verlag, Stuttgart, angekündigt).

Dror, Yehezkel: Design for Policy Sciences. American Elsevier, New York 1971, 224 S.

Dror, Yehezkel: Ventures in Policy Sciences. American Elsevier, New York 1971, 350 S.

Dror, Yehezkel: Die Effizienz der Regierungstechnik. In: Aufgabe Zukunft. Qualität des Lebens. Beiträge zur vierten internationalen Arbeitstagung der IG Metall für die Bundesrepublik Deutschland 11. bis 14. April 1972 in Oberhausen, Bd. 7: Qualitatives Wachstum. Europäische Verlagsanstalt, Frankfurt a.M. 1973, S. 94–119.

Eick, Jürgen: Wie man eine Volkswirtschaft ruinieren kann. Die wirtschaftspolitischen Irrtümer unserer Tage. Societäts-Verlag, Frankfurt a.M. 1974, 172 S.

Engels, Wolfram: Soziale Marktwirtschaft. Verschmähte Zukunft? Seewald, Stuttgart 1973, 80 S.

Fischer, Heinz (Hrsg.): Das politische System Österreichs. Europa-Verlag, Wien – Frankfurt a.M. – Zürich 1974.

Flechtheim, Ossip K.: Ausblick in die Gegenwart. Sieben Dialoge. Mit einem Vorwort von Robert Jungk. List, München 1974, 163 S. (neue edition list, hrsg. von Adelbert Reif).

Forsthoff, Ernst: Der totale Staat. Hanseatische Verlagsanstalt, Hamburg 1933, 48 S.

Forsthoff, Ernst: Rechtsstaat im Wandelö. Verfassungsrechtliche Abhandlungen 1950–1964. Kohlhammer, Stuttgart 1964, 227 S.

Forsthoff, Ernst: Zur Problematik der Verfassungsauslegung. Kohlhammer, Stuttgart 1961, 40 S (res publica 7).

Forsthoff, Ernst: Strukturwandlungen der modernen Demokratie. Walter de Gruyter, Berlin 1964, 25 S. (Schriftenreihe der Juristischen Gesellschaft e.V., Berlin, Heft 15).

Forsthoff, Ernst (Hrsg.): Rechtsstaatlichkeit und Sozialstaatlichkeit. Aufsätze und Essays. Wissenschaftliche Buchgesellschaft, Darmstadt 1968, VIII, 618 S. (Wege der Forschung CXVIII).

Forsthoff, Ernst: Der Staat der Industriegesellschaft. Dargestellt am Beispiel der Bundesrepublik Deutschland. C. H. Beck, München 1971, 169 S. (Becksche Schwarze Reihe 77).

Forsthoff, Ernst: Der moderne Staat und die Tugend (1964). In: Politik und Ethik. Hrsg. von Heinz-Dietrich Wendland und Theodor Strohm. Wissenschaftliche Buchgesellschaft, Darmstadt 1973, VI, 487 S. (Wege der Forschung CXXXIX).

Fraenkel, Ernst: Reformismus und Pluralismus. Materialien zu einer ungeschriebenen politischen Autobiographie. Hoffmann & Campe, Hamburg 1973, 473 S.

Franz, Otmar (Hrsg.): Die Zukunft der Bundesrepublik Deutschland. Mit Beiträgen von Kurt Biedenkopf, Ludwig Erhard, Roman Herzog, Hermann Höcherl, Walter Leisler Kiep, Helmut Kohl u. a. Seewald, Stuttgart 1975, 260 S.

Freyer, Hans: Theorie des gegenwärtigen Zeitalters. Deutsche Verlags-Anstalt, Stuttgart 1956, 260 S.

Freyer, Hans: Gedanken zur Industriegesellschaft. Haase & Köhler, Mainz 1970, 216 S.

Gehlen, Arnold: Industrielle Gesellschaft und Staat. Über einige Triebkräfte des politischen Lebens der Gegenwart. In: Studien zur Anthropologie und Soziologie. Luchterhand, Neuwied–Berlin 1963, S. 247 bis 262.

Gehlen, Arnold: Bürokratisierung. Macht und Ohnmacht des Apparates. In: Studien zur Anthropologie und Soziologie. Luchterhand, Neuwied – Berlin 1963, S. 263–274.

Gehlen, Arnold: Das Berufsbeamtentum in der modernen Gesellschaft. In: Studien zur Anthropologie und Soziologie. Luchterhand, Neuwied – Berlin 1963, S. 275–290.

Gehlen, Arnold: Soziologische Aspekte des Eigentumsproblems in der Industriegesellschaft. In: Studien zur Anthropologie und Soziologie. Luchterhand, Neuwied – Berlin 1963, S. 293–310.

Gerber, Beat: Die importierte Inflation. In: Information der Internationalen Treuhand AG, H. 45, Basel 1974.

Grosser, Alfred: In wessen Namen? Werte und Wirklichkeit in der Politik. Hanser, München 1973, 332 S.

Grosser, Alfred: Politik erklären. Unter welchen Voraussetzungen? Mit welchen Mitteln? Zu welchen Ergebnissen? Hanser, München 1973, 158 S.

Grosser, Dieter: Das britische Regierungssystem in der Belastungsprobe. In: Der Staat. Zeitschrift für Staatslehre, Öffentliches Recht und Verfassungsgeschichte, Bd. 8 (1969), H. 2, S. 217–239.

Gückelhorn, Herwig: Inflation – Schicksal oder Schuld? A. Fromm, Osnabrück 1971, 52 S. (Texte und Thesen 9).

Guggenberger, Bernd: Wem nützt der Staat? Kritik der neomarxistischen Staatstheorie. Kohlhammer, Stuttgart 1974, 148 S. (Urban-Taschenbücher 857).

Guth, Wilfried: Geldentwertung als Schicksal? Vortrag in der Carl-

Friedrich-v.-Siemens-Stiftung in München-Nymphenburg am 3. April 1974. Themen-Reihe der Carl-Friedrich-v.-Siemens-Stiftung 20, 42 S.

Habe, Hans: Begeht der Westen Selbstmord? In: Die Welt, Nr. 262, 9. November 1974 (Beilage „Die geistige Welt").

Hättich, Manfred: Individuum und Gesellschaft im Konservativismus. Niedersächsische Landeszentrale für Politische Bildung, Hannover 1971, 87 S.

Hanau, Peter, Heinrich Meinhard Stindt: Machtverteilung in deutschen Gewerkschaften. Eine Untersuchung zweier Satzungen. In: Der Staat. Zeitschrift für Staatslehre, Öffentliches Recht und Verfassungsgeschichte, Bd. 10 (1971), H. 4, S. 539–553.

Heger, Karl: Gewerkschaftsstaat ante portas! Kapituliert die parlamentarische Demokratie? In: Criticón. Konservative Zeitschrift, Jg. 4, Heft 25 (Sept./Okt. 1974), S. 197–200.

Hennis, Wilhelm: Ende der Politik? Zur Krisis der Politik in der Neuzeit. In: Merkur, Jg. 25, H. 6 (Juni 1971), S. 509–526.

Hennis, Wilhelm: Die mißverstandene Demokratie. Herder, Freiburg i. Br. 1973, 176 S. (Herderbücherei 460).

Hereth, Michael: Freiheit, Politik und Ökonomie. Piper, München 1974, 134 S.

Herz, John H., Gwendolen M. Carter: Regierungsformen des 20. Jahrhunderts. Kohlhammer, Stuttgart 1962, 212 S.

Herzog, Roman: Allgemeine Staatslehre. Athenäum, Frankfurt a. M. 1971, 425 S.

Hildebrandt, Walter: Das nachliberale Zeitalter. Studien zur Gesellschaftslehre und politischen Bildung. Diederichs, Düsseldorf – Köln 1973, 268 S.

Hirsch-Weber, Wolfgang: Politik als Interessenkonflikt. Enke, Stuttgart 1969, X, 288 S.

Hofmann, Hans-Hubert (Hrsg.): Die Entstehung des modernen souveränen Staates. Kiepenheuer & Witsch, Köln – Berlin 1967, 496 S. (Neue wissenschaftliche Bibliothek 17).

Humboldt, Wilhelm v.: Ideen zu einem Versuch, die Grenzen der Wirksamkeit des Staates zu bestimmen. Nachwort von Dietrich Spitta. Verlag Freies Geistesleben, Stuttgart 1962, 178 S. (Denken – Schauen – Sinnen 26/27).

Ipsen, Hans Peter: Enteignung und Sozialisierung. In: Veröffentlichungen der Vereinigung deutscher Staatsrechtslehrer, Bd. 10. Walter de Gruyter, Berlin 1952, S. 74–123.

Isensee, Josef: Subsidiaritätsprinzip und Verfassungsrecht. Eine Studie über das Regulativ des Verhältnisses von Staat und Gesellschaft. Dunkker & Humblot, Berlin 1968, 340 S. (Schriften zum Öffentlichen Recht 80).

Jouvenel, Bertrand de: Über Souveränität. Auf der Suche nach dem Gemeinwohl. Aus dem Französischen von Gerolf Graf Coudenhove.

Luchterhand, Neuwied – Berlin 1963, 347 S. (Politica 9), (Orig.: De la Souveraineté. A la Recherche du Bien Politique, Paris 1955).

Jouvenel, Bertrand de: Über die Staatsgewalt. Die Naturgeschichte ihres Wachstums. Aus dem Französischen von Herbert R. Ganslandt. Rombach, Freiburg i. Br. 1972, 464 S. (Orig.: Du Pouvoir. Historire naturelle de sa croissance, Genf 1945).

Jünger, Ernst: Der Weltstaat. Klett, Stuttgart 1960, 75 S. (auch in: Werke in zehn Bänden. Vom Autor revidierte und geordnete Ausgabe, Bd. 5: Betrachtungen zur Zeit, Klett).

Jünger, Ernst: Der Weltstaat – Organismus und Organisation. In: Wo stehen wir heute? Hrsg. von W. Walter Bähr. Bertelsmann, Gütersloh 1960, S. 163–180 (gekürzte Fassung des bei Klett erschienenen Essays).

Kaltefleiter, Werner: Die Funktionen des Staatsoberhauptes in der parlamentarischen Demokratie. Westdeutscher Verlag, Köln – Opladen 1970, 360 S.

Kaltefleiter, Werner: Geht die Demokratie an zuviel Wohlfahrtsstaat zugrunde? In: Welt am Sonntag, 24. März 1974.

Kammler, Hans: Der Ursprung des Staates. Eine Kritik der Überlagerungslehre. Westdeutscher Verlag, Köln – Opladen 1966, 98 S.

Kelsen, Hans: Sozialismus und Staat. Untersuchung der politischen Theorie des Marxismus. Verlag der Wiener Volksbuchhandlung, Wien [3]1965, 174 S.

Kelsen, Hans: Marx oder Lassalle? Wandlungen in der politischen Theorie des Marxismus. Sonderausgabe Wissenschaftliche Buchgesellschaft, Darmstadt 1967, 38 S.

Kernig, C. D. (Hrsg.): Sowjetsystem und demokratische Gesellschaft, 6 Bde. Herder, Freiburg i. Br. 1966–1972.

Kimminich, Otto: Einführung in das öffentliche Recht. Methodik – Allgemeine Staatslehre – Sozialwissenschaftliche Grundlagen. Rombach, Freiburg i. Br. 1972, 304 S. (rombach hochschul paperback 36).

Kirchheimer, Otto: Funktionen des Staats und der Verfassung. Zehn Analysen. Suhrkamp, Frankfurt a. M. 1972, 296 S.

Kisker, Gunter: Kooperation im Bundesstaat. Eine Untersuchung zum kooperativen Föderalismus in der Bundesrepublik Deutschland. J. C. B. Mohr (Paul Siebeck), Tübingen 1971, XIII, 365 S.

Koja, Friedrich: Das Verfassungsrecht der österreichischen Bundesländer. Springer, Wien 1967, XIV, 389 S.

Kremp, Herbert: Am Ufer des Rubikon. Eine politische Anthropologie. Seewald, Stuttgart 1973, 230 S.

Kremp, Herbert: Parteiensystem und Gegenmächte. In: Criticón. Konservative Zeitschrift, Nr. 22 (März/April 1974), S. 51–55.

Kress, Gisela, Dieter Senghaas (Hrsg.): Politikwissenschaft. Eine Einführung in die Probleme. Europäische Verlagsanstalt, Frankfurt a. M. 1969, 517 S.

Krüger, Herbert: Von der Reinen Marktwirtschaft zur Gemischten Wirtschaftsverfassung. Hamburg 1966, 50 S. (In Kommission Metzner, Frankfurt a. M.).

Krüger, Herbert: Allgemeine Staatslehre. Kohlhammer, Stuttgart ²1966, XXXI, 1028 S.

Krüger, Herbert: Staat – Wirtschaft – Völkergemeinschaft. Ausgewählte Schriften aus 40 Jahren. Metzner, Frankfurt a. M. 1970, 272 S.

Kuhn, Helmut: Der Staat. Eine philosophische Darstellung. Kösel, München 1967, 479 S.

Kurz, Hanns (Hrsg.): Volkssouveränität und Staatssouveränität. Wissenschaftliche Buchgesellschaft, Darmstadt 1970, XIV, 416 S. (Wege der Forschung XXXVIII).

Leistungsgemeinschaft. Perspektiven für eine Neue Ordnung. Mit Beiträgen von Kurt Bronner, Fritz Joß, Michael Meinrad und Hartwig Singer. Beiheft des Deutschen Studenten-Anzeigers. Coburg 1971, 120 S. (Junge Kritik 2).

Loewenberg, Gerhard: Parlamentarismus im politischen System der Bundesrepublik Deutschland. Wunderlich, Tübingen 1969, 584 S.

Loewenstein, Karl: Beiträge zur Staatssoziologie. J. C. B. Mohr (Paul Siebeck) Tübingen 1961, XVI, 485 S.

Loewenstein, Karl: Zur Gegenwartslage des britischen Parlamentarismus. J. C. B. Mohr (Paul Siebeck), Tübingen 1967, 75 S. (Recht und Staat 344/345).

Loewenstein, Karl: Verfassungslehre. Aus dem Englischen von Rüdiger Boerner. J. C. B. Mohr (Paul Siebeck), Tübingen ²1969, XVI, 498 S.

Löwenthal, Richard, Hans-Peter Schwarz (Hrsg.): Die zweite Republik. 25 Jahre Bundesrepublik Deutschland. Eine Bilanz. Seewald, Stuttgart 1974, 970 S. (mit Beiträgen von Karl Dietrich Bracher, Theodor Eschenburg, Reimut Jochimsen, Norbert Kloten, Rainer Lepsius, Günter Ropohl, Friedrich H. Tenbruck u. a.).

Lohse, Volker Heinrich: Streik und Staatsnotstand unter Berücksichtigung der Rechtslage in der Schweiz. Duncker & Humblot, Berlin 1969, 308 S.

Lompe, Klaus: Gesellschaftspolitik und Planung. Probleme politischer Planung in der sozial-staatlichen Demokratie. Rombach, Freiburg i. Br. 1971, 332 S.

Mager, Wolfgang: Zur Entstehung des modernen Staatsbegriffs. Franz Steiner, Wiesbaden 1968, 100 S. (Abh. d. Akad. d. Wiss. u. d. Lit., Geistes- und sozialwissensch. Klasse).

Maître, H. J.: Parasitäre Demokratie. In: Criticón. Konservative Zeitschrift, Jg. 4, H. 25 (Sept./Okt. 1974), S. 223–225.

Marcic, René: Der Staatsmann in der Demokratie. Pustet, Salzburg 1966, 52 S.

Marcic, René: Recht – Staat – Verfassung, Bd. 1: Recht und Staat. Österreichischer Bundesverlag für Unterricht, Wissenschaft und Kunst, Wien 1970, 360 S.

Martini, Winfried: Die Wiedervereinigung droht. Seewald, Stuttgart 1975, 200 S.

Matz, Ulrich (Hrsg.): Grundprobleme der Demokratie. Wissenschaftliche Buchgesellschaft, Darmstadt 1973, VI, 494 S. (Wege der Forschung CXLI).

Maude, Angus: Staat und Individuum heute. In: Criticón, H. 5 (März/April 1971), S. 88–90.

Mayer-Tasch, Peter Cornelius: Korporativismus und Autoritarismus. Athenäum, Frankfurt a.M. 1971, 273 S.

Mitscherlich, Alexander (Hrsg.): Das beschädigte Leben. Diagnose und Therapie in einer Welt unabsehbarer Veränderungen. Piper, München 1969, 178 S. (mit Beiträgen von Theodor Eschenburg, Robert Heiß, Adolf Portmann, Jacob Taubes u.a.).

Model-Creifelds: Staatsbürger-Taschenbuch. Alles Wissenswerte über Staat, Verwaltung, Recht und Wirtschaft. Begründet von Dr. Otto Model, fortgeführt von Dr. Carl Creifelds. C. H. Beck, München [11]1972, 960 S.

Mötteli, Carlo: Herausforderung der Liberalen. In: Ordo. Jahrbuch für die Ordnung von Wirtschaft und Gesellschaft, Bd. 21 (1970). Helmut Küpper, vormals Georg Bondi, Düsseldorf – München 1970, S. 43–64.

Mohler, Armin: Von rechts gesehen. Seewald, Stuttgart 1974, 344 S.

Molnar, Thomas: The Counter-Revolution. Funk & Wagnalls, New York 1969, 209 S.

Molnar, Thomas: Zur Gesellschaft der Zukunft. In: Schweizer Monatshefte, Jg. 51, H. 6 (September 1971), S. 393–399.

Molnar, Thomas: Die Linke beim Wort genommen. Aus dem Französischen von Karl A. Klewer. Klett, Stuttgart 1972, 124 S.

Molnar, Thomas: The European Dilemma. The Political Situation of the Continent and its Place in World Politics. Publications of the Centre for International Politics Potchefstroom University for C. H. E., Nr. 14, Potchefstroom 1974, 107 S.

Müller, Christoph: Das imperative und freie Mandat. Überlegungen zur Lehre von der Repräsentation des Volkes. Sijthoff, Leiden 1966, X, 265 S.

Naßmacher, K.-H.: Das österreichische Regierungssystem. Große Koalition oder alternierende Regierung? Westdeutscher Verlag, Köln – Opladen 1968, 243 S.

Nolte, Ernst: Deutschland und der Kalte Krieg. Piper, München 1974, 755 S.

Oettl, G.: Grenzen der Gerichtsbarkeit im sozialen Rechtsstaat. Duncker & Humblot, Berlin 1971, 98 S.

Ortlieb, Heinz-Dietrich: Die verantwortungslose Gesellschaft oder Wie man die Demokratie verspielt. Goldmann, München 1971, 150 S.

Osel, Werner: Eigentum ist kein überholter Luxus. Es geht um die Freiheit des Bürgers. In: Information der Internationalen Treuhand AG, H. 46, Basel 1974, S. 32–38.

Pelinka, Anton, Manfried Welan: Demokratie und Verfassung in Österreich. Europa Verlag, Wien – Frankfurt a. M – Zürich 1971.

Preuss, Ulrich K.: Zum staatsrechtlichen Begriff des Öffentlichen, untersucht am Beispiel des verfassungsrechtlichen Status kultureller Organisationen. Ernst Klett Verlag, Stuttgart 1969, 229 S.

Preuss, Ulrich K.: Legalität und Pluralismus. Beiträge zum Verfassungsrecht der Bundesrepublik Deutschland. Suhrkamp, Frankfurt a. M.
1973, 186 S. (edition suhrkamp 626).

Quaritsch, Helmut: Staat und Souveränität, Bd. 1: Die Grundlagen. Athenäum, Frankfurt a. M. 1970, 586 S.

Radunski, Peter: Konzentration und Konfrontation, Krise und Konsens.
Entwicklungstendenzen im Parteiensystem der Bundesrepublik. In:
Sonde. Neue Christlich-Demokratische Politik, Jg. 7 (1974), Nr. 2,
S. 46–64 (53 Bonn, Poppelsdorfer Allee 82).

Rasch, Ernst: Die staatliche Verwaltungsorganisation. Allgemeines –
Rechtliche Grundlagen – Aufbau. Heymann, Köln 1967, XX, 271 S.

Rausch, Heinz (Hrsg.): Zur heutigen Problematik der Gewaltenteilung.
Wissenschaftliche Buchgesellschaft, Darmstadt 1969, XVII, 504 S.
(Wege der Forschung CXCIV).

Ridder, Helmut K. J.: Enteignung und Sozialisierung. In: Veröffentlichungen der Vereinigung deutscher Staatsrechtslehrer, Bd. 10. Walter de
Gruyter, Berlin 1952, S. 124–149.

Ritter, Gerhard A.: Parlament und Demokratie in England. Studien zur
Entwicklung und Struktur des politischen Systems. Vandenhoeck &
Ruprecht, Göttingen 1972, 379 S.

Ronge, Volker, Günter Schmieg (Hrsg.): Politische Planung in Theorie
und Praxis. Piper, München 1971, 245 S.

Rotelli, Ettore, Pierangelo Schiera (Hrsg.): Lo Stato Moderno, Bd. 1: Dal
Medioevo all'età moderna. Il Mulino, Bologna 1967, 294 S.

Rumpf, Helmut: Land ohne Souveränität. Beiträge zur Deutschlandfrage.
C. F. Müller, Karlsruhe 1969 (Recht – Justiz – Zeitgeschehen 5).

Ryffel, Hans: Soziale Sicherheit in der modernen Gesellschaft. Strukturen
und Maßstäbe. In: Der Staat. Zeitschrift für Staatslehre, Öffentliches
Recht und Verfassungsgeschichte, Bd. 9 (1970), H. 1, S. 1–19.

Saladin, Peter, Luzius Wildhaber (Hrsg.): Der Staat als Aufgabe. Gedenk-
schrift für Max Imboden. Helbing & Lichtenhahn, Basel – Stuttgart
1972.

Salomon-Delatour, Gottfried: Moderne Staatslehren. Luchterhand, Neuwied – Berlin 1965, 752 S. (Politica 18).

Schäfer, Friedrich: Der Bundestag. Eine Darstellung seiner Aufgaben und
seiner Arbeitsweise, verbunden mit Vorschlägen zur Parlamentsreform.
Westdeutscher Verlag, Köln – Opladen 1967, 381 S.

Schambeck, Herbert: Grundrechte und Sozialordnung. Gedanken zur
Europäischen Sozialcharta. Duncker & Humblot, Berlin 1969, 140 S.

Schambeck, Herbert: Das Volksbegehren, Tübingen 1971.

Schambeck, Herbert: Die Ministerverantwortlichkeit, Karlsruhe 1971.

Scharpf, Fritz: Demokratietheorie zwischen Utopie und Anpassung. Universitätsverlag, Konstanz 1970, 93 S.

Schatz, Oskar (Hrsg.): Auf dem Weg zur hörigen Gesellschaft? Vorträge und Diskussionsbeiträge des 6. Salzburger Humanismusgesprächs vom 19. bis 22. September 1972. Styria, Graz – Wien – Köln 1973, 269 S. (mit Beiträgen von Manfred Abelein, Gerd Bacher, Ernst Forsthoff, Arnold Gehlen, Hans J. Morgenthau, Jakobus Wössner u.a.).

Schelsky, Helmut: Der selbständige und der betreute Mensch. In: Frankfurter Allgemeine Zeitung, Nr. 277, 29. September 1973, S. 11f.

Schelsky, Helmut: Systemüberwindung, Demokratisierung und Gewaltenteilung. Grundsatzkonflikte der Bundesrepublik. C. H. Beck, München ⁴1974, 130 S.

Schlamm, William S.: Das Unbehagen an der Politik. In: Zeitbühne, Jg. 3, H. 4 (April 1974), S. 6–9.

Schlamm, William S.: England versinkt in der „Mitte". In: Zeitbühne, Jg. 3, H. 11 (November 1974), S. 2–7.

Schmitt, Carl: Verfassungsrechtliche Aufsätze aus den Jahren 1924–1954. Materialien zu einer Verfassungslehre. Duncker & Humblot, Berlin 1958, 517 S.

Schmitt, Carl: Der Begriff des Politischen. Text von 1932 mit einem Vorwort und drei Corollarien. Duncker & Humblot, Berlin 1963, 124 S.

Schmitt, Carl: Verfassungslehre. Duncker & Humblot, Berlin ⁴1965, XX, 404 S.

Schmitt, Carl: Die geistesgeschichtliche Lage des heutigen Parlamentarismus. Duncker & Humblot, Berlin ⁴1969, 90 S.

Schmitt, Carl: Gesetz und Urteil. Eine Untersuchung zum Problem der Rechtspraxis. C. H. Beck, München ²1969, 129 S.

Schramm, Theodor: Staatsrecht, Bd. 1: Parlamentarische Demokratie – Bundesstaat – Sozialer Rechtsstaat. Carl Heymann, Köln 1971, XII, 287 S.

Schrenck-Notzing, Caspar: Honoratiorendämmerung. Das Versagen der Mitte – Bilanz und Alternative. Seewald, Stuttgart 1973, 149 S.

Schumpeter, Joseph A.: Kapitalismus, Sozialismus und Demokratie. Mit einer Einleitung von Edgar Salin. Aus dem Englischen von Susanne Preiswerk. Francke, Bern 1950, 498 S. (Orig.: Capitalism, Socialism and Democracy, New York 1942).

Schutz, Charles L.: The Politics and Economics of Public Spending. The Brookings Institution, Washington, D. C. 1968.

Schwagerl, Hans Joachim, Rolf Walther: Der Schutz der Verfassung. Ein Handbuch für Theorie und Praxis. Carl Heymann, Köln 1968, XXVII, 391 S.

Schwarz, Heinz: Sicherheit oder Freiheit? Innere Sicherheit als Prüfstein der Demokratie. Verlag Bonn aktuell, Stuttgart 1974, 122 S.

Stammen, Theo (Hrsg.): Strukturwandel der modernen Regierung. Wissenschaftlichen Buchgesellschaft, Darmstadt 1967, VI, 500 S. (mit Beiträgen von D. N. Chester, W. Hennis, H. Mangoldt, D. Sternberger u.a.).

Stankiewicz, W. J. (Hrsg.): In Defense of Sovereignty. Oxford University Press, London 1969, XIV, 305 S. (mit Beiträgen von St. I. Benn, K. C. Cole, K. W. Deutsch, H. Kelsen, J. Maritain, G. Schwarzenberger u. a.).

Steffen, Hans (Hrsg.): Die Gesellschaft in der Bundesrepublik. Analysen, 2 Bde. Vandenhoeck & Ruprecht, Göttingen – Zürich 1970, 212 u. 186 S. (mit Beiträgen von Thomas Ellwein, Theodor Eschenburg, Alfred Grosser, E. K. Scheuch, Kurt Sontheimer u. a.).

Stein, Lorenz v.: Gesellschaft – Staat – Recht. Hrsg. u. eingeleitet von Ernst Forsthoff. Propyläen, Berlin – Wien 1972, 576 S.

Steinbuch, Karl: Ja zur Wirklichkeit. Seewald, Stuttgart 1975, 300 S.

Sternberger, Dolf: Ich wünschte ein Bürger zu sein. Neun Versuche über den Staat. Suhrkamp, Frankfurt a. M. 1967, 192 S.

Strakosch, Heinrich: Der Konservatismus und das Recht. In: Dimensionen des Rechts. Gedächtnisschrift für René Marcic. Hrsg. von Michael Fischer, Raimund Jakob, Erhard Mock, Helmut Schreiner. Duncker & Humblot, Berlin 1974, S. 1145–1177.

Streithofen, Heinrich B. (Hrsg.): Die Inflation. Ursachen – Wirkungen – Folgerungen. Seewald, Stuttgart 1975, 100 S. (Walberberger Gespräche 6).

Studnitz, Hans-Georg v.: Das Grundgesetz – ein Grund zum Feiern? In: Zeitbühne, Jg. 3, H. 8 (August 1974), S. 22–28.

Suhr, Dieter: Rechtsstaatlichkeit und Sozialstaatlichkeit. In: Der Staat. Zeitschrift für Staatslehre, Öffentliches Recht und Verfassungsgeschichte, Bd. 9 (1970), H. 1, S. 67–93.

Szczesny, Gerhard: Die Disziplinierung der Demokratie oder Die vierte Stufe der Freiheit. Rowohlt, Reinbek b. Hamburg 1974, 217 S.

Tarkiainen, Tuttu: Die athenische Demokratie. Übersetzung aus dem Finnischen. Artemis, Zürich – Stuttgart 1966, 383 S.

Tautscher, Anton: Der ökonomische Leviathan oder Die wirtschaftliche Übermacht des Staates. Duncker & Humblot, Berlin 1969, 174 S.

Tondeur, Edmond: Unternehmung und Staat. Überlegungen aus supranationaler Sicht. In: Information der Internationalen Treuhand AG, H. 46, Basel 1974, S. 39–47.

Vickers, Sir Geoffrey: Value Systems and Social Process. Tavistock Publications, London 1968, 217 S.

Vickers, Geoffrey: Der Preis der Institutionen. Konflikt, Krise und sozialer Wandel. Aus dem Englischen von Heinzgeorg Neumann. Herder & Herder, Frankfurt a. M. – New York 1974, 204 S. (Orig.: Making Institutions Work, London 1973).

Vickers, Geoffrey: Freiheit im kybernetischen Zeitalter. Aus dem Englischen von Erich Jantsch. Seewald, Stuttgart 1975, 224 S. (Orig.: Freedom in a Rocking Boat).

Wassermann, Rudolf: Der politische Richter. Piper, München 1972, 120 S. (Serie Piper 9).

Weber, Max: Wirtschaft und Gesellschaft. Grundriß der verstehenden

Soziologie. Studienausgabe. Hrsg. von Johannes Winckelmann. Kiepenheuer & Witsch, Köln – Berlin 1964, 2 Bde., zus. 1138 S.

Weber, Werner: Spannungen und Kräfte im westdeutschen Verfassungssystem. Duncker & Humblot, Berlin ³1970, 374 S.

Weinacht, P. L.: Staat. Studien zur Bedeutungsgeschichte des Wortes von den Anfängen bis ins 19. Jahrhundert. Duncker & Humblot, Berlin 1968, 462 S.

Weyer, Willy (Hrsg.): Rechtsstaat – Sozialstaat. Kohlhammer, Stuttgart – Berlin – Köln – Mainz 1972, 253 S.

Wittkämper, Gerhard W.: Das Staatsrecht der Interessenverbände. Zweite Auflage von „Grundgesetz und Interessenverbände". Westdeutscher Verlag, Köln – Opladen 1969 (Staat und Politik 5).

Ziebura, Gilbert (Hrsg.): Beiträge zur allgemeinen Parteienlehre. Zur Theorie, Typologie und Vergleichung politischer Parteien. Wissenschaftliche Buchgesellschaft, Darmstadt 1969, XI, 560 S. (Wege der Forschung CVI).

Zihlmann, Rudolf: Vom Kosmos des Staates. Fragmente zur Wiedergeburt konservativen Denkens. Thomas-Verlag, Zürich, Verlag Schöningh, München – Paderborn – Wien 1962, 111 S.

Zimmerer, Carl: Der mündige Wirtschaftsbürger. In: Criticón, Nr. 5 (März/April 1971), S. 91.

Zippelius, Reinhold: Allgemeine Staatslehre. C. H. Beck, München 1968, XI, 232 S.

Zippelius, Reinhold: Geschichte der Staatsideen. C. H. Beck, München 1971, IX, 178 S.

Zuck, Rüdiger: Subsidiaritätsprinzip und Grundgesetz. C. H. Beck, München 1968, 180 S.

Notizen über die Autoren

KURT H. BIEDENKOPF, geboren 1930, o. Prof. für Bürgerliches Recht, Handels-, Wirtschafts- und Arbeitsrecht, lehrte an den Universitäten Frankfurt a. M. und Bochum. Von 1967 bis 1969 Rektor der Ruhr-Universität Bochum. Seit Juni 1973 Generalsekretär der CDU.
Seine letzte Buchveröffentlichung erschien 1974 im Verlag Piper & Co., München: „Fortschritt in Freiheit".

GOTTFRIED EISERMANN, geboren 1918 in Berlin, seit 1950 Wiss. Ass., dann Lektor und Dozent an der Universität Heidelberg, seit 1962 o. Prof. der Soziologie an der Universität Bonn.
Wichtigste Veröffentlichungen: Gegenwartsprobleme der Soziologie (als Hrsg., 1949), Wirtschaft und Kultursystem (als Hrsg., 1955), Die Einheit der Sozialwissenschaften (als Hrsg., 1955), Die Grundlagen des Historismus in der deutschen Nationalökonomie (1956), Vilfredo Paretos System der Allgemeinen Soziologie (1962), Wirtschaft und Gesellschaft (1964), Die gegenwärtige Situation der Soziologie (als Hrsg., 1967), Soziologie der Entwicklungsländer (als Hrsg., 1968), Bedeutende Soziologen (1968), Soziologisches Lesebuch (als Hrsg., 1969), La montagna del sole: rottura dell'isolamento e influenza dei mezzi di communicazione di massa in una società in transizione (1971), Die Lehre von der Gesellschaft ([3]1973, darin insbes. „Soziologie der Politik", Seite 296–381).

BERND GUGGENBERGER, geboren 1946, ist Wiss. Ass. am Seminar für wissenschaftliche Politik der Universität Freiburg i. Br.
Wichtigste Veröffentlichungen: Die Neubestimmung des subjektiven Faktors im Neomarxismus. Eine Analyse des voluntaristischen Geschichtsverständnisses der Neuen Linken (Freiburg i. Br. 1973), Wem nützt der Staat? Kritik der neomarxistischen Staatstheorie (Stuttgart 1974), Weltflucht und Geschichtsgläubigkeit. Strukturelemente des Linksradikalismus (Mainz 1974), Wohin treibt die Protestbewegung? (Freiburg i. Br. 1975).

WALTER HILDEBRANDT, geboren 1912 in Leipzig, langjähriger Akademiedirektor des Gesamteuropäischen Studienwerks in Vlotho, einer auf Bundesebene arbeitenden internationalen Bildungsstätte, seit 1964 o. Prof. für Soziologie an der Pädagogischen Hochschule Bielefeld. Mitherausgeber der Zeitschriften „Moderne Welt" und „Deutsche Studien". Wichtigste Veröffentlichungen: Siegt Asien in Asien? (1966), Das nachliberale Zeitalter. Studien zur Gesellschaftslehre und Politischen Bildung (1973).

ERIK VON KUEHNELT-LEDDIHN, geboren 1909 in Österreich, studierte Rechts- und Staatswissenschaften an den Universitäten Wien und Budapest, lehrte über ein Jahrzehnt an verschiedenen amerikanischen Universitäten, ist Weltreisender aus Passion und Mitarbeiter zahlreicher europäischer und amerikanischer Zeitschriften.
Wichtigste Veröffentlichungen: Freiheit oder Gleichheit? (Salzburg 1953), Catholicism in America (New York 1954), Der gefallene Engel oder Moskau 1997 (Roman, Freiburg i. Br. 1961), Lateinamerika (Zürich 1962), Amerika – Leitbild im Zwielicht (Einsiedeln – Köln 1971), Luftschlösser, Lügen und Legenden. Ein Spektrum der Gegenwart (Wien 1972), Leftism. From de Sade and Marx to Hitler and Marcuse (New Rochelle, N. Y. 1974).

HELMUT KUHN, geboren 1899 in Lüben (Schlesien), Professor der Philosophie an der Universität München, früher in Berlin, Erlangen und den USA. 1957–1962 Präsident der Deutschen Philosophischen Gesellschaft. Mitarbeiter von Herderbücherei INITIATIVE 5 (1975), Mitherausgeber der „Philosophischen Rundschau" und der „Zeitschrift für Politik". Wichtigste Veröffentlichungen: Die Kulturfunktion der Kunst, 2 Bde. (1931), Sokrates. Versuch über den Ursprung der Metaphysik (1934, ²1959), Freedom. Forgotten and Remembered (1942), A History of Aesthetics (mit K. E. Gilbert, ²1950), Begegnungen mit dem Nichts. Ein Versuch über Existenzphilosophie (1950), Begegnung mit dem Sein. Meditationen zur Methaphysik des Gewissens (1954), Wesen und Wirken des Kunstwerks (1960), Romano Guardini. Der Mensch und das Werk

(1961), Das Sein und das Gute (1962), Schriften zur Ästhetik (1966),
Traktat über die Methode der Philosophie (1966), Der Staat. Eine philosophische Darstellung (1967), Rebellion gegen die Freiheit (1968).

HEINZGEORG NEUMANN, geboren 1915 in Berlin, studierte Rechts- und
Staatswissenschaften in Wien und München. Zunächst juristischer Verwal-
tungsbeamter im Reichsdienst, nach dem Kriege in der bayerischen Inneren und Allgemeinen Staatsverwaltung. Später an Auslandsmissionen in
Italien, Portugal und Argentinien, zuletzt Botschaftsrat I. Kl. an der Bot-
schaft Buenos Aires. Seit 1973 im einstweiligen Ruhestand. Mitarbeiter
am Institut für Demoskopie in Allensbach.

ANTON PELINKA, geboren 1941 in Wien, Studium der Rechts- und Politikwissenschaft, 1966/67 Redakteur der Wochenzeitung „Die Furche",
1968–1971 Assistent am Institut für Höhere Studien in Wien, 1971–1973
Assisent an der Universität Salzburg. 1972 Habilitation für das Fach Politikwissenschaft. Seit 1974 o. Prof. für Politikwissenschaft an der Pädagogischen Hochschule Berlin.
Wichtigste Veröffentlichungen: Demokratie und Verfassung in Österreich
(1971), Stand oder Klasse? (1972), Dynamische Demokratie (1974).

ADELBERT REIF, geboren 1936, Publizist, Herausgeber (neue edition list)
und Verlagslektor in München, Mitarbeiter zahlreicher Tages- und
Wochenzeitungen im In- und Ausland, lebt in München.

HERBERT SCHAMBECK, geboren 1934 in Baden bei Wien. 1958 Promotion
zum Dr. jur., nach Gerichtspraxis 1959 Assistent von Prof. Dr. Adolf
Merkl und 1964 Dozent in Wien. 1966 Prof. der Wissenschaft von der
Politik und des österreichischen Verfassungs- und Verwaltungsrechts an
der Universität Innsbruck, 1967 Gastprofessor in Notre Dame (Indiana,
USA), hernach Ordinarius für Öffentliches Recht und politische Wissenschaften in Linz. Seit 1969 Mitglied des Österreichischen Bundesrates.
Wichtigste Veröffentlichungen: Der Begriff der „Natur der Sache" (Wien
1964), Kirche – Staat – Gesellschaft (Wien 1967), Grundrechte und
Sozialordnung (Berlin 1969), Vom Sinnwandel des Rechtsstaates (Berlin
1970), Das Volksbegehren (Tübingen 1971), Die Ministerverantwortlichkeit (Karlsruhe 1971).

Herderbücherei
INITIATIVE

Ein interessanter
buchhändlerischer Service für Sie

Wenn dieses Taschenbuch Ihr Interesse gefunden hat, dann möchten Sie sicher auch weitere Bände dieser neuen Serie kennenlernen. Darum geben wir Ihnen auf der nächsten Seite einen Überblick über die erschienenen und die angekündigten Bände.

Jedes im Zweimonatsrhythmus erscheinende Taschenbuch ist ein Beitrag zur Rehabilitierung der Vernunft. Das wird der HERDERBÜCHEREI INITIATIVE in vielen Pressestimmen bescheinigt. Die „Frankfurter Allgemeine" schrieb beispielsweise:

„Eine neue Taschenbuchreihe, genauer: ein neuer Sproß einer bereits etablierten Reihe: das darf in Zeiten verlegerischer Zurückhaltung des Interesses sicher sein. Es darf es zumal dann, wenn hinter dem Unternehmen, wie im Falle der HERDERÜCHEREI INITIATIVE, nicht so sehr betriebswirtschaftliche Überlegungen stehen als vielmehr der Wirkungswille eines Mannes, des Publizisten Gerd-Klaus Kaltenbrunner ... Die neue Reihe ist gedacht als eine Art Kreuzung zwischen Buch und Zeitschrift, vergleichbar etwa dem ‚Kursbuch', doch kontinuierlicher im Erscheinen: alle zwei Monate ein Bändchen, jeweils einem Thema gewidmet, erweitert mit ausgewählten Zitaten, Kurzrezensionen und Buchhinweisen ... Kaltenbrunner will — das versteht sich bei diesem engagierten und gelegentlich enragierten Kopf von selbst — nicht nur ein Forum für Wohlgemeintheiten, Geistesblitze und Ansichten der allgemeineren, intellektuelleren Art haben. Die ‚Initiative', die diese Buchreihe im Titel trägt, sie soll den Zeitgeist mitten ins Herz treffen ..."

Jeder Band ist ein wichtiger Baustein für eine aktuelle Präsenzbibliothek im Taschenbuchformat. Darum lohnt es sich für Sie, zu prüfen, ob Sie sich nicht die Folgebände wie eine Zweimonatszeitschrift ins Haus kommen lassen wollen. Das spart Zeit und Geld; denn für Abonnenten gibt es einen Vorzugspreis.

Sagen Sie Ihrem Buchhändler, daß Sie Herderbücherei INITIATIVE zur Fortsetzung wünschen. Er besorgt dann alles Weitere für Sie.

Plädoyer für die Vernunft   (Bd. 1)
Signale einer Tendenzwende

Klassenkampf und Bildungsreform   (Bd. 2)
Die neue Konfessionsschule

Die Herausforderung der Konservativen   (Bd. 3)
Absage an Illusionen

Radikale Touristen   (Bd. 4)
Pilger aus dem Westen — Verbannte aus dem Osten

Sprache und Herrschaft   (Bd. 5)
Die umfunktionierten Wörter

Zur Emanzipation verurteilt   (Bd. 6)
Der Preis unserer Mündigkeit

Der überforderte schwache Staat   (Bd. 7)
Sind wir noch regierbar?

Die Zukunft der Vergangenheit   (Bd. 8)
Lebendige Geschichte — klagende Historiker
(Erscheint im September 1975)

Die Gehäuse des Menschen   (Bd. 9)
Selbstverwirklichung im Spannungsfeld der großen
Institutionen
(Erscheint im November 1975)

Überleben und Ethik   (Bd. 10)
Die Notwendigkeit, bescheiden zu werden
(Erscheint im Januar 1976)

**Die Machtergreifung der Meinungsmacher
(Bd. 11)**
Die Freiheit zu informieren und informiert zu werden
(Erscheint im März 1976)